REVELAÇÕES SOBRE O AMOR DIVINO

JULIANA DE NORWICH (1342-C. 1416) é a primeira autora mulher de língua inglesa. Pouco se sabe sobre sua vida, ou se esse é seu verdadeiro nome. Todas as informações sobre ela são as que aparecem em seus escritos. Em meados de 1373, Juliana foi acometida por uma grave doença e recebeu a extrema-unção. O sacerdote ergueu um crucifixo e, contemplando-o, ela teve uma visão, que mais tarde seria registrada em duas versões de seu livro, escritas com vinte anos de intervalo. Juliana era uma anacoreta que decidiu viver no interior de uma cela na igreja de São Julião, em Norwich.

MARCELO MUSA CAVALLARI nasceu em São Paulo em 1960. Estudou latim e grego na Universidade de São Paulo. Traduziu *Os Evangelhos*, pelo que foi finalista do prêmio Jabuti em 2021. Trabalha como jornalista desde o final da década de 1980. Foi redator e subeditor na *Folha de S.Paulo* e editor de Internacional na revista *Época*. Sua primeira tradução foi publicada na *Folha* em 1984: um documento da Congregação para a Doutrina da Fé sobre a Teologia da Libertação. O texto, traduzido do italiano, era assinado pelo então prefeito da congregação, o cardeal Joseph Ratzinger, que viria a se tornar o papa Bento XVI. Para a Companhia das Letras, traduziu o *Livro da vida*, de Santa Teresa D'Ávila.

JULIANA DE NORWICH

Revelações sobre o amor divino

Tradução, introdução e notas de
MARCELO MUSA CAVALLARI

COMPANHIA DAS LETRAS

Copyright © 2023 by Penguin-Companhia das Letras
Copyright da tradução © 2023 by Marcelo Musa Cavallari

Grafia atualizada segundo o Acordo Ortográfico da
Língua Portuguesa de 1990, que entrou em vigor no Brasil em 2009.

Penguin and the associated logo and trade dress are registered
and/or unregistered trademarks of Penguin Books Limited and/or
Penguin Group (USA) Inc. Used with permission.

Published by Companhia das Letras in association with
Penguin Group (USA) Inc.

TÍTULO ORIGINAL
A Vision Showed to a Devout Woman e A Revelation of Love

PREPARAÇÃO
Ana Cecília Agua de Melo

REVISÃO
Luís Eduardo Gonçalves
Gabriele Fernandes

Dados Internacionais de Catalogação na Publicação (CIP)
(Câmara Brasileira do Livro, SP, Brasil)

Norwich, Juliana de, 1342-1416
   Revelações sobre o amor divino / Juliana de Norwich ;
tradução, introdução e notas Marcelo Musa Cavallari. —
1ª ed. — São Paulo : Penguin-Companhia das Letras, 2023.

   Título original : A Vision Showed to a Devout Woman e
A Revelation of Love.
   ISBN 978-85-8285-164-7

   1. Misticismo – Inglaterra – História – Idade média,
500-1500. I. Título.

23-142965   CDD-291.422

Índice para catálogo sistemático:
1. Misticismo : Espiritualidade : Religião 291.422

Aline Graziele Benitez — Bibliotecária — CRB-1/3129

Todos os direitos desta edição reservados à
EDITORA SCHWARCZ S.A.
Rua Bandeira Paulista, 702, cj. 32
04532-002 — São Paulo — SP
Telefone (11) 3707-3500
www.penguincompanhia.com.br
www.blogdacompanhia.com.br
www.companhiadasletras.com.br

Sumário

Introdução — Marcelo Musa Cavallari   7

RELATO CURTO   25

REVELAÇÕES SOBRE O AMOR DIVINO   81

Introdução

MARCELO MUSA CAVALLARI

[...] *History may be servitude,*
History may be freedom. See, now they vanish,
The faces and places, with the self which,
[as it could, loved them,
To become renewed, transfigured, in another
[pattern.
Sin is Behovely, but
All shall be well, and
All manner of thing shall be well.

"Little Gidding", *Four Quartets*,
T.S. Eliot, 1942

Pouco se sabe sobre Juliana de Norwich. "E seu nome é Juliana, que é reclusa em Norwich e ainda em vida no ano do Senhor de 1413", diz o único manuscrito da versão mais antiga e mais breve de sua obra. Não foi ela quem deu essas informações. Vêm provavelmente da mão de um copista, por iniciativa dele ou, mais provavelmente, de quem encomendou o manuscrito. Mesmo essas poucas informações, porém, podem ser falsas. Para alguns, Juliana não seria o nome da mulher que descreveu a visão da Paixão de Cristo durante os poucos dias de uma doença grave, sofrida por volta de 1373, quando ela tinha trinta anos. São Julião, Julian, em inglês, era o orago da igreja de Norwich em que, depois da visão, a autora se tornou anacoreta. Ela não seria, pois, Juliana, a anacoreta, mas a anacoreta de são Julião. Ou teria adotado o nome do santo em cuja igreja viveu por décadas e se tornado, então, a anacoreta Juliana. Juliana de Norwich, no entanto, é, para todos os efeitos, o nome da autora do relato que se tornou conhecido como *Uma visão mostrada a uma devota senhora*, a primeira mulher a escrever um livro em inglês. É com esse nome que ela é venerada popularmente como santa, ainda que nunca tenha sido formalmente canonizada. Com esse nome ela é citada no *Catecismo da Igreja católica*. Com esse nome ela vem, desde a década de 1970, atraindo a crescente atenção de leitores e acadêmicos.

É um curioso destino para quem queria tanto passar despercebida que, na versão mais extensa de seu relato, retira do texto mesmo os poucos índices gramaticais que poderiam identificá-la como mulher. Além disso, o mundo de que Juliana fala, sobre o qual ela fala e a partir do qual ela fala tornou-se quase incompreensível para o homem moderno. Mesmo para quem ainda se mantém fiel à Santa Igreja, como Juliana sempre faz questão de a chamar, o acesso ao mundo de uma mulher que se empareda deliberadamente numa igreja de sua cidade por amor a Deus parece bloqueado. Não é difícil entender que pessoas religiosas peçam a Deus em suas orações saúde e bem-estar. A mulher que viemos a conhecer como Juliana, porém, pediu uma doença. E uma doença que tivesse os maiores sofrimentos e dores físicas e espirituais, salvo a morte. E não por amor a esta vida, ressalta ela, mas para ter mais tempo de servir a Deus. Cristãos querem de boa vontade participar da glória da ressurreição de Jesus, mas a anacoreta de Norwich pediu para sofrer as dores da Paixão de Cristo.

Os textos de Juliana tinham tudo para ter caído no esquecimento. Fosse ela uma monja antes de se tornar anacoreta, como creem alguns dos estudiosos de sua obra,

INTRODUÇÃO 9

fosse ela uma mulher casada que possivelmente só se tornou anacoreta depois de ficar viúva e criar os filhos, como creem outros, o mundo de que ela fazia parte foi destruído não muito depois de seu tempo. E instalou-se o mundo moderno. Em 1517, Martinho Lutero, um monge agostiniano, publicou suas 95 teses rompendo com a Igreja católica e dando início à Reforma Protestante. Dez anos depois, Henrique VIII estendeu sua soberania de rei sobre a Igreja na Inglaterra, separando o país do papa. A Reforma, na Alemanha, na Inglaterra e em toda parte por onde se alastrou, fechou mosteiros e proibiu todo tipo de vida consagrada. Qualquer misticismo, assim como qualquer experiência voluntária de sofrimento como penitência, tornou-se suspeito. Para um inglês, ser católico passou a ser crime. Os que aderiram à Igreja da Inglaterra não tinham mais por que ler Juliana. Os demais, os ditos recusantes, não tinham como.

Ao menos não na Inglaterra. Foi principalmente na França, entre religiosas inglesas exiladas para escapar da perseguição da monarquia protestante, que ela foi lida, e é graças a elas que os textos sobreviveram. A primeira edição impressa das obras de Juliana foi feita na França no século XVII com base em manuscritos ali copiados num inglês que, à época, ninguém mais usava.

Juliana escreveu no que se convencionou chamar *Middle English*, inglês médio, a mesma língua de seu contemporâneo Geoffrey Chaucer, autor dos *Contos da Cantuária*, um dos maiores monumentos poéticos da Inglaterra. Há variantes do inglês médio. Juliana escrevia na variante conhecida como dialeto de Norfolk, a região em torno de Norwich. A existência de variantes é a principal característica do inglês médio. Depois, com o aparecimento da imprensa, a maior parte dos livros do país passou a ser feita na capital, Londres, e o dialeto londrino se tornou a língua nacional, dando origem ao inglês moderno, que vai emergir definitivamente no século XVI. Antes do inglês médio, os ingleses falavam anglo-saxão, o velho inglês, uma língua germânica quase irreconhecível em que foram vazados os últimos ecos do paganismo daqueles que Júlio César chamou de *britanos ultimos* em seu livro sobre as guerras gálicas, e as primeiras e veneráveis marcas do cristianismo. É a língua em que foi registrado o *Beowulf*, poema épico que mistura monstros, navegantes nórdicos e guerreiros. É também a língua da primeira tradução da Bíblia e dos escritos dos Padres da Igreja nas ilhas britânicas. O inglês médio é o resultado da mistura do anglo-saxão com o franco-normando trazido em 1066 por Guilherme, o Conquistador, primeiro rei normando da Inglaterra. A língua híbrida que misturava o francês falado na corte com o anglo-saxão imemorial tornou-se a língua das ruas e, como toda língua das ruas, vazava-se em diferentes dialetos regionais. A língua culta, em toda a cristandade ocidental, era o latim. Escrever nos vários dialetos a que o latim e as línguas germânicas deram origem fundou, de fato, a Europa dos povos.

Tudo começou com a poesia. Já no século XI a aristocracia provençal se pôs a escrever versos em sua língua romance, não em latim. Os trovadores da língua d'oc, para usar a classificação de Dante Alighieri, como Guilherme da Aquitânia, Marcabru e Jaufre Rudel, inventaram o amor cortês que pôs a lealdade e a vassalagem dos cavaleiros a serviço das damas. Os *trouvères*, primeiros poetas na língua d'oïl, que se tornaria o francês, como Adam de la Halle, Colin Muset e Chrétien de Troyes, autor também de poemas épicos sobre o rei Artur, adotaram os metros e as técnicas dos trovadores para cantar uma forma de vida que era comum a todos os nobres cristãos. Wolfram von Eschenbach, Hartmann von Aue, Walter von der Vogelweide e os demais *minnesänger* levaram a prática para o coração da Europa. Coube aos trovadores galego-portugueses da estirpe de Martin Codax, Paio Soares de Taveirós e Afonso X, o Sábio, conquistar os confins ocidentais da Europa. No próprio território da antiga Roma, Guido Guinizelli, Guido Cavalcanti, Lapo Gianni e, acima de todos, Dante Alighieri fundaram a Itália poética na língua do *si*, terceira e última da taxonomia de Dante, que, em *De Vulgare Eloquentia*, classifica as línguas da Europa oriundas do latim pela forma de dizer "sim". Todos esses poetas eram, em alguma medida, cristãos. Muitos, sinceramente. Alguns, profundamente. Uns poucos, como Dante, eminentemente. A tarefa deles foi não só substituir o latim pelo vernáculo como língua literária, mas trazer para dentro de uma cristandade moldada pela Bíblia e pelo pensamento grego e romano a vida e a narrativa dos povos bárbaros que, depois de invadir o Império Romano, estavam fundando a Europa. Os cavaleiros, um tipo de guerreiro muito diferente do eficiente e coletivo legionário romano, haviam posto suas armas, cavalos e a busca por aventuras a serviço de Cristo, da Igreja e dos reinos cristãos. As Cruzadas, da qual tomaram parte vários trovadores, *trouvères* e *minnesänger*, consolidaram uma grande mudança do centro da civilização. Se antes o mundo ocidental existia em torno do Mediterrâneo e tinha em Roma seu centro, agora, eram os reinos do norte da Europa que representavam a vanguarda da civilização.

Há sempre, no seio da cristandade, uma tensão entre servir a Deus no mundo e deixar, por Deus, o mundo. Os poetas cavaleiros lutaram nas Cruzadas sob o lema *Deus Vult* (Deus quer) e, sendo reis, barões, duques, governaram seus súditos de acordo com um ideal, ainda que raramente atingido, de estabelecer no mundo uma ordem cristã. Mesmo no seio dessa ordem de inspiração profundamente cristã, no entanto, o ideal monástico de abandonar o mundo floresceu. Os primeiros monges do deserto na Palestina do início do cristianismo e são Bento e seus discípulos no século v fugiam de uma ordem claramente hostil aos cristãos, a do Império Romano pujante e perseguidor, no caso dos monges do deserto, ou simplesmente em ruínas, no caso de são Bento. O modo de vida dos monges na Europa cristã bárbara que se ergueu depois do fim do Império Romano do Ocidente adquiriu um novo caráter no século VI, quando Clóvis, primeiro rei da dinastia dos merovíngios, se converteu, tornando-se o primeiro rei cristão da França. A forma de vida contemplativa que os monges buscavam tornou-se uma tarefa. Cabia então aos monges, especialmente nos mosteiros de oração perpétua, rezar. Aos camponeses e artesãos cabia manter a vida de todos. Aos nobres, cabiam a guerra e a corte. Funções distintas para papéis distintos dentro de uma mesma ordem cristã, portanto.

Pouco depois que os nobres começam a cantar em língua romance seus amores corteses e seus atos heroicos, Francisco de Assis, Jacopone de Todi e Guitone D'Arezzo — os *Giullare di Dio*, os jograis de Deus da Itália —, no seio de uma Igreja que pensava e louvava em latim, cantaram em seus dialetos as glórias de Deus. Evidentemente inspirados pelos trovadores, não reivindicavam para si, no entanto, a condição aristocrática deles. Punham-se no papel mais simples e subalterno dos *jongleurs* ou *juglares*, os nossos jograis, os artistas de condição servil que, em tese, apenas cantavam o que os trovadores escreviam.

O ideal dos cruzados havia expandido aos nobres guerreiros a possibilidade de uma vida contemplativa, com a formação das ordens monásticas de cavalaria. São Francisco, ao deixar a vida de comerciante burguês para reformar a Igreja, estendeu a todos a possibilidade de uma vida contemplativa. Não se tratava mais de uma ordem cristã em que diferentes indivíduos exerciam diferentes papéis. Inaugurava-se uma era em que a vida contemplativa era o ideal para cada um dos cristãos.

Nesse ambiente surgem, espalhadas pela Europa, as várias expressões de um misticismo vernáculo, para tomar de empréstimo a expressão de Bernard McGinn. Nos Países

INTRODUÇÃO   13

Baixos, na Alemanha, na Itália, na Inglaterra, religiosos e
religiosas, leigos e leigas descrevem, em seus próprios dialetos, sua experiência direta da presença de Deus, para usar
uma definição especialmente expressiva de misticismo. O
misticismo tinha já, no tempo de Juliana, uma longuíssima
tradição no seio da cristandade. No início, foram as ver-
tentes altamente especulativas como a de Pseudo-Dionísio,
autor do século VI que se apresentou e foi lido como o ate-
niense convertido por são Paulo, conforme se conta nos
Atos dos Apóstolos (17,16-34). O autor do *Corpus Diony-
siarum*, como ficou conhecida a coleção de sua obra, à luz
da Bíblia, aplicava o neoplatonismo do fim da Antiguidade
para compreender não só as Escrituras, mas o próprio cos-
mos como revelação e como possibilidade da experiência
direta de Deus. O significado dos nomes bíblicos de Deus
e a hierarquia dos anjos são os temas de seus livros, que
incluem um explicitamente chamado *Teologia mística*.
Sua mais duradoura influência sobre a tradição mística da
cristandade ocidental é a teologia apofática: a descoberta
de que, de Deus, não se pode afirmar nada. Só se pode
negar: Deus é infinito, não tem limite de espécie alguma
nem no tempo nem no espaço; Deus não é parte da natureza; Deus não está submetido a nenhuma força ou poder.
Depois de tudo falar sobre Deus, é preciso reconhecer que
Ele continua tão infinitamente distante da compreensão
humana quanto estava antes de se começar a falar. Na
tradição de Pseudo-Dionísio, Deus revela sua presença ao
místico como numa "nuvem do desconhecido", para citar
a expressão usada como título de um texto inglês muito
influente pouco anterior a Juliana. Ao esgotar a capacidade
de expressão e, portanto, a capacidade conceitual humana,
é que se chega à intuição da presença de Deus. A leitura e
a exegese espiritual da Bíblia como caminho de preparação
para a experiência direta da presença de Deus nos moldes
de Pseudo-Dionísio terão ilustres representantes ao longo
de toda a cristandade até o tempo de Juliana e depois. São

Bernardo e são Boaventura serão nomes muito influentes no ambiente intelectual em que nascem os escritos de Juliana, embora seja impossível determinar se ela tinha conhecimento direto de qualquer um desses autores.

A influência de santo Anselmo sobre a mística inglesa é mais fácil de imaginar. Nascido em Aosta, na Itália, em 1033, Anselmo tornou-se arcebispo de Cantuária, a mais importante sede episcopal da Inglaterra, em 1099, onde viveu até morrer, em 1109. Quando ainda era monge, Anselmo escreveu, a pedido de seus companheiros de mosteiro, tratados de grande influência em toda a teologia e filosofia posteriores. Os monges esperavam que ele os ajudasse a pensar Deus apenas com a razão. Anselmo, então, corrigiu o desejo errôneo deles e os pôs no caminho da *fides quaerens intelectum*: a fé em busca do entendimento. Começando pela fé, virtude teologal que se adquire por graça de Deus segundo a doutrina católica, é preciso usar as capacidades da mente humana para explorar o significado daquilo que foi revelado gratuitamente por Deus sobre Si mesmo. Pensar torna-se, além de tarefa eminentemente humana, o lugar da experiência da presença de Deus. A marca especulativa de santo Anselmo e de escritores posteriores como Hugo de São Vítor e Ricardo de São Vítor é visível tanto no relato breve quanto no relato longo, ainda que, também aqui, seja difícil dizer se Juliana os leu ou aprendeu algo diretamente deles.

Esses autores, porém, assim como a filosofia e a teologia dos escolásticos que, à altura em que vive Juliana, já são o ensino oficial da Igreja, especialmente para a formação de clérigos, tornaram-se patrimônio comum de todos os cristãos. O que os clérigos aprendiam nas universidades era transmitido para o fiel comum pela pregação a todos nas igrejas. É sobretudo para esses, os "iguais cristãos" de Juliana, que escrevem os místicos e os teólogos vernáculos. Dirigem-se a um público que começa a aparecer no século XII e ganha cada vez mais importância: o habitante das

INTRODUÇÃO 15

cidades letrado, ainda que não em latim, desejoso de viver de modo pessoalmente mais significativo sua fé. Para eles escreve um grupo cada vez mais numeroso de autores, não só autoridades da Igreja, como bispos e doutores. Muitos são religiosos, mas muitos são leigos, ou ao menos começam a escrever como leigos. Sua autoridade vem, frequentemente, de experiências sobrenaturais em que algo lhes é comunicado para repassar a seus irmãos. Algumas dessas experiências deixam marcas que atestam a natureza milagrosa daquilo que aconteceu e, portanto, da origem divina daquilo que comunicam. A mais famosa dessas marcas são os estigmas de Jesus crucificado que são Francisco recebeu.

Juliana não traz marcas visíveis. A autoridade com que fala advém da força de seus textos, em que ressalta inúmeras vezes que não se afasta nem põe em dúvida, nunca, nenhuma parte do ensinamento da Igreja. Sua preocupação faz sentido. Uma tentação muito forte a que não puderam resistir alguns dos místicos vernáculos dos séculos XIII e XIV era a de se considerar, de algum modo, livres da autoridade da Igreja. A francesa Marguerite Porette, por exemplo, foi condenada por heresia ao dizer, em seu livro, que a união da alma com Deus que ela tinha experimentado transcendia a moral e a doutrina da Igreja, caminho de acesso a Deus apenas para o comum dos mortais. Alguns membros do movimento das beguinas, na Bélgica, e mesmo Mestre Eckhardt, na Alemanha, tiveram problemas semelhantes. Juliana reafirma várias vezes sua completa adesão ao ensinamento da Igreja. Na verdade, chega a fazer perguntas a Jesus quando algo do que lhe é mostrado parece contradizer o que aprendeu no catecismo. Juliana não pode duvidar, sob risco de pecar, do que Jesus decidiu lhe mostrar. E não pode duvidar, sob o mesmo risco, do que aprendeu na Igreja. O esforço de entender propriamente o que lhe foi revelado tomará vinte anos de sua vida.

Nesse tempo, ela combinará uma vertente especialmente radical de vida contemplativa, a dos anacoretas, com a meditação que a tornou uma autêntica teóloga, ainda que esse título, em seu tempo, não pudesse ser aplicado a uma mulher. A vocação dos anacoretas urbanos era razoavelmente comum na Inglaterra de Juliana. O nome vem do grego e significa "aquele que se retira". Ao contrário de sua forma mais difundida, a dos que viviam em regiões desertas, os anacoretas urbanos viviam no meio da cidade, na verdade, dentro de uma cela no interior de uma igreja. Professados os votos, o anacoreta era encerrado na cela por uma parede. Dali, só saía para a sepultura. A cela tinha uma pequena abertura para dentro da igreja, de modo que fosse possível assistir à missa e comungar, e outra para fora, por onde entrava e saía o que fosse necessário para a vida do corpo. Os anacoretas não pertenciam a nenhuma ordem religiosa. Estavam subordinados apenas ao bispo local, de cuja autorização dependiam para iniciar seu novo modo de vida. Assim, não tinham uma regra de vida especial, como a de são Bento para os beneditinos, ou a de são Francisco para os franciscanos. Pouco antes do tempo de Juliana, por volta dos anos 1220, fora escrito, em inglês médio, *Ancrine Wisse* [Sabedoria anacoreta], um manual anônimo de orientação para mulheres anacoretas, que eram a grande maioria dos anacoretas urbanos da Inglaterra. *Ancrine Wisse* baseava-se em *De Institutione Inclusarum*, a orientação que Elredo de Rievaulx, um monge cisterciense, escrevera em latim para sua irmã.

Juliana viveu encerrada numa igreja central de Norwich, então a segunda cidade mais importante da Inglaterra, com um porto cheio de atividade e muita pesca. Ela pode ter feito uso de textos de direção espiritual, mas não consta que tenha tido um guia espiritual pessoal que fizesse a intermediação entre ela e o público leitor, como era comum entre visionárias e místicas de seu tempo. Brígida da Suécia, por exemplo, que teve visões desde os dez anos de idade e foi muito influente em toda a Europa, não escreveu nada. Quem o fez foi seu confessor. As santas e seus intérpretes repetem, de certa forma, a relação de serviço que o amor cortês dos cavaleiros desempenhava na poesia trovadoresca. A relação entre homens e mulheres na Antiguidade ocidental, por contraste, era marcado pela função de propagar a espécie e organizar as relações entre as gerações, os contemporâneos e a economia que então se baseava nos lares, e não nos indivíduos. A literatura conhecia, evidentemente, o lado íntimo e pessoal da atração entre homens e mulheres, mas este era tema de uma veia cômica debochada ou matéria para a contemplação do trágico efeito da paixão. Com os trovadores, a amada torna-se a sede do enlevo ao mesmo tempo carnal e, como numa metáfora vivida, espiritual, em que a relação da alma com Deus se espelha na relação romântica. Esse caminho fora dado pelo Cântico dos Cânticos, o poema erótico de Salomão que integra a Bíblia e foi a base de muita teologia mística, como a de são Bernardo. O amor romântico que se vai inventando nos primeiros séculos depois do ano 1000 tem sua versão sublimada no novo tipo de casal formado pelas visionárias e seus intérpretes ou em relações como as de Francisco e Clara de Assis.

Juliana não tem nenhum companheiro. Radicaliza uma possibilidade que só com o cristianismo se abrira para as mulheres, a de viver autonomamente, em comunidades ou na solidão, sem estar sob a tutela de um pai ou de um marido, situação de todo impensável na Antiguidade clássica.

Juliana se tornou anacoreta depois da visão, mas não é possível precisar quanto tempo depois. Juliana escreveu a primeira versão de seu livro, o *Relato curto*, provavelmente já em sua cela. Muito tempo depois, escreveu a versão mais longa. Enfim entendera o que lhe fora mostrado. Discute-se se Juliana teve outra visão e assim compreendeu o que lhe fora revelado, ou se a meditação continuada é que a levou à compreensão do que vira.

O que não se pode discutir é a profundidade e o radicalismo dessa compreensão. Como os demais místicos de seu tempo, Juliana fala a seus iguais, cristãos comuns pouco afeitos às sutilezas lógicas e metafísicas dos escolásticos, que se dirigiam a padres e religiosos, nas universidades, mosteiros e demais casas de formação de sacerdotes. Mas é à luz de categorias bem definidas pela teologia das universidades que ela compreende parte importante do que lhe foi mostrado. Na visão de toda a criação como uma pequena esfera semelhante a uma avelã que cabe em sua mão, Juliana intui a dependência da totalidade das coisas criadas, o universo pois, em relação a Deus. A são Bento ocorre algo semelhante quando vê, em um único feixe de luz, a totalidade do universo. Juliana, porém, extrai consequências metafísicas importantes dessa intuição. A dependência que o universo, a cada momento de sua existência, tem do ato criador de Deus, ilustrada pela impressão que Juliana tem de que sua pequena avelã poderia cair no nada a qualquer momento de tão pequena, leva-a à compreensão de que só Deus é estável. Só Ele tem em Si o Seu ser. Só Ele dá a todas as coisas, a cada momento, o grau de ser que elas têm. Esse raciocínio é a base da famosa prova cosmológica da existência de Deus de São Tomás de Aquino. Se há seres que podem não existir, e todos os seres do universo, que em algum momento não existiram, são desse tipo, é necessário haver um Ser eterno que garanta, a cada instante, a existência de tudo o que há. Não há como tratar aqui das sutilezas e complicações desse pensamento, mas Juliana faz uso dele, seja porque o conhecesse como expressão do ensinamento comum da Igreja de seu tempo, seja porque, a partir de sua visão, o tivesse concebido. E dele ela tira uma conclusão em acordo com a ortodoxia católica, mas, em sua obra, expressa com um radicalismo raro: o pecado não é nada. Ele não tem ser. Para que fosse alguma coisa, para que tivesse ser, teria que ter sido criado por Deus, e Deus não criou o pecado. Juliana não nega o pecado. Nem nega que haja pecadores condenados que estejam no inferno, ainda que estes não lhe tenham sido

INTRODUÇÃO

mostrados, como a outros místicos visionários de seu tempo. Juliana só fala daquilo que lhe foi mostrado.

E o que lhe foi mostrado, em detalhes cruéis, foi a Paixão de Cristo. O sofrimento da cruz de Jesus testemunhado e, até certa medida, experimentado por Juliana. A consciência de que toda aquela dor foi causada pelo pecado leva Juliana à sua grande pergunta: por que o pecado? Não poderia ter Deus criado um mundo sem pecado? Já que criou tudo por amor e não criou o pecado, não poderia, sendo Todo-poderoso, ter evitado o surgimento do pecado? É a pergunta fundamental da teodiceia com que o Ocidente convive desde o livro de Jó: se Deus é infinitamente bom, por que o mal?

O mal físico, o sofrimento da fome, da doença e das guerras, que Juliana viu de perto com a peste negra e a Guerra dos Cem Anos, não interessam a ela. Sua questão é o pecado. E a resposta que obtém é que o pecado é conveniente: *Sin is Behovely*, são palavras dela citadas por T.S. Eliot. Conveniente é uma categoria do pensamento escolástico. Para os escolásticos, as coisas que vêm a ser no mundo podem ser necessárias ou contingentes. Necessárias são as que não poderiam não ser: os três ângulos de um triângulo, por exemplo. Contingentes são as que poderiam não ser, ou poderiam ser de outra forma: Norwich poderia não ser uma cidade na Inglaterra. Conveniente é um meio-termo que se aplica ao que, não sendo necessário, vem a ser porque Deus quer tirar daí algum bem. O pecado não é necessário, na visão de Juliana: Deus poderia criar um mundo sem pecado. E não é contingente: ele não se deu por mero acidente. Deus permitiu o pecado para poder, com a morte de Jesus, levar os Seus escolhidos aonde eles não teriam direito de estar. Jesus quis morrer por ela como um cavalheiro que serve à sua amada. E Juliana repete constantemente que tudo o que foi revelado sobre ela deve ser entendido como tendo sido revelado a todos os seus iguais cristãos. Em sua pessoa, pois, está representada a donzela e, nesta, a Igreja, entendida como conjunto dos fiéis. No fim, tudo há de estar bem, diz Jesus a Juliana, ainda que ela não consiga entender completamente como.

Juliana usa as expressões *corteous* e *homely* para definir o modo como Jesus se dirige a ela. *Homely* vem de *home*, uma palavra de origem anglo-saxã que significa, segundo o *Oxford English Dictionary*: "lugar de morada, casa, abrigo; residência fixa de uma família; sede da vida e dos interesses domésticos". Jesus se apresenta, pois, como alguém de casa, íntimo. *Corteous* entrou no inglês médio via francês. Em sua origem latina (*co-hortus*) a palavra tinha uma clara conotação militar que nunca deixou de todo, mesmo ao se deslocar para o âmbito da corte e da aristocracia. O primeiro significado do adjetivo, segundo o *OED*, é o daquele que tem "modos tais que convém à corte de um príncipe; que tem um comportamento de um cavalheiro da corte nas relações com os outros; graciosamente polido e respeitoso da posição e dos sentimentos dos outros".

Esse Deus que Se comporta a um só tempo como alguém de casa de tão próximo e íntimo e como alguém tão nobre e superior que tem os modos de um príncipe diante de sua corte informa a passagem mais surpreendente do relato longo, exatamente a que ficara de fora do relato curto por ser de difícil compreensão para Juliana. A complexa fábula do capítulo 51 mostra um servo a serviço de um grande senhor. Numa metáfora instável e dinâmica, o servo representa ora Adão e sua queda no pecado original, ora Jesus, que "cai" à condição humana para salvar o homem. Ambos caem no serviço ao grande Senhor. A ideia de Jesus como novo Adão vem das cartas de são Paulo e é patrimônio comum da cristandade. Em sua fábula, no entanto, Juliana mostra Adão sofrendo por causa da queda, não por castigo. A consequência que ela extrai do que vê é, de novo, radical: Deus nunca está irado. O grande Senhor está sempre bem-disposto em relação ao servo, tanto quando esse servo representa Jesus, como quando representa Adão.

INTRODUÇÃO   21

O lugar que Juliana vê Deus ocupar é uma grande cidade em que Ele reina. Essa cidade é a alma humana. A teoria de Juliana sobre a alma não tem adequação fácil à antropologia teológica escolástica que guiava o pensamento católico em seu tempo. À luz de Aristóteles, os escolásticos viam a alma como a forma do ser humano, cuja matéria é o corpo. Se admitiam alguma divisão seria entre as faculdades da alma, como a imaginação, a memória e a razão, ou entre a alma animal, que dá vida ao corpo como acontece em qualquer animal, e a alma racional, exclusiva do homem. Juliana vê uma outra divisão. Para ela, a alma humana em sua forma ideal está presa a Deus e não pode ser nunca separada d'Ele. Não pode, pois, pecar nem sequer desejar o mal. A outra parte da alma, uma alma bestial, para usar os seus termos, não pode, ao contrário, nunca querer o bem. Assim, se Deus não faz o pecado nem o mal, o homem, por si só, não faz o bem. A fábula que ela vê se desenrolar diante de seus olhos é a narrativa de como o servo do grande Senhor, Jesus, opera para que "tudo fique bem".

Comparada à pequenez da avelã que figura toda a criação, a alma humana é um lugar imenso, dentro do qual cabe o próprio Deus. Mais do que isso, é só ali que Ele pode Se sentar como em Sua sede própria, afirma Juliana. Daí ela ter encontrado, nos estreitíssimos limites de sua cela na igreja de são Julião, em Norwich, espaço para ir longe na direção de Deus. É dali de dentro, de sua cela como figura da alma, que ela vê tão fundo que anuncia algo que não fora dito antes dentro da tradição cristã: a maternidade de Jesus. Jesus que trata seus filhos como a mãe, nutrindo-os, acolhendo-os e, quando necessário, sendo dura com eles.

A face de Juliana, a maior parte de seus traços biográficos, a própria igreja de são Julião onde viveu como anacoreta, destruída na Segunda Guerra Mundial, evanesceram. A história dela, que pode parecer escravidão aos olhos modernos, tornou-se, na mais ampla liberdade, a dos filhos de Deus. Transfigurada, Juliana anuncia em seus dois textos aquilo que ouviu tão íntima e cortesmente: *"All shall be well, and all manners of things shall be well"*.

NOTA SOBRE A TRADUÇÃO

Esta tradução foi feita do inglês médio seguindo a edição de Nicholas Watson e Jacqueline Jenkins, *The Writings of Julian of Norwich* (Pensilvânia: The Pennsylvania State University Press; University Park, 2006). O texto do relato curto, intitulado *A Vision Showed to a Devout Woman* por um copista, se baseia no único manuscrito restante que contém a obra inteira, o BL Additional 37790 (A), hoje pertencente à British Library. Watson e Jenkins harmonizam as regras de grafia ao longo de todo o manuscrito que, como um exemplar do século XVII de um texto que veio sendo copiado desde o século XIV por pessoas que não falavam o mesmo dialeto de Norwich que Juliana usava, contém várias incoerências. Usei, por isso, também a edição diplomática de Edmund Colledge, O.S.A. e James Walsh, S.J., *A Book of Showings to the Anchoress Julian of Norwich* (Toronto: Pontifical Institute of Medieval Studies, 1978).

Para o relato longo, chamado de *A Revelation of Love* por Watson e Jenkins, segui as mesmas edições mais *The Shewings of Julian of Norwich*, a cargo de Georgia Ronan Crampton (Kalamazoo, Michigan: Medieval Institute Publications; Universidade de Michigan, 1994). Há dois manuscritos com o relato longo completo, ambos do século XVII. Colledge e Walsh baseiam sua edição crítica no manuscrito BN MS fonds anglais 40 (identificado como P), pertencente à Biblioteca Nacional da França, em Paris. Crampton edita o manuscrito BL MS Sloane 2499, identificado como S, pertencente à British Library. Watson e

Jenkins apresentam um texto crítico reconstituído a partir dos dois manuscritos. Nas vezes em que me afasto de Watson e Jenkins, registro em nota. Consultei também duas traduções para o inglês moderno. A de Frances Beer, *A Revelation of Love* (Cambridge: D. S. Brewer, 1998), para o texto breve, e a de Grace Warrack (de 1901 e hoje disponível on-line em: <https://d.lib.rochester.edu/teams/text/the-shewings-of-julian-of-norwich-part-1>) para o relato longo.

Relato curto

Aqui está uma visão mostrada pela bondade de Deus a uma mulher devota. E seu nome é Juliana, que é reclusa em Norwich e ainda em vida no ano do Senhor de 1413.[1] Na qual visão há muitas palavras fortalecedoras e grandemente instigadoras para todos aqueles que desejam ser amantes de Cristo.

I[2]

Desejei três graças pelo dom de Deus. A primeira era ter em mente a Paixão de Cristo. A segunda era doença cor-

1. Não há nenhum título no manuscrito que conserva a versão mais curta do relato de Juliana. Essa pequena introdução é de autoria do copista ou, mais provavelmente, de quem lhe encomendou a cópia, e não de Juliana. O ano de 1413 é certamente quando foi feita a cópia do relato curto de Juliana de Norwich que se conserva hoje em um único manuscrito (British Library MS 37790), não o ano em que ele foi escrito.
2. O manuscrito divide o relato curto em vinte e cinco partes numeradas em algarismos romanos, como de resto todos os números que aparecem no manuscrito. A divisão não acompanha as dezesseis diferentes revelações que organizam o segundo relato nem nenhum outro critério rigoroso discernível. Não há como saber se constavam do autógrafo de Juliana ou se são adições do copista.

poral. E a terceira era ter por dom de Deus três feridas. Quanto à primeira, vinda à minha mente com devoção, achava que eu tinha grande sentimento na Paixão de Cristo, mas eu ainda desejava ter mais, pela graça de Deus. Achava que eu queria ter estado naquele tempo com Maria Madalena e com outros que eram amantes de Cristo, para que eu pudesse ter visto corporalmente a Paixão de Nosso Senhor que Ele sofreu por mim, para que eu pudesse ter sofrido com Ele como outros fizeram, que O amavam. Não obstante que eu acreditava[3] seriamente em todas as penas de Cristo como a Santa Igreja mostra e ensina, e também as pinturas de crucifixos que são feitas pela graça de Deus segundo o ensinamento da Santa Igreja à semelhança da Paixão de Cristo, tão longe quanto o engenho do homem pode atingir — não obstante toda essa crença fiel,[4] eu desejava uma visão corporal, onde

3. Juliana usa a forma arcaica *leeve* para o verbo *believe*, embora a forma composta com a partícula *be-* já fosse comum em sua época e ela mesma a use em outros trechos. *Leeve* deixa mais clara a ligação de *believe*, "acreditar", com *love*, "amar". "Acreditar", "confiar" está etimologicamente ligado, nas línguas germânicas, à ideia de "dar valor", "amar".
4. Juliana usa dois conjuntos de palavras distintos para se referir ao campo semântico da palavra portuguesa "verdade". Aqui ela usa *trewe*, forma do inglês médio do adjetivo moderno *true*. A raiz etimológica das palavras desse grupo é a mesma que dá *truce*, em inglês, e "trégua", em português. Trata-se, pois, de "verdade" no sentido que implica algo de confiança, assim como uma trégua implica confiança entre os adversários que a celebram. O outro conjunto que Juliana usa está ligado à raiz *sooth*, que só sobrevive no inglês moderno em palavras como *soothsayer*, "adivinho". É, pois, uma verdade conhecida por seu próprio valor, independente da confiança depositada em quem a tenha dito, como é a verdade conhecida pelo adivinho a despeito de lhe ter sido revelada por alguém. A distinção parece muito significativa para Juliana, que a apli-

eu pudesse ter mais conhecimento das dores corporais de Nosso Senhor nosso Salvador, e da compaixão de Nossa Senhora, e de todos os Seus fiéis amantes que foram crentes de Suas dores naquele tempo e desde então, pois eu quisera ter sido um deles e sofrido com eles. Outra visão de Deus nem mostra desejei eu nunca nenhuma até que a alma tivesse partido do corpo, pois confio autenticamente[5] que eu estaria salva. E esse era meu pensamento: pois eu teria, por causa da mostra, uma mente mais firme na Paixão de Cristo.

Quanto à segunda, vinda a minha mente com contrição, livremente sem nenhuma procura: um desejo cheio de vontade de ter, por dom de Deus, uma doença corporal. E eu queria que essa doença fosse dura até a morte, de modo que eu pudesse na doença receber todos os meus ritos da Santa Igreja, imaginando que eu fosse morrer e que todas as criaturas que me vissem pudessem imaginar o mesmo. Pois eu não queria nenhum conforto de nenhuma vida carnal nem terrena. Nessa doença eu desejava ter toda sorte de dores, corporais e espirituais, que eu teria se fosse morrer, todos os terrores e tormentos de inimigos e todas as sortes de outras dores salvo a partida da alma, pois eu esperava que pudesse ser para mim um avanço quando eu houvesse de morrer. Pois eu desejava estar logo com meu Deus.

Esses dois desejos da Paixão e da doença, eu os desejava com uma condição. Porque eu achava que passava do curso comum das orações. E, portanto, eu disse: "Senhor, Tu sabes o que eu quero. Se for Tua vontade

---

ca rigorosamente. Sempre que possível traduzo as palavras do grupo *true* por palavras ligadas ao campo semântico de "confiar", como aqui, "fiel".

5. *Sothfastlye*, da raiz *sooth*, no original. Procurei traduzir *sooth* e seus correlatos, sempre que possível, por "autêntico" e seus derivados.

que eu o tenha, concede-me. E se não for Tua vontade, bom Senhor, não fiques desagradado, pois nada quero senão o que Tu queres". Essa doença desejei em minha juventude que eu a pudesse ter quando estivesse no meu trigésimo ano de idade.[6]

Quanto ao terceiro, ouvi um homem falar na[7] Santa Igreja da história de santa Cecília, na qual demonstração entendi que ela tinha três feridas de uma espada no pescoço, com as quais ela penou três dias até a morte.[8] Pela agitação disso, concebi um poderoso desejo, suplicando a Nosso Senhor que ele quisesse me conceder três feridas em meu tempo de vida, quer dizer, a ferida da contrição, a ferida da compaixão e a ferida de ansiar desejosamente Deus.[9] Certo como pedi os outros dois com uma condição, assim é que pedi o terceiro sem condição alguma. Esses dois desejos ditos antes passaram da minha mente e o terceiro residiu continuamente.

6. Trinta anos é a idade com a qual, segundo a tradição, Jesus Cristo deu início a sua vida pública.
7. O texto original é ambíguo: *"For the thirde, I harde a man telle of halye kyrke of the storye of Sainte Cecille"*. Pode significar: "Ouvi um homem da Santa Igreja falar", como entendem Nicholas Watson e Jacqueline Jenkins, ou "um homem falar da história de Santa Cecília da Santa Igreja", como entende Georgia Ronan Crampton. Há uma terceira possibilidade se a palavra *of* em *of halye kyrke* for entendida no sentido local de *at (The Oxford English Dictionary*, v. x, n. 57, p. 717), como faz Frances Beer. É como traduzo.
8. A história é narrada na *Legenda áurea*, de Jacopo de Varazze, livro conhecidíssimo em toda a Europa Medieval. (Ed. bras.: *Legenda áurea. Vidas de santos*. Trad. de Hilário Franco Júnior. São Paulo: Companhia das Letras, 2003.)
9. Essa interpretação alegórica das feridas de Santa Cecília é, até onde se sabe, original de Juliana de Norwich.

II

E quando eu tinha trinta invernos mais metade, Deus me enviou uma doença corporal na qual jazi três dias e três noites[10] e na quarta noite recebi todos os meus ritos da Santa Igreja e não pensava que teria vivido até o dia. E depois disso languesci mais dois dias e duas noites e na terceira noite imaginei várias vezes que tinha passado e assim imaginaram os que estavam à minha volta. Mas nisso eu estava bem aflita e detestava o pensamento de morrer, mas não por nada que houvesse na terra pelo que eu gostasse de viver, nem por nada de que eu tivesse medo, pois eu confiava em Deus. Mas era porque eu queria ter vivido para ter amado Deus melhor e por mais longo tempo, para que eu pudesse, pela graça desse viver, ter mais conhecimento e amor de Deus na beatitude do céu.[11]

Pois eu achava o tempo todo que eu tinha vivido aqui tão pouco e tão curto em face da beatitude sem fim. Pensei assim: "Bom Senhor, não pode minha vida ser mais longa para Te adorar?". E foi respondido na minha razão e pelas sensações das minhas dores que eu morreria, e assenti

---

10. O uso de "inverno" no sentido de "anos" quase sempre no plural e frequentemente em referência à idade de uma pessoa era comum até o século XVI com algumas exceções mais tardias de caráter poético ou arcaizante em Tennyson, por exemplo. Juliana conta os dias a partir do pôr do sol como era habitual no mundo medieval e é, até hoje, o uso litúrgico na Igreja católica.

11. Juliana ecoa, aqui, são Paulo (Filipenses 1,21-2). Quanto à ideia de aumentar os méritos ao viver e sofrer mais e, portanto, gozar de maior júbilo no céu, Juliana se apoia na ideia tradicional baseada em trechos como "na casa de meu pai há muitas moradas" (João 14,2) e "Uma é a claridade do sol, outra a claridade da lua e outra a claridade das estrelas pois uma estrela de uma estrela difere em claridade". O comentário da *Glossa Ordinaria* para esse trecho diz: "Pois uma é a beatitude que os justos recebem, mas díspar em qualidade" (PL 114 548).

completamente com toda a vontade do meu coração de estar sob a vontade de Deus.

Assim resisti até o dia, e a essa altura estava meu corpo morto do meio para baixo quanto à minha sensação. Então fui movida para ser posta ereta, inclinada com panos para a minha cabeça para ter mais liberdade no meu coração para estar à vontade de Deus e pensando n'Ele enquanto minha vida durasse. E eles (aqueles) que estavam comigo mandaram chamar o pároco, meu cura,[12] para ele estar no meu fim. Ele veio, e uma criança com ele, e trouxe uma cruz, e então fixei meus olhos e não podia falar. O pároco pôs a cruz diante de minha face e disse: "Filha, eu te trouxe a imagem de teu Salvador. Olha ali e conforta-te ali em reverência a Ele que morreu por ti e por mim".[13] Pensava então que eu estava bem, pois meus olhos estavam postos no céu acima aonde eu confiava ir. Mas, mesmo assim, assenti em pôr meus olhos na face do crucifixo, se eu conseguisse, para resistir o mais longamente possível adentro do tempo de meu fim. Pois pensava que conseguiria mais longamente aguentar olhar para a frente do que para cima.

Depois disso minha visão começou a falhar e estava tudo escuro à minha volta no cômodo, e caliginoso como se fosse noite, salvo na imagem da cruz. Lá se mantinha uma

12. "Pároco" refere-se a um padre responsável por uma paróquia e, portanto, provavelmente, um padre secular. "Cura" era o termo usado para designar o sacerdote responsável pelo cuidado (*cura* em latim) da alma de alguém. O fato de que o cura de Juliana é um pároco sugere, para alguns comentadores, que ela não era uma religiosa.

13. A contemplação de uma cruz com a imagem de Cristo pintada era, na Inglaterra do século XIV, parte da tradição de fazer do ato da morte uma celebração pública de devoção à Paixão de Cristo. Daí a presença de outras pessoas no quarto com Juliana, o cura com uma criança, provavelmente um acólito, e a fala de caráter litúrgico do padre.

RELATO CURTO   33

luz comum[14] e eu nunca soube como. Tudo o que havia ao
lado da cruz era horrível para mim, como se estivesse muito infestada de inimigos.[15]

Depois disso, a parte superior do meu corpo começou
a morrer quanto ao meu sentido. Minhas mãos caíram
para ambos os lados, e também por despoder[16] minha
cabeça pendeu.[17] A maior pena que eu sentia era falta de
ar e desfalecimento da vida. Então imaginei eu autenticamente estar em ponto de morte. E nisso, repentinamente
toda minha pena estava longe de mim e eu estava toda sã
e nomeadamente na parte superior do meu corpo como
nunca antes ou depois. Eu me maravilhei dessa mudança pois pensei que era uma obra secreta de Deus e não
natural. Ainda assim, pela sensação dessa calma, nunca
confiei que viveria, nem a sensação dessa calma era toda
calma para mim. Pois eu achava que estaria melhor se
tivesse sido liberada deste mundo, pois meu coração, em
desejo, já estava lá.

III

E repentinamente veio à minha mente que eu devia desejar a segunda ferida por dom de Nosso Senhor e de Sua
graça: que Ele enchesse meu corpo com consciência de
sensação de Sua abençoada Paixão como eu tinha suplicado antes. Pois eu queria que essas dores fossem minhas

14. Juliana não parece atribuir essa luz a um milagre, por isso
"luz comum".
15. "Inimigos" (*fiendes*, no original) no sentido etimológico da
palavra de origem hebraica "satã", portanto "demônios".
16. Tradução de *unpower*, forma exclusivamente dialetal (*OED*,
v. XIX, p. 145).
17. Juliana, observando o crucifixo, assume a posição de Jesus
na cruz.

dores com compaixão e, depois, desejo por Deus. Assim pensei eu que podia, com Sua graça, ter Suas feridas, que eu antes desejara. Mas nisso desejei nunca nem visão corporal nem um modo de mostra de Deus, mas compaixão, como achava que uma alma natural pode ter com Nosso Senhor, que por amor quis Se tornar homem mortal. Com Ele eu desejava sofrer, vivendo em corpo mortal, conforme Deus quisesse me dar a graça.

E nisso repentinamente eu vi o sangue vermelho escorrer de sob Sua guirlanda todo quente, fresco, abundantemente e vivamente, bem como eu achava que foi quando a guirlanda de espinhos foi enfiada em Sua bendita abençoada cabeça. Exatamente como ambos Deus e homem no mesmo sofreu por mim. Concebi confiadamente e poderosamente que era Ele próprio que me mostrava, sem nenhum recurso. E então eu disse:

"Benedicite dominus!"[18] Isso eu disse reverentemente em meu sentido, com uma voz potente. E inteira e grandemente eu estava estupefata pelo prodígio e maravilha que eu tinha que Ele quisesse estar tão em casa com uma criatura pecaminosa vivendo nesta carne miserável.

Assim tomei isto naquela hora: que Nosso Senhor Jesus, de Seu amor cortês, quis mostrar-me conforto antes do tempo da minha tentação. Pois pensava que podia ser bom que eu, pelo sofrimento de Deus e com Sua guarda, fosse tentada por inimigos ou que eu morresse. Com essa visão de Sua bendita paixão, com a Divindade que eu só via em meu entendimento, eu vi que isso era força suficiente para mim — sim, para todas as criaturas viventes que estariam

---

18. Em latim no original. A expressão parece ser a contração de uma saudação usual entre beneditinos, *Benedicite* ("bendizei"), e sua resposta, *Dominus* ("O Senhor"), subentendendo *Dominus benedicat* ("O Senhor bendiga"). Alguns comentadores apontam o uso dessa saudação como indício de que Juliana seria monja beneditina.

salvas contra todos os inimigos do inferno e contra todos os inimigos.

IV

E nesse mesmo tempo em que eu vi essa visão corporal, Nosso Senhor mostrou-me uma visão espiritual de Seu amor íntimo. Eu vi que Ele é para nós toda coisa que é boa e fortalecedora para nossa ajuda. Ele é nossa roupa, que por amor nos veste e nos envolve, nos abraça e nos enclausura, pende sobre nós por amor terno para que nunca nos deixe. E assim nessa visão eu vi, como em meu entendimento, autenticamente que Ele é toda coisa que é boa.

E nisso Ele me mostrou uma coisa pequena, do tamanho de uma avelã, posta na minha mão e que, no meu entendimento, era tão redonda quanto uma bola. Olhei para Ele e pensei: "O que pode ser isto?". E me foi respondido de maneira geral assim: "É tudo o que foi feito". Maravilhei-me como isso poderia durar pois achei que podia cair subitamente em nada de tão pequena. E me foi respondido em meu entendimento: "Ela dura e há de, sempre, pois Deus a ama. E assim tem toda coisa o ser através do amor de Deus".[19]

Nessa coisa pequena eu vi três partes: a primeira é que Deus a fez; a segunda é que Ele a ama; a terceira é que Deus a mantém. Mas o que é isso para mim? Autenticamente: o fazedor, o amante, o guardião. Pois por eu estar substancialmente unida a Ele não haverei de ter nunca repouso completo nem verdadeira alegria, quer dizer que estou tão pregada a Ele que não há nada que foi feito entre Deus e mim. E quem deve fazer esse feito? Autenticamente Ele, por Sua misericórdia e Sua graça, pois Ele me fez e alegremente restaurou.

19. Cf. Sabedoria 11,23-6.

Nisso Deus trouxe Nossa Senhora a meu entendimento. Eu vi seu corpo espiritual em semelhança corporal, uma criança simples e doce, jovem de idade, na altura em que ela estava quando concebeu.[20] Também Deus me mostrou em parte a sabedoria e a confiança de sua alma, de onde entendi o olhar reverente com que ela olhava seu Deus, isto é, seu criador, maravilhando-se com grande reverência que Ele quis nascer dela que era uma simples criatura criada por Ele. Pois esse era seu maravilhamento: que seu criador fosse nascer dela que era criada. E essa sabedoria e confiança, sabendo a grandeza de seu criador e a pequenez dela que é criada, fê-la dizer docilmente ao anjo Gabriel: "Vê-me aqui, de Deus a criada".[21] Nessa visão eu vi autenticamente que ela é mais do que tudo que Deus fez abaixo dela em valor e inteireza, pois acima dela não há nada que é feito salvo a abençoada humanidade de Cristo.

Essa coisa pequena que foi feita que está abaixo de Nossa Senhora Santa Maria, Deus a mostrou a mim tão pequena como se fosse uma avelã. Achei que podia ter caído de tão pequena.

Nessa alegre revelação Deus mostrou-me três nadas. De cujos nadas, esse é o primeiro que me foi mostrado. Dele precisa todo homem e mulher que deseja viver contemplativamente ter conhecimento, que ele goste de anular toda coisa que é feita para ter o amor de Deus que é não feito. Pois essa é a causa por que eles que são ocupados voluntariamente com os negócios terrenos e sempre buscam o bem mundano não estão absolutamente em calma no coração

20. Quinze anos, segundo a tradição mais corrente. Outra tradição, corrente na Irlanda na época de Juliana, afirmava que Santa Maria tinha doze anos quando concebeu.
21. Jogo de palavras entre *maiden* (moça), *made* (feito/feita) e *handmaiden* (serva) que tentei reproduzir com "criança", já que Nossa Senhora tinha no máximo quinze anos quando concebeu, "criatura" e "criada".

RELATO CURTO 37

e na alma, pois eles amam e buscam aqui o repouso nessa coisa que é tão pequena, onde não há repouso, e não conhecem nada de Deus, que é todo-poderoso, todo sábio, e todo bom. Pois Ele é verdadeiro repouso.[22] Deus quer ser conhecido e Ele gosta de que repousemos n'Ele. Pois tudo o que há abaixo d'Ele não basta para nós. E essa é a causa por que nenhuma alma está repousada até estar zerada de tudo o que é feito. Quando ele está zerado por ter amor a Ele que é tudo o que é bom, então ele está apto a receber repouso espiritual.

V

E no tempo em que Nosso Senhor mostrou isso que eu agora disse em visão espiritual, digo[23] a visão corporal duradoura do abundante sangramento da cabeça, e por quanto eu vi essa visão, eu disse frequentes vezes: *"Benedicite Dominus!"*.

Nessa primeira mostra de Nosso Senhor eu vi seis coisas em meu entendimento.

A primeira são os símbolos[24] de Sua abençoada Paixão e o abundante derramamento de Seu precioso sangue.

A segunda é a donzela, que ela é Sua preciosa mãe.

22. Santo Agostinho, *Confissões* I, I, I: *"quia fecisti nos ad te et inquietum est cor nostrum, donec requiescat in te"* (porque nos fizeste para ti e inquieto está nosso coração enquanto não repousa em ti).
23. No manuscrito há uma correção de *saye* (digo) para *saw* (vi). Em sua edição, Colledge e Walsh preferem o texto anterior. Watson acolhe a leitura do corretor. Sigo Colledge.
24. Os instrumentos da Paixão de Cristo, isto é, a coroa de espinhos, os cravos, a lança e a esponja de vinagre na ponta da vara, que, na iconografia e na meditação, podem ser tomados como objetos de contemplação por si mesmos.

A Terceira é a bendita Divindade que sempre foi e é e sempre há de ser: toda poder, toda sabedoria e toda amor.

A quarta é toda coisa que Ele fez. Pois bem sei eu que céu e terra e tudo o que foi feito é muito, e belo, e grande, e bom. Mas a causa por que se mostrou tão pequeno à minha vista era por eu vê-lo na presença d'Ele que é fazedor. Pois para uma alma que vê o Fazedor de toda coisa, tudo o que foi feito parece totalmente pequeno.

A quinta é que Ele fez toda coisa que foi feita por amor e através do mesmo amor é mantida e sempre há de ser, sem fim, como foi dito antes.

A sexta é que Deus é toda coisa que é boa. E a bondade que toda coisa tem é Ele.

E tudo isso Nosso Senhor mostrou-me na primeira visão e deu-me espaço e tempo para contemplá-la. E a visão corporal cessou e a visão espiritual pousou em meu entendimento. E esperei com temor reverente, regozijando-me no que vi e desejando, como ousava, ver mais, se fosse Sua vontade, ou o mesmo por mais tempo.

VI

Tudo o que eu vi[25] de mim mesma, eu entendo na pessoa de todos os meus iguais cristãos,[26] pois aprendi na mostra espiritual de Nosso Senhor que Ele entende assim. E portanto suplico a vós todos, em nome de Deus, e vos aconselho em vosso próprio proveito que deixeis a contemplação

25. Aqui ocorre a mesma mistura entre *saye* e *saw* da nota 23. Colledge e Walsh apontam diferenças dialetais para a confusão do corretor do manuscrito. De novo sigo Colledge e Walton.

26. *Evencristene*, no original. Watson observa que "iguais cristãos" designa, na Inglaterra do século XIV, praticamente todas as pessoas.

RELATO CURTO   39

da miserável, pecaminosa criatura[27] à qual foi mostrado
e que possais poderosamente, sabiamente, amorosamente
e humildemente contemplar Deus, que, de Seu amor cortês e de Sua infinita bondade, quis mostrar em geral essa
visão para conforto de nós todos. E vós que ouvis e vedes
essa visão e esse ensinamento que é de Jesus Cristo para a
edificação de vossas almas, é vontade de Deus e meu desejo que vós a tomeis com tão grande gozo e gosto quanto
se Jesus a tivesse mostrado a vós como fez a mim.
    Não sou boa pela mostra, mas se amo melhor a Deus.
E assim possa e assim deveria fazer todo homem que a vê
e ouve com boa vontade e verdadeira intenção. E assim é
meu desejo que ela deveria ser para todos os homens o mesmo proveito que desejei para mim e a isso fui movida por
Deus, logo no começo, quando a vi, pois ela é comum e geral uma vez que somos todos um.[28] E estou segura de que
a vi para o proveito de muitos outros. Pois autenticamente
ela não foi mostrada a mim porque Deus me ama mais do
que à última alma que está em graça. Pois estou segura
de que há muitos que nunca tiveram mostra nem visão a
não ser do ensinamento comum da Santa Igreja que amam
a Deus melhor do que eu. Pois se eu olhar singularmente para mim, sou exatamente nada. Mas em geral, estou

27. Há no manuscrito uma palavra de leitura controversa neste ponto. A última linha do fólio 100 termina com a palavra
wrechid (*wretched*). Abaixo dela o copista escreveu *worlde*
(*world*). À margem, há uma correção por outra mão com a palavra *worme* (*worm*). Watson e Jenkins, supondo que se trata de
um erro do copista que, ao ler *wrechid*, se deixou levar pelo
lugar-comum *wretched world* (mundo miserável), omitem-na
e ignoram a correção. Colledge e Watson aceitam a correção do
manuscrito e alegam que a expressão *wrechid worme* aparece
em outros escritos da época de Juliana. A frase seria então "...
verme miserável, criatura pecaminosa...".
28. "Para que todos sejam um assim como tu, Pai, em mim e eu
em ti" (João 17,21).

em unidade de caridade com todos os meus iguais cristãos. Pois nessa unidade de caridade resiste[29] a vida de toda a humanidade que deve ser salva. Pois Deus é tudo o que é bom, e Deus fez tudo o que está feito, e Deus ama tudo o que Ele fez. E se algum homem ou mulher separa seu amor de algum de seus iguais cristãos ele não ama nada, pois ele não ama todos.[30] E assim esse tempo ele não está a salvo, pois ele não está em paz. E aquele que ama em geral seus iguais cristãos, ama tudo o que é. Pois na humanidade que há de ser salva está compreendido tudo o que é: tudo o que está feito e o Fazedor de tudo. Pois no homem está Deus, e, assim, no homem está tudo. E aquele que assim ama em geral todos os seus iguais cristãos, ele ama tudo. E aquele que ama assim, ele está a salvo.

E assim eu quero amar, e assim eu amo e assim estou salva. Pois minha intenção é na pessoa de meu igual cristão. E quanto mais eu ame desse amor enquanto estou aqui, mais sou como a alegria que hei de ter no céu sem fim: isto é Deus, que por Seu infinito amor quis Se tornar nosso irmão e sofrer por nós. E estou segura de que aquele que contempla assim há de ser verdadeiramente ensinado e poderosamente confortado, se precisar de conforto.

Mas Deus não permita que havíeis de dizer ou tomar como se fosse um professor pois eu não entendo assim nem nunca entendi. Pois sou uma mulher ignorante,[31] fraca e frágil. Mas eu sei bem: isto que digo eu o tirei da mostra

29. Traduzo o original *stand* pelo sentido de "Manter-se estável numa posição ereta, aguentar-se em posição ereta, frequentemente em contextos negativos (*OED* v.)" que terá sempre um uso militar ou de combate que calha bem ao trecho.
30. Eco de 1João 3,14-7;23-4.
31. *Leued*, no original, pode também ter o sentido de "iletrada", o que, no caso de Juliana, poderia significar iletrada em latim, a língua culta da época; e "leiga", no sentido de não ser religiosa professa.

RELATO CURTO   41

d'Ele que é o professor soberano. Mas autenticamente a caridade me move a vos dizê-lo. Pois eu queria que Deus fosse conhecido e meu igual cristão avançado, como eu queria ser eu mesma, no mais odiar o pecado e amar a Deus. Mas por eu ser uma mulher deveria eu então acreditar que não deveria vos dizer a bondade de Deus, já que vi ao mesmo tempo que é a vontade d'Ele que isso seja conhecido? E isso deveis bem ver na própria matéria que segue depois, se for tomada bem e fielmente.

Então deveis vós logo esquecer de mim, que sou uma miséria, e fazer assim de modo que eu não vos atrapalhe, e contemplar Jesus que é professor de todos. Falo deles que hão de ser salvos, pois nesse tempo Deus não me mostrou sobre nenhum outro.[32] Mas em todas as coisas acredito como a Santa Igreja professa, pois em toda essa bem-aventurada mostra de Nosso Senhor eu a contemplei como uma à vista de Deus. E nunca entendi nada nela que me espanta nem me afasta do verdadeiro ensinamento da Santa Igreja.

VII

Todo esse bendito ensinamento de Nosso Senhor Deus me foi mostrado em três partes, isto é, por visão corporal, e por palavra formada em meu entendimento, e por visão espiritual. Mas a visão espiritual eu não posso e não consigo mostrar a vós tão abertamente e tão completamente quanto quereria. Mas confio em Nosso Senhor Deus Todo-poderoso que Ele há de, de sua bondade e por amor de vós, fazer-vos tomá-la mais espiritualmente e mais doce-

32. Isto é, Juliana não teve nenhuma revelação sobre aqueles que vão para o inferno. Ela faz questão, porém, de, logo a seguir, afirmar sua adesão à doutrina católica sobre a existência do inferno e da condenação eterna de alguns.

mente do que eu consigo ou posso vos dizer. E assim deve ser, pois somos todos um em amor.

E em tudo isso eu estava muito movida em caridade para com meus iguais cristãos, que pudessem ver e saber o mesmo que eu vi, pois eu queria que fosse conforto para eles todos como é para mim. Pois essa visão foi mostrada em geral e nada em especial.[33] De tudo o que eu vi, isso era o maior conforto para mim: que Nosso Senhor é tão íntimo e cortês. E isso muito me encheu de gosto e segurança na alma.

Então eu disse aos companheiros que estavam comigo: "É hoje o dia do julgamento para mim". E isso eu disse pois imaginava que tinha morrido. Pois naquele dia em que homem ou mulher morre ele é sentenciado como há ele de ser sem fim. Isso eu disse pois queria que eles amassem mais a Deus e pusessem menos valor na vaidade do mundo, para fazê-los ter em mente que essa vida é curta como eles podiam ver no exemplo por mim. Pois todo esse tempo eu imaginava que tinha morrido.

VIII

E depois disso eu vi com visão corporal a face do crucifixo que pendia diante de mim, no qual eu contemplava continuamente uma parte de Sua Paixão: desprezo, cusparadas, poluição de Seu corpo e o esbofeteio de Sua bendita face, e muitas fraquezas e dores, mais do que consigo dizer, e frequente mudança de cor, e toda Sua bendita face numa

33. Colledge e Walton comentam: "Embora Juliana esteja muito segura de seu próprio lugar na vida contemplativa e suas tradições, ela está livre do reservado esoterismo que se vê mesmo em alguns dos mais ortodoxos de seus pares. Por exemplo o autor de *Nuvem do desconhecido* escreve que ninguém deve ver suas obras senão aqueles que se retiraram da vida ativa".

RELATO CURTO   43

hora fechou em sangue seco. Isso eu vi corporalmente e pesadamente e obscuramente e eu desejava mais luz corporal
para ter visto mais claramente.[34] E a mim foi respondido
em minha razão que, se Deus quisesse me mostrar mais,
Ele iria, mas eu não precisava de mais luz senão Ele.

E depois disso eu vi Deus em um ponto — isto é, em
meu entendimento —, visão pela qual eu vi que Ele está
em todas as coisas. Contemplei atentamente, entendendo
e conhecendo nessa visão que Ele faz tudo o que é feito.
Maravilhei-me nessa visão com um suave temor e pensei:
"O que é pecado?". Pois eu vi verdadeiramente que Deus
faz todas as coisas, e nunca importa quão pequena seja ela.
E nem nada ocorre por acaso ou eventualidade mas pela
infinita previdência da sabedoria de Deus. De onde me
ocorreu a necessidade de conceder que toda coisa que é, é
bem-feita, pois Nosso Senhor Deus faz todas. E eu estava
segura de que Deus não faz pecado. Portanto, pareceu-me
que o pecado é nada, pois em tudo isso o pecado não me
foi mostrado. E eu queria não me maravilhar mais por isso
mas contemplar Nosso Senhor, o que Ele queria me mostrar. E numa outra hora Deus me mostrou o que o pecado
é por si mesmo, como hei de dizer depois.

E depois disso eu vi, contemplando, o corpo abundantemente sangrando quente, fresca e vivamente bem como
eu vi antes na cabeça. E isso foi mostrado para mim nas
suturas[35] da flagelação. E ele corria tão abundantemente à

34. Na iconografia da Idade Média tardia e do início da Renascença é comum mostrar esses episódios da Paixão de Cristo de
modo fragmentado como uma boca cuspindo ou uma mão esbo-
feteando sem completar os personagens. O afresco de Fra Ange-
lico em São Marcos é um exemplo bastante conhecido.
35. O original *semes* pode tanto ser entendido como o plural
do hoje raro substantivo *seem* (semelhança, aparência; *OED*,
v. XIV, p. 880), quanto como plural do substantivo *seam* (cos-
tura). Watson e Jenkins observam as duas possibilidades dando

minha vista que me pareceu, se tivesse sido assim de fato naquela hora, teria feito a cama inteira em sangue, e teria se derramado em volta. Deus fez águas abundantes na terra para nosso serviço, e para nosso conforto corporal, pelo amor terno que tem por nós. Mas agrada-Lhe mais que tomemos plenamente Seu bendito sangue com que nos lavar do pecado, pois não há nenhum outro líquido que Lhe agrade tanto nos dar. Pois é tão abundante e da nossa natureza.

E depois disso, antes que Deus me mostrasse quaisquer palavras, Ele aguentou que eu olhasse por mais tempo, tanto tudo o que eu tinha visto, quanto o que havia ali. E então foi, sem voz e sem abertura dos lábios, formada em mim esta palavra: "Com isso foi o inimigo vencido". Essa palavra disse Nosso Senhor significando Sua Paixão, como Ele me mostrou antes. Nisso Nosso Senhor trouxe à minha mente e mostrou-me uma parte da malícia do inimigo e completamente seu despoder. E, para isso, Ele me mostrou que a Sua Paixão está vencendo o inimigo. Deus me mostrou que ele tem agora a mesma malícia que tinha antes da encarnação, e tão arduamente quanto trabalhe, assim continuamente vê que todas as almas escolhidas escapam dele honradamente. E esse é todo o seu sofrimento. Pois tudo o que Deus permite que ele faça nos volta ao gozo e a ele à dor e vergonha. E ele tem tanto sofrimento quando Deus lhe dá autorização para

---

pequena preferência para a primeira em sua edição. Colledge e Walsh entendem *seem* e apontam a passagem correspondente da *Revelação*, de que consta *semyng*, como corroboração. *Semyng*, no entanto, pode perfeitamente ser uma grafia de *seaming*, sinônimo de *seam,* e a passagem é, portanto, inconclusiva. Frances Beer, em sua tradução, opta por *seam*. Acompanho-a. Tanto aqui quanto na versão mais longa parece estar em jogo uma visão extremamente corporal. Faz mais sentido, parece-me, que Juliana tenha usado um substantivo concreto nesta passagem.

obrar do que quando não obra. E isso é porque ele nunca pode fazer tanto mal quanto quereria pois seu poder está todo trancado nas mãos de Deus.

Também vi Nosso Senhor escarnecer de sua malícia e fazê-lo um nada, e Ele quer que façamos o mesmo. Por essa visão eu ri poderosamente e isso fez rir aqueles que estavam à minha volta e o riso deles era-me agradável. Pensei que queria que meus iguais cristãos tivessem visto o que vi. Então haveriam eles todos de ter rido comigo. Mas eu não vi Cristo rir. Não obstante Ele gosta que riamos confortando--nos e regozijando em Deus pois o inimigo está vencido. E depois disso eu caí numa sobriedade e disse: "Vejo três coisas: jogo, escárnio e seriedade. Vejo jogo pois o inimigo está vencido e vejo escárnio pois Deus o escarnece e ele deve ser escarnecido e vejo seriedade pois ele está vencido pela Paixão de Nosso Senhor Jesus Cristo e por Sua morte, o que foi feito em total seriedade e com sóbria pena". Depois disso Nosso Senhor disse: "Eu te agradeço pelo teu serviço e pelo teu trabalho nomeadamente em tua juventude".

IX

Deus mostrou-me três graus de beatitude que cada alma há de ter no céu que de boa vontade tiver servido a Deus em qualquer grau[36] aqui na terra.

O primeiro é o honroso agradecimento de Nosso Senhor Deus que ele[37] há de receber quando for livrado de pena. Esse agradecimento é tão alto e tão honroso que ele

36. Todo esse trecho ecoa as parábolas do semeador e dos talentos narradas em Mateus 13,3-8 e 25,14-30 respectivamente.
37. *Saule*, "alma", palavra feminina em anglo-saxão, em inglês médio já era, como em inglês moderno, do gênero neutro. Juliana, no entanto, usa o pronome masculino para se referir à alma, aqui no sentido de ser humano.

pensa que o preenche como se não houvesse maior beatitude. Pois me pareceu que toda pena e trabalho que pode ser suportada por todos os homens viventes não pode ter merecido o agradecimento que um homem há de ter que honradamente serviu a Deus.

Quanto ao segundo: que todas as criaturas benditas que estão no céu hão de ver esse honroso agradecimento de Nosso Senhor Deus. E Ele faz o serviço d'Ele conhecido para todos que estão no céu.

E quanto ao terceiro: que tão novo e tão gostoso quanto é recebido naquela hora, bem assim dura sem fim. Eu vi que bem e docemente isso foi dito e mostrado a mim: que a idade de todo homem há de ser conhecida no céu e recompensada por seu serviço voluntário e por seu tempo. E nomeadamente a idade daqueles que de boa vontade e livremente oferecem sua juventude a Deus é sobejamente recompensada e maravilhosamente agradecida.[38]

E depois disso Nosso Senhor mostrou-me um gosto espiritual supremo em minha alma. Nesse gosto fui enchida de segurança que dura sempre, poderosamente firmada sem nenhum temor. Esse sentimento era-me tão alegre e tão bom, que eu estava em paz, cômoda e em repouso, de tal modo que não havia nada na terra que houvesse de me pesar.

Isso durou só um tempo e eu fui voltada e deixada comigo mesma em pesadume e cansaço de mim mesma e irritação de minha vida, que mal podia ter paciência para viver. Não havia nenhum espaço nem nenhum conforto para meus sentidos só esperança, fé e caridade. E isso eu tinha em verdade, só que muito pouco em sentimento.[39]

38. Eco de Apocalipse 14,1-4, trecho muito importante para a mística da virgindade na Idade Média. O trecho seria, então, uma alusão à virgindade consagrada e um possível indício de que Juliana de Norwich era uma religiosa.

39. As três virtudes teologais (cf. Coríntios 13,13). O desacordo entre o que se sabe pela fé (ter em verdade) e aquilo que

E imediatamente depois Deus me deu de novo o conforto e o repouso na alma: gosto e segurança tão beatíficos e tão poderosos que nenhum temor, nem sofrimento, nem pena corporal ou espiritual que pudesse ser suportada haveriam de me ter incomodado. E então a dor mostrou-se de novo a meu sentido e então o gozo e então o gosto, e então uma e agora a outra, diversas vezes, suponho que cerca de vinte idas e vindas. E na hora de gozo eu poderia ter dito como Paulo: "Nada vai me apartar da caridade de Cristo".[40] E na dor eu poderia ter dito como são Pedro: "Senhor, salva-me, eu morro".[41]

Essa visão me foi mostrada para me ensinar em meu entendimento que é necessário a cada homem sentir desse modo: às vezes estar em conforto e às vezes falhar e ser deixado sozinho. Deus quer que saibamos que ele nos mantém sempre seguros, no bem ou na dor, e quanto nos ama, na dor como no bem. E às vezes, para o proveito de sua alma, um homem é deixado sozinho. E para cada uma das duas o pecado não é a causa. Pois dessa vez não pequei para que pudesse ser deixada a mim mesma, nem também mereci ter esse sentimento beatífico. Mas livremente Deus dá bem quando Lhe apraz, e nos deixa em dor algum tempo, e ambas é por amor. Pois é a vontade de Deus que nos seguremos em conforto com toda nossa força. Pois a beatitude é duradoura sem fim, e a dor é passageira, e há de ser levada a nada. Portanto não é a vontade de Deus que sigamos os sentimentos de dor em sofrimento e em lamento por eles, mas depressa os ultrapassemos e nos seguremos no infinito gosto que é Deus Todo-poderoso, nosso amante e guardião.

---

se experimenta (ter em sentimento) é um tema importante na teologia medieval.

40. Romanos 8,38-9.

41. Juliana junta dois trechos de Mateus: 8,25 e 14,30. Só uma das falas é de são Pedro.

X

Depois disso, Cristo mostrou-me uma parte de Sua Paixão perto de Seu morrer. Eu vi aquela doce face como estava seca e sem sangue com pálido morrer; depois disso mais pálido de morto, languescendo, e então tornando-se mais morto para o azul, e daí em diante mais azul, conforme a carne se tornava mais profundamente morta. Pois todas as dores que Cristo sofreu em Seu corpo mostraram-se a mim em Sua bendita face, até onde eu a vi, e principalmente nos lábios, ali eu vi essas quatro cores — eles que eu vira antes frescos e corados, vivos e agradáveis à minha visão. Essa foi uma mudança pesada: ver esse morrer profundo. E também o nariz estava murcho e seco à minha vista. Esse longo sofrer pareceu-me como se Ele estivesse em morte por sete noites,[42] o tempo todo sofrendo dor. E pensei que o secar a carne de Cristo foi a maior dor de Sua Paixão e a última.

E nessa secura me foi trazida à mente esta palavra que Cristo disse: "Tenho sede".[43] Pois vi em Cristo uma dupla sede: uma corporal, e outra espiritual. Essa palavra me foi mostrada quanto à sede corporal, e quanto à sede espiritual me foi mostrado como haverei de dizer depois. E entendi da sede corporal que o corpo tinha falta de umidade, pois a abençoada carne e ossos tinham sido deixados sós, sem sangue e umidade. O abençoado corpo secou sozinho por longo tempo, com a torção dos pregos e o pender da cabeça e o peso do corpo com o sopro do vento do lado de fora que secou mais e o penou com mais frio do que meu coração consegue pensar e todas as outras dores.

Tais penas vi que tudo é pequeno demais o que eu possa dizer ou falar, pois não pode ser dito. Mas toda alma, segundo o dito de são Paulo, deve "sentir nela o que em

---

42. Sete dias, o tempo em que Juliana esteve doente.
43. João 19,28.

Cristo Jesus".[44] Essa mostra das dores de Cristo encheu--me cheia de dores, pois eu bem sei que Ele não sofreu senão uma vez, mas Ele quis me mostrar e encher-me a mente, como eu tinha desejado antes.

Minha mãe, que estava em pé em meio a outros e me olhava, ergueu sua mão diante de minha face para fechar meu olho. Pois ela imaginava que eu estava morta ou então tinha acabado de morrer. E isso aumentou muito meu sofrimento. Pois, a despeito de todas as minhas dores, eu não queria ser impedida[45] por amor que eu tinha d'Ele. E quanto às duas,[46] em todo esse tempo da presença de Cristo, não senti dor senão pelas dores de Cristo. Então pensei quão mal sabia eu que dor estava pedindo, pois pensava que minhas dores ultrapassavam qualquer morte corporal. Pensei: É alguma dor no inferno como esta dor? E me foi respondido em minha razão: "o desespero é maior, pois é uma dor espiritual. Mas dor corporal nenhuma é maior do que esta". Como poderia minha dor ser maior do que ver a Ele, que é toda minha vida, toda minha beatitude, e todo meu gozo, sofrer? Aqui eu senti autenticamente que eu amava Cristo tão acima de mim que pensei: teria sido um grande conforto para mim ter morrido corporalmente.

Aí eu vi em parte a compaixão de Nossa Senhora Santa Maria. Pois Cristo e ela eram tão unidos em amor que a grandeza do amor dela era a causa da quantidade da dor dela. Pois tanto quanto ela O amava mais do que todos os outros, a dor dela ultrapassava todas as outras. E assim todos os discípulos d'Ele e todos os verdadeiros amantes sofreram dores mais do que qualquer morrer

44. Juliana cita livremente Filipenses 2,5. Neste trecho de novo Juliana considera "alma" um substantivo masculino e o usa como sinônimo de "pessoa".

45. "Impedida", isto é, "de ver."

46. Entenda-se "dores", isto é, as de Cristo e as dela.

corporal. Pois estou segura, por meu próprio sentimento, que o último deles amava-O mais do que a si mesmo.

Aqui eu vi uma grande união entre Cristo e nós. Pois quando Ele estava em dor estávamos em dor e todas as criaturas que podem sofrer dor sofreram com Ele. E elas que não O conheciam essa era a dor delas: todas as criaturas, sol e lua, retiraram seu serviço e assim estavam elas todas deixadas em sofrimento na ocasião.[47] E assim aquelas que O amavam sofreram dor por amor e aquelas que não O amavam sofreram dor por falta de consolo de todas as criaturas.

Nesse momento eu teria desviado o olhar da cruz, mas não ousei pois eu bem sabia que, enquanto olhava para a cruz, estava segura e salva. Portanto eu não queria assentir em pôr minha alma em perigo, pois fora da cruz não havia segurança, mas feiura de inimigos. Então recebi uma proposição, como se tivesse sido amigável, que disse: "Olha para o céu, para o Pai d'Ele". Então eu vi bem, com a fé que eu sentia, que não havia nada entre a cruz e o céu que pudesse ter me perturbado e me cabia olhar para cima ou responder. Respondi e disse: "Não, eu não devo! Pois Tu és o meu céu". Isso eu disse pois eu não queria nada, pois eu teria amado mais estar naquela dor até o dia do Juízo do que ter ido para o céu por outro modo que não por Ele. Pois eu bem sabia: Aquele que me amarrou tão seguramente me haveria de desamarrar quando Ele quisesse.

XI

Assim escolhi eu Jesus para meu céu, a quem eu via só em dor naquela hora. A mim não agradava nenhum outro céu que não Jesus, que há de ser minha beatitude quando eu estiver lá. E isso sempre foi um conforto para mim:

47. Marcos 15,33 e Lucas 23,44.

RELATO CURTO   51

que escolhi Jesus para meu céu em todo o tempo da Paixão e do sofrimento. E isso foi um aprendizado para mim:
que eu deva para sempre fazer assim e escolher só a Ele
como meu céu no bem e na dor.

E assim eu vi meu Senhor Jesus languescer longo tempo,
pois a união da Divindade, por amor, deu força à Humanidade para sofrer mais do que todos os homens podem. Digo
não só mais dor do que todo homem só pode sofrer, mas
também que Ele sofreu mais dor do que todos os homens
que existiram do primeiro começo ao último dia. Nenhuma
língua pode dizer nem coração pensar completamente as
dores que nosso Salvador sofreu por nós, tendo em vista o
valor do mais alto e mais digno de louvor rei e a vergonhosa, desprezível e dolorosa morte. Pois Ele, que era o mais
alto e o mais digno, foi o mais completamente tornado nada
e o mais manifestamente desprezado. Mas o amor que O fez
sofrer tudo isso, esse ultrapassa tudo, todas as Suas dores
quanto o céu está acima da terra. Pois as penas foram uma
morte realizada em um tempo pelo trabalho do amor, mas
o amor era sem começo e é e sempre há de ser sem fim.

                            XII

E de repente, contemplando eu a mesma cruz, Ele mudou
em beatífica cara. A mudança de Sua cara mudou a minha
e eu estava em tanto lustre e desfastio[48] quanto era possí-

---

48. O dicionário *Caldas Aulete* aponta o substantivo "lustre"
como sinônimo de alegria. O primeiro significado é o de brilho
da coisa que foi polida, o mesmo sentido etimológico de *glad*, em
inglês, termo que Juliana usa aqui como em vários outros pontos de sua obra. O *Caldas Aulete* cita como exemplo o poema
"Dona Branca", de Almeida Garrett, que, no Canto Sete, XVII,
diz: "Lindos paços que tanta formosura,/ Tanto lustre encerrais,
tanto amor vistes,/ E de tanto prazer teatro fostes,/ Paços da maga

vel. Então trouxe o Senhor meramente à minha mente: "O que é qualquer ponto de tua dor e de teu luto?". E fiquei completamente desenfadada.[49]

Então disse Nosso Senhor perguntando: "Estás bem paga que eu sofri por ti?". "Sim, bom Senhor", falei eu, "muito agradecida, bom Senhor, bendito sejas Tu." "Se estás paga", disse Nosso Senhor, "eu estou pago. É um gozo e uma beatitude e um gosto sem fim para mim que eu tenha uma vez sofrido paixão por ti. Pois se eu pudesse sofrer mais, eu sofreria."[50]

Nesse sentimento, meu entendimento foi erguido ao céu e lá eu vi três céus,[51] de cuja visão fiquei grandemente maravilhada e pensei: "Eu vi três céus, e tudo, da[52] ben-

---

Alma, a vós me volvo". Traduzo por "desfastio" o que no original é o adjetivo *merry*, que, etimologicamente, vem de uma raiz indo-europeia que está ligada ao campo semântico de "curto", a partir da qual adquiriu, já no inglês antigo, o sentido de algo que, por ser divertido e agradável, "encurta" o tempo.

49. Sigo a edição de Colledge. Outras edições, como a de Watson, põem o início da parte XII só no próximo parágrafo.

50. O diálogo remete a Isaías 5,4: "*quid est quod debui ultra facere vineae meae et non feci ei*", no texto da Vulgata, traduzido como "Que coisa há que eu devesse ainda fazer à minha vinha que lhe não tenha feito?" pelo padre Antônio Pereira de Figueiredo. A liturgia da Sexta-feira da Paixão canta nos Impropérios: "*Quid ultra debui facere tibi et non feci?*", trocando a vinha de Isaías pela segunda pessoa do singular, assim como Juliana.

51. São Paulo diz em 2Coríntios 2: "Conheço a um homem em Cristo, que catorze anos há, foi arrebatado, se foi no corpo não o sei, ou se fora do corpo, também não sei, Deus o sabe, até ao terceiro céu".

52. "Da" aqui traduz *of*, que em inglês médio ainda guarda muito do significado original da preposição como "origem", "ponto de partida". O sentido, pois, não é o de ver tudo o que é da Divindade de Jesus, mas ver os três céus a partir da humanidade de Jesus.

RELATO CURTO

dita Humanidade de Cristo. E nenhum é mais, nenhum é menos, nenhum é mais alto, nenhum é mais baixo, mas iguais em beatitude". Quanto ao primeiro céu, mostrou-me Cristo Seu Pai, mas não em aparência corporal, mas em Sua propriedade e em Sua obra. A obra do Pai é esta: que ele dá a paga a Seu Filho Jesus Cristo. Esse dom e essa paga são tão beatíficos a Jesus que Seu Pai não poderia dar paga que pudesse agradá-Lo mais.

Quanto ao primeiro céu, que é beatitude do Pai, mostrou-se a mim como um céu e era totalmente beatífico. Pois Ele é totalmente abençoado com todos os feitos que fez sobre nossa salvação de onde somos não unicamente Seus por compra[53] mas também por cortesia de Seu Pai. Somos Sua beatitude, somos Seu pagamento, somos Sua adoração, somos Sua coroa. Isso que eu digo é tão grande beatitude para Jesus que Ele conta como nada Seu trabalho e Sua dura Paixão e cruel e vergonhosa morte. E em Suas palavras "Se eu pudesse sofrer mais eu sofreria" eu vi verdadeiramente que, se Ele pudesse morrer tantas vezes quanto para cada homem uma vez, para que esse pudesse ser salvo, como Ele morreu uma vez por todos, o amor nunca O deixaria ter descanso até que tivesse feito isso. E quando Ele o tivesse feito, Ele contaria isso como nada por amor, pois tudo Ele considera pequeno em comparação a Seu amor. E isso mostrou-me Ele sobriamente dizendo esta palavra: "Se eu pudesse sofrer mais". Ele não disse "se fosse necessário sofrer mais", mas "se eu pudesse sofrer mais". Pois embora não fosse necessário e Ele pudesse sofrer, mais Ele queria.

Essa morte e essa obra acerca de nossa salvação era tão boa quanto Ele pode ordená-la. Ela foi feita tão honrada-

53. Alguns tradutores, como Frances Beer, por exemplo, traduzem *thurgh byinge* por algo como "por sua redenção", evitando a expressão bastante literal de Juliana. "Redenção", no entanto, vem do latim *redemptio*, que significa "recompra", de *emptio*, que quer dizer compra.

mente quanto Cristo pode fazê-lo. E nisso eu vi uma completa beatitude em Cristo, mas essa beatitude não haveria de ter sido feita completa se pudesse ter sido feita melhor do que foi feita. E nessas três palavras "é um gozo, uma beatitude e um gosto sem fim para mim" foram-me mostrados os três céus assim: quanto ao gozo, entendi o prazer do Pai; quanto à beatitude, a adoração do Filho, e quanto ao gosto sem fim, o Espírito Santo. O Pai Se apraz, o Filho é adorado e o Espírito Santo gosta. E isso me foi mostrado nesta palavra: "Estás bem paga?". Por essa outra palavra que Cristo disse: "Se tu estás paga, eu estou pago", Ele me mostrou o entendimento como se Ele tivesse dito: "É gozo e gosto suficiente para mim e eu não peço mais nada por meu trabalho senão que eu possa te pagar". Abundante e completamente isso me foi mostrado. Pense também sabiamente na grandeza dessa palavra: "Que eu tenha sofrido Paixão por ti". Pois nessa palavra está um alto saber de amor e de gosto que Ele teve em nossa salvação.

XIII

De modo todo desenfadado e cheio de lustre, Nosso Senhor olhou para dentro de Seu lado e disse esta palavra: "Vê! Como eu te amei!". Como se tivesse dito: "Minha criança, se não podes olhar minha Divindade, vê aqui como deixei abrir meu lado, e meu coração ser cortado em dois e deixar sair sangue e água, tudo que estava dentro. E isso me agrada e assim quero eu que te agrade".[54]

54. O trecho dialoga com a passagem do Evangelho de João 20,7 em que São Tomé, que não tinha visto Jesus depois da Crucificação e duvidava de sua Ressurreição, é convidado por Jesus a tocar em sua ferida aberta pela lança de um soldado romano (João 19,34) além das marcas dos cravos. Juliana, que não quis parar

Isso me mostrou Nosso Senhor para nos fazer cheios de lustre e desenfadados.

E com a mesma feição e alegria Ele olhou para baixo para o lado direito e me trouxe à mente onde Nossa Senhora estava no momento da Paixão e disse: "Queres vê-la?". E eu respondi e disse: "Sim, bom senhor! Muito agradecida! Se for tua vontade!". Frequentemente rezei por isso e esperei vê-la em forma corporal. Mas eu não a vi assim. E Jesus nessa palavra mostrou-me uma visão espiritual dela. Bem como eu a tinha visto antes pequena e simples, assim agora ela se mostrou nobre e gloriosa e agradável a Ele acima de todas as criaturas. E assim Ele quer que seja sabido que todo aquele que gosta d'Ele deveria gostar dela e do gosto que Ele tem por ela e mostra em Si.

E nessa palavra que Jesus disse "Queres vê-la?" julguei que tivera o maior gosto que Ele podia ter me dado, com a mostra espiritual que me deu dela. Pois Nosso Senhor não me mostrou nada de especial, mas Nossa Senhora Santa Maria,[55] e aqui Ele me mostrou em três tempos: a primeira foi quando ela concebeu; a segunda foi quando ela estava em grandes sofrimentos sob a cruz; e a terceira como ela está agora, em gosto, adoração e gozo. E depois disso Nosso Senhor mostrou-Se a mim mais glorificado à minha vista do que eu O tinha visto antes. E nisso fui ensinada que toda alma contemplativa a quem é dado olhar e buscar Deus deve vê-la[56] e passar a Deus por contemplação.

E depois desse ensinamento, íntimo, cortês e beatífico e de verdadeira vida, várias vezes Nosso Senhor Jesus me disse: "Eu aquilo sou que é mais alto.[57] Eu aquilo sou que

---

de olhar Jesus para contemplar a Divindade no capítulo anterior, é convidada a contemplar a humanidade ferida de Jesus.

55. "Nada de especial", isto é, nada que os demais cristãos também não conheçam.

56. Isto é, ver Nossa Senhora.

57. A construção gramatical usada por Juliana nessa passagem

amas. Eu aquilo sou de que gostas. Eu aquilo sou a que serves. Eu aquilo sou pelo que anseias. Eu aquilo sou que desejas. Eu aquilo sou que intencionas. Eu aquilo sou que é tudo. Eu aquilo sou que a Sagrada Igreja te prega e te ensina. Eu aquilo sou que me mostrei a ti antes". Essas palavras não declaro senão para que cada homem, segundo a graça que Deus lhe dá em entendimento e amor, as receba na intenção de Nosso Senhor.

E depois Nosso Senhor trouxe à minha mente o anseio que eu tive por Ele antes. E eu vi que nada me impedia a não ser o pecado. E assim contemplei de maneira geral em nós todos e pensei: "Se não fosse o pecado, haveríamos todos de estar limpos e conformes a Nosso Senhor como Ele nos fez". E assim, na minha loucura antes desse tempo, muitas vezes cogitei: por que, pela grande presciente sabedoria de Deus, o pecado não foi impedido? Pois então, pensei eu, tudo haveria de estar bem.[58]

Essa agitação era muito de se abandonar, e eu muita lamentação e sofrimento fiz a partir dela, sem razão nem discrição, cheia de grande orgulho. Não obstante, Jesus, nessa visão, informou-me tudo de que eu precisava. Não digo que eu não precise mais de ensino. Pois Nosso Senhor, com a mostra disso, deixou-me com a Santa Igreja, e eu estou faminta e sedenta e necessitada e pecadora e frágil e desejosa de me submeter ao ensinamento da Santa Igreja com todos os meus iguais cristãos até o fim de minha vida. Ele me respondeu com esta palavra e disse: "O pecado é conveniente". Nessa palavra "pecado", Nosso

---

mostra um interessante contraste com a passagem semelhante em *Ancrene Wisse*. Lá Jesus fala de si no masculino, como um homem, pois. Aqui as frases que se repetem seguem o modelo "*I it am that is...*" com o predicativo "it" antecedendo o verbo. Jesus parece aludir àquilo que ele é, isto é, Deus, além de homem.

58. A perplexidade com o fato de que Deus não evitou o pecado é um tema comum na mística inglesa do tempo de Juliana.

Senhor me trouxe à mente de modo geral tudo o que não é bom: o vergonhoso desprezo e o completo nada que Ele suportou por nós nesta vida e em Sua morte e todas as dores e paixões de todas as Suas criaturas espiritual e corporalmente. Pois fomos todos em parte tornados nada e deveríamos ser tornados nada seguindo nosso mestre Jesus para ser completamente purgados: quer dizer para sermos totalmente aniquilados de nossa carne mortal e de nossas afeições internas que não são boas.

E a contemplação disso com todas as dores que já foram ou hão de ser, tudo isso me foi mostrado em um toque e prontamente passou, para conforto, pois Nosso Senhor Deus não quereria que nossa alma fosse amedrontada por essa feia visão. Mas eu não vi o pecado, pois creio que ele não tem modo de substância, nem parte do ser, nem pode ser conhecido senão pelas dores de que é causa. E essas dores são alguma coisa, segundo minha visão, por um tempo. Pois essas nos purgam e nos fazem conhecer a nós mesmos e pedir misericórdia. Pois a Paixão de Nosso Senhor é conforto para nós contra tudo isso e assim é Sua abençoada vontade. E pelo terno amor que nosso bom Senhor tem por todo o que há de ser salvo, Ele conforta pronta e docemente por Suas palavras, e diz: "Mas tudo há de estar bem, e todo tipo de coisa há de estar bem".[59] Essas palavras foram mostradas muito ternamente, mostrando nenhum modo de culpa em mim nem em ninguém que há de ser salvo. Então foi muito desnaturado de minha parte culpar ou suspeitar de Deus por meus pecados, já que Ele não me culpa pelo pecado.

Assim eu vi como Cristo tem compaixão de nós por causa do pecado. E bem como estava eu antes com a Pai-

---

59. Essas duas frases mais a que se refere ao pecado pouco acima foram usadas por T.S. Eliot, apenas adaptadas para o inglês moderno, em *Four Quartets*: *"Sin is Behovely, but/ All shall be well, and/ All manner of thing shall be well"* ("Little Gidding", III).

xão de Cristo cheia de dor e compaixão, assim nisso eu estava em parte cheia de compaixão por todos os meus iguais cristãos. E então eu vi que cada natural compaixão que um homem tem por seus iguais cristãos com caridade, que isso é Cristo nele.

XIV

Mas nisso deveis estudar olhando em geral, com temor e sofrendo, dizendo assim para Nosso Senhor em meu entendimento com medo muito grande: "Ah, bom Senhor, como pode tudo estar bem pelo grande dano que veio pelo pecado a tuas criaturas?". Também desejei, o quanto ousava, ter mais alguma declaração na qual eu pudesse ser aliviada. E a isso nosso abençoado Senhor me respondeu todo manso e com feição toda amável e mostrou-me que o pecado de Adão foi o maior dano que jamais foi feito ou há de ser feito até o fim do mundo. E também Ele me mostrou que isso é abertamente conhecido em toda a Santa Igreja na terra. Além disso Ele me ensinou que eu deveria vigiar a gloriosa Satisfação.[60] Pois o ato de fazer essa satisfação é mais agradável à abençoada Divindade e mais venerável à salvação do homem sem comparação do que foi alguma vez danoso o pecado de Adão.[61] Então quer dizer nosso abençoado Senhor assim nesse ensinamento que devemos atentar a isto: "Pois uma vez que tornei em bem o pior dano, é minha vontade que saibas por isso que hei de tornar em bem tudo o que é menos".

Ele me deu entendimento em duas partes. Uma parte é nosso Salvador e nossa Salvação. Essa bendita parte é aberta e clara e bela e leve e abundante. Pois todo ser humano que é de boa vontade ou há de ser está contido nessa parte.

60. Isto é, a Paixão de Cristo.
61. Cf. Romanos 5,20.

RELATO CURTO 59

Aqui somos nós ligados e trazidos e aconselhados e ensinados internamente pelo Espírito Santo e externamente pela Santa Igreja pela mesma graça. Nisso quer Nosso Senhor que estejamos ocupados, regozijando-nos n'Ele pois Ele Se regozija em nós. E quanto mais abundantemente tomamos disso, com reverência e mansidão, mais merecemos gratidão d'Ele e mais avanço para nós mesmos. E assim possamos nós dizer: "Nossa parte é Nosso Senhor".[62]

A outra parte é poupada de nós e escondida: quer dizer, tudo o que está para lá de nossa salvação.[63] Pois isso é do conselho privado de Nosso Senhor, e fica no senhorio real de Deus ter Seus conselhos privados em paz, e fica a Seus servos, por obediência e reverência, não querer razão de Suas decisões. Nosso Senhor tem pena e compaixão de nós, pois algumas criaturas se fazem tão empenhadas disso. E estou segura de que, se soubéssemos quanto haveríamos de agradá-Lo e acalmar-nos pelo amor d'Ele, nós o faríamos. Os santos no céu não querem nada saber senão o que Nosso Senhor lhes quer mostrar, e também lá a caridade e o desejo deles são comandados pelo desejo de Nosso Senhor. E assim devemos nós querer ser como eles. E então haveremos de nada querer nem desejar senão a vontade de Nosso Senhor, como fazem eles. Pois somos todos um na mente de Deus. E aqui fui eu ensinada que havemos somente de nos regozijar em nosso abençoado Salvador Jesus e confiar n'Ele em todas as coisas.

XV

E assim nosso bom Senhor respondeu a todas as perguntas e dúvidas que eu poderia ter dizendo todo confortadora-

62. Salmo 118 (119),57.
63. Ao contrário de vários místicos, Juliana não teve nenhuma revelação sobre as almas condenadas.

mente: "Eu quero tornar todas as coisas em bem, hei de tornar todas as coisas em bem, posso tornar todas as coisas em bem, consigo tornar todas as coisas em bem. E hás de ver isso por ti mesma: que todas as coisas estarão bem". Onde Ele diz que "pode", entendo, pelo Pai; e onde Ele diz que "consegue", entendo pelo Filho; e onde Ele diz "eu quero", entendo pelo Espírito Santo; e onde ele diz "hei de",[64] entendo pela bem-aventurada Trindade unida, três Pessoas em uma verdade. E quando Ele diz "hás de ver por ti mesma", entendo a união de toda a humanidade que há de ser salva para dentro dessa bem-aventurada Trindade.

E nessas cinco palavras Deus quer Se fechar em repouso e em paz. E assim tem a sede espiritual de Cristo um fim. Pois esta é a sede espiritual: a ânsia de amor que per-

---

64. A passagem usa os verbos *maye, can, wille* e *schalle* (*may, can, will* e *shall* em inglês moderno). Sigo a ordem do manuscrito, adotada pela edição de Colledge e Walsh. A edição de Watkins e Jenkins harmoniza a ordem em que as palavras aparecem na fala de Jesus e na subsequente explicação de Juliana. Traduzo *maye* por "posso" no sentido de "ter autoridade" e *can* por "consigo" no sentido de "ter capacidade", nuances ainda válidas no inglês contemporâneo. *Wille* tem a mesma raiz etimológica do latim *uolo* e seu primeiro significado é "querer". O sentido de verbo auxiliar que expressa tempo futuro já existia no anglo-saxão, mas o primeiro sentido continua largamente dominante no inglês médio. Traduzo *wille* por "quero". Etimologicamente, *shall* é ligada à raiz que deu origem à palavra alemã *Schuld*, "culpa". De onde *shall* como verbo auxiliar com o sentido de "dever". Juliana associa "ter autoridade" ao Pai, "ter a capacidade", "saber como" ao Filho, e "querer" ao Espírito Santo seguindo a tradição escolástica que via como próprio do Pai a força, ou o poder; como próprio do Filho a sabedoria e a inteligência; e como próprio do Espírito Santo o amor e a bondade, isto é, a vontade que, em Deus, tende só para o bem. Cf. e.g. Santo Tomás de Aquino, *Summa Teologiae* I. 34, art. 2 ad 4; Q 37; e *Super Epistolam Beati Pauli ad Romanos Lectura*, Caput II, Lectio I.

RELATO CURTO   61

dura, e sempre há de, para nós até ver essa visão no Dia
do Juízo. Pois nós que havemos de ser salvos e havemos
de ser o gozo e a beatitude de Cristo ainda estamos aqui e
havemos de estar até aquele dia. Portanto esta é a sede: a
falta de Seu gozo, que não estamos n'Ele tão santos quanto Ele então gostaria. Tudo isso me foi mostrado na mostra de compaixão, pois isso há de cessar no Dia do Juízo.
Assim Ele tem pena e compaixão por nós e anseia por nos
ter, mas Sua sabedoria e Seu amor não suportam que o
fim venha até o melhor momento.

E nessas mesmas cinco palavras ditas antes — "Eu posso tornar todas as coisas em bem" —[65] entendo um poderoso conforto de todos os trabalhos de Nosso Senhor que
estão para vir. Pois, bem como a bem-aventurada Trindade fez todas as coisas de nada, bem assim a mesma bem-
-aventurada Trindade há de tornar bem tudo o que não é
bem. É a vontade de Deus que tenhamos grande consideração por todos os feitos que Ele fez. Pois Ele quer que saibamos com isso tudo o que Ele há de fazer. E isso mostrou-
-me Ele nesta palavra que disse: "E hás de ver por ti mesma
que todo tipo de coisa há de estar bem".

Isso entendi de duas maneiras. Uma: estou bem paga
que não sei. Outra: estou alegre e contente, pois haverei
de saber. É a vontade de Deus que saibamos que tudo vai
estar bem de modo geral. Mas não é a vontade de Deus que
saibamos isso agora, mas conforme nos cabe no momento.
E esse é o ensinamento da Igreja.

                               XVI

Deus me mostrou todo o grande prazer que Ele tem em
todos os homens e mulheres que, com força e muito e de-

---

65. Entenda-se um "etc.", aqui. Juliana está se referindo às cinco sentenças que dão início a esta seção.

votamente, aceitam a pregação e o ensinamento da Santa
Igreja. Pois Ele é a Santa Igreja. Pois Ele é o chão, Ele é a
substância, Ele é o ensinamento, Ele é o mestre, Ele é o fim,
Ele é a paga por que toda alma de confiança trabalha. E
isso é sabido e deve ser sabido por toda alma para quem o
Espírito Santo o declara. E estou segura de que todo aquele
que busca isso há de avançar, porque eles procuram a Deus.

Tudo isso que eu disse agora e mais o que vou dizer depois é confortador contra o pecado. Pois primeiro, quando
vi que Deus faz tudo o que é feito, não vi pecado. E então
vi eu que tudo está bem. Mas quando Deus me mostrou o
pecado, então Ele disse: "Tudo há de ficar bem".

E quando Deus Todo-poderoso havia me mostrado
abundantemente e completamente de Sua bondade, desejei,
de uma certa pessoa que eu amava: Como haveria de ser
com ela? E nesse desejo fui atrapalhada por mim mesma,
pois eu não fora ensinada naquele momento. E então me
foi respondido em minha razão, como se fosse por um homem amigável: "Considera isso de modo geral e contempla
a cortesia de teu Senhor quando te mostra isso. Pois é mais
devoção a Deus contemplá-Lo em tudo do que em qualquer
coisa em especial". Assenti e ali aprendi que é mais devoção
a Deus saber todas as coisas em geral do que ter gosto em
qualquer coisa em especial. E se eu devesse agir sabiamente depois desse ensinamento, eu não deveria estar radiante
por nada em especial, nem grandemente inquieta por qualquer espécie de coisa, pois tudo há de estar bem.

Deus trouxe à minha mente que eu haveria de pecar.
E pelo gosto que eu tinha em contemplá-Lo, não dei atenção prontamente a essa mostra. E Nosso Senhor todo
cortesmente esperou até que eu atentasse. E então Nosso
Senhor trouxe-me à mente com meus pecados o pecado
de todos os meus iguais cristãos, tudo de modo geral e
nada em particular.

XVII

Se bem que Nosso Senhor tenha me mostrado que eu haveria de pecar, por mim mesma entendi todos. Nisso concebi um suave temor. E a isso Nosso Senhor respondeu-me assim: "Eu te guardo totalmente segura". Essa palavra foi dita a mim com mais amor e segurança de guarda espiritual do que consigo e posso falar. Pois, assim como me foi mostrado antes que eu haveria de pecar, bem assim me foi mostrado o conforto: segurança de guarda para todos os meus iguais cristãos. O que pode me fazer amar mais meus iguais cristãos do que ver em Deus que Ele ama todos os que hão de ser salvos como se fossem uma só alma?

E em cada alma que há de ser salva há uma vontade divina que nunca assente ao pecado nem nunca há de. Pois assim como há uma alma bestial na parte baixa que não pode querer bem algum, assim há uma vontade divina na parte superior que não pode querer nenhum mal, mas sempre, o bem, não menos do que as Pessoas da beata Trindade. E isso me mostrou Nosso Senhor na totalidade de amor em que estávamos em Sua visão: sim, que Ele nos ama agora tão bem enquanto estamos aqui como haverá de fazer quando estivermos diante de Sua bem-aventurada face.

E também Deus me mostrou que pecado não é vergonha, mas honra para o homem. Pois nessa visão meu entendimento foi erguido ao céu e então veio à minha mente verdadeiramente Davi, Pedro e Paulo, Tomé da Índia[66] e a Madalena: como eles são conhecidos na Igreja da terra

---

66. Davi pecou com Betsabeia, como narrado em 2Samuel 11 e 12. Pedro, ao negar Cristo (Mateus 26,69-75), Paulo por perseguir cristãos (Atos 8 e 9), Tomé por duvidar da Ressurreição (João 20,19-29) e Maria Madalena. A tradição posterior associa Maria Madalena à pecadora que perfuma os pés de Jesus (Lucas 7,37ss.) e diz que ela tinha sido prostituta antes de se tornar seguidora de Jesus, o que não consta do Evangelho.

com seus pecados para sua honra. E não é vergonha para eles que eles pecaram. Não é mais, na bem-aventurança do céu. Pois lá, a marca do pecado é tornada em honra. Bem assim Nosso Senhor os mostrou a mim como exemplo de todos os outros que hão de ir para lá.

O pecado é o mais agudo flagelo com que qualquer alma escolhida pode ser batida, flagelo esse que abate todo homem e mulher, e os quebra todos, e os faz nada à sua própria vista, tanto que ele pensa que não é digno senão de afundar no inferno. Mas quando a contrição o toma, pelo toque do Espírito Santo, então transforma o azedume em esperança da misericórdia de Deus. E então começam suas feridas a sarar e a alma a reviver voltada à vida da Santa Igreja. O Espírito Santo o leva à confissão, para mostrar voluntariamente seus pecados, nua e verdadeiramente, com grande sofrimento e grande vergonha de que ele tenha pisoteado de tal modo a bela imagem de Deus. Então ele faz penitência por cada pecado, imposta por seu juiz,[67] que está fundada na Santa Igreja pelo ensinamento do Espírito Santo.

Por esse remédio precisa toda alma pecadora ser curada, e especialmente de pecados que são mortais em si. Embora ele se cure, suas feridas são vistas diante de Deus não como feridas, mas como honras. E assim, de modo contrário, assim como é punido aqui com sofrimento e penitência, ele há de ser recompensado no céu pelo amor cortês de Nosso Senhor Deus Todo-poderoso, que não quer que nenhum dos que vão lá perca sua jornada.[68] Essa

---

67. Trata-se do confessor, mas Juliana usa o termo *domesman*, aquele que dá a sentença.

68. O termo, no original, é *travaile*, que pode ter o significado de "trabalho" e de "viagem". Não raro Juliana parece confundir deliberadamente palavras semelhantes no som ou na escrita mas distintas em significado. Optei por "jornada" por guardar algo dos dois sentidos.

paga que havemos de receber lá não há de ser pequena, mas há de ser alta, gloriosa e honrosa. E assim há de toda vergonha se tornar em honra e maior gozo. E estou segura por meu próprio sentimento que, quanto mais uma alma boa vê isso no bom e cortês amor de Deus, mais detestável é para ele pecar.

XVIII

Mas se te agitares para dizer ou pensar "Já que isso é genuíno, então seria bom pecar para ter mais paga",[69] toma cuidado com essa agitação e despreza-a, pois é do inimigo. Pois qualquer alma que voluntariamente aceita essa agitação, ele não pode nunca ser salvo até fazer compensação como por pecado mortal. Pois se fosse posto diante de mim toda a dor que há no inferno e no purgatório e na terra — morte e outras — e o pecado, eu escolheria de muito mais bom grado toda essa dor do que o pecado. Pois o pecado é tão vil e tão mais de se odiar que ele não pode ser igualado a nenhuma dor, dor essa que não seja pecado. Pois toda coisa é boa, senão o pecado, e nada é mau, senão o pecado. O pecado não é nem um feito nem um gosto. Mas quando uma alma escolhe voluntariamente o pecado — isto é, dor — antes que a Deus, no fim ele não tem nada. Essa dor, penso eu, é o mais pesado inferno pois ele não tem seu Deus: em todas as dores uma alma pode ter Deus, menos no pecado.

E tão poderoso e tão sábio quanto Deus é para salvar o homem, tanto Ele é desejoso. Pois o próprio Cristo é a base de toda a lei de homens cristãos e Ele nos ensinou a fazer o bem contra o mal. Aqui podemos ver que Ele próprio é essa caridade e faz conosco como Ele nos ensina a fazer. Pois Ele quer que sejamos iguais a Ele em unidade de amor

69. Cf. Romanos 6,1.

sem fim para conosco e para com nossos iguais cristãos. Não mais do que Seu amor por nós não é rompido por nosso pecado, não mais quer Ele que nosso amor por nós mesmos ou por nossos iguais cristãos seja rompido; mas desnudadamente odiar o pecado e infinitamente amar a alma como Deus a ama. Pois essa palavra que Deus disse é um conforto sem fim: que Ele nos guarda totalmente seguros.

XIX

Depois disso, Nosso Senhor mostrou-me quanto a orações. Eu vi duas condições naqueles que oram, segundo o que havia sentido em mim mesma. Uma é: eles não querem rezar por nada que possa vir a ser, mas por aquela coisa que é a vontade de Deus e sua honra. Outra é que eles se preparam poderosa e continuamente para buscar aquela coisa que é Sua vontade e Sua honra. E isso é como eu entendi pelo ensinamento da Santa Igreja. Pois nisso Nosso Senhor me ensinou a mesma coisa: ter de Deus o dom da fé, da esperança e da caridade[70] e mantê-los a partir daí até o fim de nossa vida. E nisso dizemos Pai-Nosso, Ave e Credo com devoção de acordo como Deus quer dar. E assim rezamos, por todos os nossos iguais cristãos e por todo tipo de homem, que é a vontade de Deus. Pois gostaríamos que todo tipo de homens e mulheres estivesse na mesma virtude e graça que temos de desejar para nós mesmos.

Mas, ainda assim, em tudo isso frequentes vezes nossa confiança não é total. Pois não estamos seguros de que Deus Todo-poderoso nos ouve, conforme consideramos nossa indignidade, e porque não sentimos certo. Pois estamos tão estéreis e secos frequentes vezes depois de nos-

70. Cf. 1Coríntios 13,13. Fé, Esperança e Caridade são as três virtudes teologais da tradição católica, isto é, as virtudes que vêm de Deus e ligam o cristão diretamente a Deus.

sas orações quanto estávamos antes. E, assim, em nosso sentimento, nossa loucura é causa de nossa fraqueza. Pois assim já me senti eu mesma.

E tudo isso trouxe Nosso Senhor repentinamente à minha mente, e poderosamente e vivamente, e confortando-me contra esse tipo de fraqueza nas orações, e disse: "Eu sou o fundamento de tua súplica. Primeiro é minha vontade que a tenhas, e já que eu te fiz para querê-la, e já que eu te fiz para suplicar — e tu suplicas — como haveria de ser que não devesses ter tua súplica?". E assim, na primeira razão, com as três que seguem depois, Nosso Senhor mostrou-me um grande conforto. E a quinta — onde ele diz "E tu suplicas" —, ali, Ele mostra todo o grande agrado e a infinita paga que Ele nos dará por nossa busca. E na sexta razão — onde Ele diz "Como haveria de ser que não devesses ter tua súplica?"—, lá, Ele mostra um sóbrio entendimento. Pois não confiamos tão poderosamente quanto deveríamos. Assim, quer Nosso Senhor ambas: oração e confiança. Pois a causa das razões ditas antes é fazer-nos poderosos contra fraqueza em nossas orações.

Pois é a vontade de Deus que oremos e daí Ele nos move nessas palavras ditas antes. Pois Ele quer que estejamos seguros para ter oração. Pois a oração agrada a Deus. A oração agrada o homem consigo mesmo e o faz sóbrio e manso, quem antes estava em luta e trabalho. A oração une a alma a Deus. Pois embora a alma seja sempre semelhante a Deus em espécie e substância, é frequentemente dessemelhante em condição, por meio do pecado da parte do homem. Então fá-la, a oração, semelhante a Deus quando a alma quer como Deus quer, e então ela é semelhante a Deus em condição assim como é em espécie. E assim Ele nos ensina a rezar e poderosamente confiar que haveremos de ter aquilo por que oramos. Pois toda coisa que é feita haveria de ser feita mesmo se nunca a tivéssemos suplicado, mas o amor de Deus é tanto que Ele nos mantém parceiros de Seu bom feito.

E, portanto, Ele nos move a suplicar o que Lhe agrada fazer, pois por qualquer oração ou boa vontade que temos por Seu dom, Ele nos quer recompensar e dar-nos paga infinita. E isso me foi mostrado nesta palavra: "E tu suplicas". Nessa palavra, Deus mostrou-me tão grande agrado e tão grande gosto como se Ele estivesse muito obrigado em relação a nós por todo o benfeito que fazemos, embora seja Ele quem o faça. E por isso suplicamos esforçadamente a Ele fazer aquela coisa que Lhe agrada como se Ele dissesse: "O que podes tu mais me agradar do que suplicar assiduamente, sabiamente e desejosamente fazer aquela coisa que eu quero fazer?".

E assim faz a oração um acordo entre Deus e a alma do homem. Pois pelo tempo em que a alma do homem está em intimidade com Deus, ele não precisa rezar, mas observar reverentemente o que Ele diz. Pois em todo esse tempo em que me foi mostrado isso, eu não estava agitada para rezar, mas a ter todo o tempo isso bem na minha mente para conforto: que quando vemos Deus temos o que desejamos e então não precisamos rezar.

Mas quando não vemos Deus, então precisamos rezar por falta e para a habilitação de nós mesmos para Jesus. Pois quando uma alma é tentada, perturbada e deixada a si mesma por desassossego, então é tempo de rezar e fazer-se submisso e maleável a Deus. Mas ele por nenhum modo de oração faz Deus a ele.[71] Pois Ele é sempre igual em amor.

Mas no tempo em que o homem está em pecado, ele é tão sem poder, tão insensato e tão sem amor que ele não pode amar a Deus nem a si mesmo. O maior infortúnio que ele tem é sua cegueira, pois não vê tudo isso. Então, o amor íntegro de Deus Todo-poderoso, que é sempre um, lhe dá visão a ele. E então imagina ele que Deus estava irado com ele por seu pecado. E então ele é movido à con-

---

71. Isto é, nenhuma oração pode fazer Deus submisso e maleável ao homem.

trição e pela confissão e outros bons feitos relaxa a ira de
Deus, para o tempo em que ele acha sossego na alma e suavidade na consciência. E então ele pensa que Deus perdoou
seus pecados e é genuíno. E então é Deus, à vista da alma,
tornado na contemplação da alma, como se ela tivesse estado em dor ou na prisão, dizendo assim: "Estou contente
que tenhas vindo descansar pois eu sempre te amei e agora
te amo e tu a mim".

E assim, com orações, como disse antes, e com outras
boas obras que são costumeiras pelo ensinamento da Santa Igreja, é a alma unida a Deus.

XX

Antes desse tempo eu tinha frequentemente grande anseio e
desejava de Deus o dom de ser liberada deste mundo e desta
vida, pois estaria com meu Deus em beatitude onde tenho
esperança seguramente através de Sua misericórdia de estar
sem fim. Pois frequentes vezes eu contemplava a dor que há
aqui e o bem e o beatífico estar lá. E se não tivesse havido
dor na terra senão a ausência de Nosso Senhor Deus, eu
pensava, uma época, que seria mais do que eu poderia suportar. E isso me fazia lamentar e ativamente ansiar.

Então Deus me disse sobre paciência e sobre sofrimento assim: "De repente serás tomada de toda tua pena, de
toda tua doença, de todo teu desconforto, e de toda tua
dor. E haverás de subir cá em cima, e haverás de me ter
por tua paga e haverás de ser enchida de gozo e beatitude.
E nunca haverás de ter nenhum tipo de pena, nenhum tipo
de doença, nenhum tipo de desagrado, nenhuma carência
de desejo, mas sempre gáudio e júbilo sem fim. O que te
pesa, então, sofrer por enquanto, já que é minha vontade
e minha honra?".

Também nessa razão "De repente serás tomada" eu vi
como Deus recompensa o homem pela paciência que ele

tem em esperar a vontade de Deus em seu tempo, e que o homem estende sua paciência pelo tempo de seu viver por não saber o tempo de seu passamento. Isso é um grande lucro. Pois se um homem soubesse seu tempo ele haveria de não ter paciência durante esse tempo. Também Deus quer que, enquanto a alma está no corpo, que pareça a ele que está sempre a ponto de ser tomada. Por tudo isso a vida nesse langor que temos aqui não é senão um ponto, e quando formos tomados repentinamente para fora da pena para o júbilo, ela não será nada.

E portanto disse Nosso Senhor: "O que haveria de te pesar sofrer um tempo já que é minha vontade e minha honra?". É a vontade de Deus que tomemos Suas ordens e Seus confortos tão largamente e tão poderosamente quanto possamos. E também ele quer que tomemos nossa espera e nosso desconforto tão levemente quanto os possamos tomar e os contemos como nada. Pois quanto mais levemente os tomarmos, quanto menor o preço que pusermos neles por amor, menor pena haveremos de ter no sentimento deles e mais agradecimento haveremos de ter por eles.

Nessa revelação fui ensinada fielmente que qualquer homem ou mulher que voluntariamente escolha Deus nesta vida pode estar seguro que está escolhido. Guarde isso com confiança, pois autenticamente é a vontade de Deus que estejamos tão seguros em confiança da beatitude no céu enquanto estamos aqui como haveremos de estar em segurança quando estivermos lá. E sempre quanto maior o gosto e o gozo que tiramos dessa segurança, com reverência e doçura, mais Lhe agrada. Pois estou segura de que, se não houvesse nenhum ser senão eu que devesse ser salvo, Deus teria feito tudo o que fez por mim. E assim deveria cada alma pensar conhecendo seu amante, esquecendo, se pudesse, todas as criaturas, e pensando que Deus fez por ele tudo o que Ele fez.

E isso, penso eu, deveria agitar uma alma a amar e gostar d'Ele e não temer senão a Ele. Pois é Sua vontade que

RELATO CURTO   71

saibamos que todo o poder de nosso inimigo está trancado
na mão de nosso Amigo. E, portanto, uma alma que sabe
seguramente disso não deveria temer senão a Ele que ele
ama e todos os outros temores pôr entre as paixões e doenças do corpo e imaginações. E portanto, se um homem estiver em tanta pena, em tanta dor, e em tanto desassossego
que pensa que não pode pensar direito a não ser naquilo
em que ele está ou que ele sente, assim que possa, passe levemente sobre isso e conte como nada. E por quê? Para que
a vontade de Deus seja conhecida. Pois se O conhecemos
e O amamos, deveríamos ter paciência e estar em grande
repouso, e deveria ser agradável a nós tudo o que Ele faz.
E isso mostrou-me nosso Senhor nestas palavras que disse:
"O que deveria então te pesar sofrer um tempo já que é minha vontade e honra?".

E aqui foi um fim para tudo o que Nosso Senhor me
mostrou naquele dia.

XXI

E depois disso logo eu caí em mim e em minha doença corporal, entendendo que haveria de viver, e como uma desterrada[72] que bufava e lamentava, pelas dores corporais que

72. "Desterrada" traduz *wrech* (*wretch* em inglês moderno). Embora o sentido atual de "miserável" já existisse em inglês médio,
permanecia em uso o sentido etimológico da palavra. *Wrecht*,
associada ao verbo *wreak*, tem a mesma raiz da palavra latina
urgere, que deu nosso "urgir". O sentido dos verbos era o de "for-
çar alguém a sair de sua terra". Uma vez que Juliana está falando
de continuar a vida na terra, tradicionalmente ligada à ideia de
um exílio na mística católica, o trecho convida especialmente a
traduzir *wrech* por "desterrada". Além disso, a escolha permite
manter o pronome relativo que vem na sequência, que é ignorado
como um erro nas edições modernas de Juliana. (Cf. *OED* s.v. 1.)

sentia. E julguei grande irritação que eu houvesse de viver por mais tempo. E eu estava tão estéril e seca como se não tivesse nunca antes tido senão um pequeno conforto, por sentir minhas penas corporais e por falta de conforto espiritual e corporal.

Então veio a mim uma pessoa religiosa[73] e perguntou-me como eu ia e eu disse que tinha delirado naquele dia. E ele riu alto e sinceramente. E eu disse: "A cruz que estava ao pé da minha cama, ela sangrava constantemente". E com essa palavra a pessoa com quem falei tornou-se toda séria e maravilhada e à uma fiquei dolorosamente envergonhada por meu descuido e pensei assim: "Este homem toma seriamente a menor palavra que eu possa dizer, pois que não fala mais daqui para a frente".

E quando eu vi que ele tomava isso tão seriamente e com grande reverência, fiquei muito envergonhada e queria ter sido ouvida em confissão. Mas eu não poderia contar a nenhum padre, pois pensei: "Como haveria um padre de confiar em mim? Eu não confiei em Nosso Senhor Deus". A Ele eu amei verdadeiramente pelo tempo em que O vi, e então era minha vontade e minha intenção fazê-lo sempre sem fim. Mas como uma louca deixei passar da minha mente. Vê, Eu, miserável! Isso foi um grande pecado e uma grande deformidade que eu, por loucura de sentimento de uma pequena dor corporal, tão insensatamente deixei naquela hora o conforto de toda essa abençoada mostra de Nosso Senhor Deus.

Aqui podeis ver o que eu sou por mim mesma, mas aqui não queria nosso cortês Senhor deixar-me. E fiquei deitada quieta até a noite, confiando em Sua misericórdia, e então comecei a dormir. E em meu sono, no começo, julguei que o inimigo se pôs em minha garganta e me te-

---

73. Religiosa, isto é, que fazia parte de uma ordem religiosa, sentido mais comum da palavra "religião" durante a Idade Média.

ria estrangulado, mas não conseguia. Então acordei de meu sono e mal tinha ainda minha vida.

As pessoas que estavam comigo me vigiavam e molhavam minhas têmporas, e meu coração começou a se confortar. E à uma entrou uma fumacinha pela porta com grande calor e um fedor horrível. Eu disse: "*Benedicite Dominus!* Está tudo em chamas o que há aqui?". E eu imaginava que tinha sido um fogo corporal que nos teria queimado até à morte. Perguntei a eles que estavam comigo se sentiam algum fedor. Eles disseram "não", não sentiam nenhum. Eu disse: "Bendito seja Deus!". Pois então soube eu bem que era o inimigo que tinha vindo para me atormentar.

E à uma tomei aquilo que Nosso Senhor tinha me mostrado no mesmo dia com toda a fé da Santa Igreja — pois eu vejo ambas como uma — e fugi para lá como para meu conforto. E logo tudo desapareceu e fui levada a grande repouso e paz sem doença do corpo ou temor de consciência.

XXII

Mas então fiquei acordada imóvel e então Nosso Senhor abriu meus olhos espirituais e mostrou-me minha alma no meio do meu coração. Eu vi minha alma tão grande como se fosse um reino. E pelas condições que eu vi ali, pensei que era uma cidade digna. No meio dessa cidade senta-se Nosso Senhor Jesus, verdadeiro Deus e verdadeiro homem: uma pessoa bela e de grande estatura, honrada, o mais alto Senhor. E eu O vi vestido solenemente de honras. Ele senta na alma bem ereto em paz e repouso e Ele governa e cuida do céu e da terra e de tudo o que é. A humanidade com a Divindade senta-se em repouso, e a Divindade governa e cuida sem qualquer instrumento ou atividade. E minha alma é beatificamente ocupada com a Divindade que é poder soberano, sabedoria soberana e bondade soberana.

O lugar que Jesus toma em nossa alma Ele nunca há de remover, sem fim, pois em nós está Sua casa mais caseira e mais de Seu agrado para Ele morar. Isso foi uma visão deleitosa e repousante, pois é assim em verdade sem fim. E a contemplação disso enquanto estamos aqui é totalmente agradável a Deus, e um totalmente grande avanço para nós. E a alma que assim contempla, isso a faz igual a Ele que é contemplado, e um em repouso e em paz. E isso foi um gozo singular e uma beatitude para mim que O vi sentado, pois a contemplação dessa sessão mostrou-me segurança de Sua eterna morada. E eu soube genuinamente que foi Ele que me mostrou tudo antes.

E quando eu tinha contemplado isso com toda a atenção, então mostrou-me Nosso Senhor palavras muito doces, sem voz e sem abertura dos lábios, como Ele tinha feito antes, e disse muito sobriamente: "Sabe bem: não foi delírio que viste hoje. Mas toma-o, crê e guarda daqui em diante e não serás vencida". Essas últimas palavras foram ditas a mim para aprendizado de total verdadeira segurança que foi Nosso Senhor Jesus que me mostrou tudo. Pois bem na primeira palavra que Nosso Senhor me mostrou, significando sua bem-aventurada Paixão — "Com isto aqui é o inimigo vencido" — bem assim Ele disse na última palavra, com total confiada segurança: "Não serás vencida". E esse aprendizado e esse conforto confiável são, em geral, para todos os meus iguais cristãos, como eu disse antes, e assim é a vontade de Deus.

E essa palavra "Não hás de ser vencida" foi dita com toda a agudeza e com toda a força para segurança e conforto contra todas as atribulações que possam vir. Ele não disse "Não hás de ser atormentada, não hás de penar, não hás de estar em desconforto", mas Ele disse "Não hás de ser vencida". Deus quer que atentemos à Sua palavra e que estejamos sempre poderosamente em segurança no bem e na dor. Pois Ele nos ama e gosta de nós e assim quer Ele que O amemos e gostemos d'Ele e poderosamente confiemos n'Ele, e tudo estará bem. E logo depois tudo se fechou e não vi mais nada.

XXIII

Depois disso, o inimigo veio de novo com seu calor e seu fedor, e me deixou toda azafamada. O fedor era tão ruim e tão penoso e o calor corporal também, terrível e trabalhoso. E também eu ouvi um tagarelar corporal e uma fala como se tivesse sido de dois corpos e ambos no meu pensar tagarelavam à uma, como se mantivessem uma parlamentação com grande azáfama. E tudo era um murmúrio suave e eu não entendia o que eles diziam. Mas tudo isso era para me mover ao desespero, conforme eu pensava. E confiei empenhadamente em Deus e confortei minha alma com fala corporal como haveria de ter feito a outra pessoa que não eu, que tivesse estado tão assoberbada. Eu pensava que essa azáfama não poderia ser igualada a nenhuma azáfama corporal.

Meus olhos corporais eu pus na mesma cruz em que eu tinha visto conforto antes desse momento, minha língua eu ocupei com fala da Paixão de Cristo e recapitulação da fé da Santa Igreja e meu coração prendi a Deus com toda a confiança e toda a força que havia em mim. E falei a mim mesma dizendo: "Tens agora grande azáfama. Quiseras tu agora desde esse momento para sempre estar assim empenhada em te manter fora do pecado, essa seria uma ocupação suprema e boa. Pois eu confio verdadeiramente estivesse eu livre do pecado estaria totalmente salva de todos os inimigos do inferno e inimigos de minha alma".

E assim eles me ocuparam a noite toda e de manhã até cerca da primeira hora.[74] E então, à uma, eles todos se

---

74. Pelo modo antigo de contar as horas, a primeira hora é aquela em que o sol nasce.

foram e passaram e não ficou nada senão o fedor e esse ainda durou um tempo. E eu os desprezei e assim fui libertada deles pela virtude da Paixão de Cristo. Pois "ali é o inimigo vencido" como Cristo me disse antes.

Ah, miserável pecado! O que és? És nada. Pois eu vi que Deus é todas as coisas: eu não te vi. E quando eu vi que Deus fez todas as coisas, eu não te vi. E quando eu vi que Deus está em todas as coisas, eu não te vi. E quando eu vi que Deus faz todas as coisas que são feitas, menores ou maiores, eu não te vi. E quando vi Nosso Senhor Jesus sentar-se em nossa alma tão honradamente e amar e gostar e governar e cuidar de tudo o que Ele fez, eu não te vi. E assim estou segura de que não és. E todo aquele que te ama e gosta de ti e te segue e deliberadamente acaba em ti eu estou segura de que eles são levados a nada como tu e serão sem fim confundidos. Deus nos proteja todos de ti. Amém, por caridade.

E o que miséria é eu quero dizer, já que fui ensinada pela mostra de Deus. Miséria é toda coisa que não é boa: a cegueira espiritual em que caímos no primeiro pecado, e tudo o que se segue dessa miséria, paixões e dores espirituais ou corporais e tudo o que há na terra ou em outro lugar que não é bom. E então se pode perguntar disso: "O que somos nós?". E eu respondo a isso: se tudo que não é bom tivesse sido separado de nós, haveríamos de ser bons. Quando a miséria está separada de nós, Deus e alma são todos um, e Deus e o homem são um. "O que é tudo na terra que nos separa?" Eu respondo e digo: naquilo em que nos serve, é bom; e naquilo que deve perecer, é miséria; e naquilo em que o homem põe seu coração de outro modo que não esse, é pecado. E pelo tempo que homem ou mulher amar o pecado, se houver alguém assim, ele está em pena que ultrapassa toda pena. E quando ele não ama o pecado, mas o odeia e ama a Deus, tudo está bem. E ele que fielmente faz assim, embora ele peque alguma vez por fragilidade ou

RELATO CURTO   77

ignorância[75] em sua vontade, ele não cai, pois pode poderosamente erguer-se novamente e contemplar Deus a quem ele ama e a toda Sua vontade. Deus o fez para ser amado por ele ou ela que tenha sido um pecador, mas sempre Ele ama e sempre Ele anseia por ter nosso amor. E quando nós poderosamente e sabiamente amamos Jesus, estamos em paz.

Todo o bendito ensinamento de Nosso Senhor Deus me foi mostrado em três partes como eu disse antes, quer dizer, por visão corporal, e por palavra formada em meu entendimento, e por visão espiritual. Quanto à visão corporal, eu disse como vi, tão fielmente quanto consigo. E quanto à visão espiritual eu disse algum tanto, mas posso nunca dizê-la totalmente. E portanto dessa visão espiritual estou instigada a dizer mais, conforme Deus quiser me dar a graça.

XXIV

Deus mostrou-me duas maneiras de doença que nós temos, das quais Ele quer que sejamos emendados. Uma é impaciência, pois suportamos pesadamente nosso trabalho e nosso penar. A outra é desespero ou medo duvidador, como hei de dizer depois. E esses dois são os que mais nos dão trabalho e atormentam, conforme Nosso Senhor me mostrou, e é muito caro a Ele que esses sejam emendados. Falei de homens e mulheres tais que por amor de Deus odeiam o pecado e se dispõem à vontade de Deus. Então esses dois são pecados secretos e muito persisten-

---

75. Segundo Santo Tomás de Aquino (*Super Epistolam Beati Pauli ad Romanos Lectura*, Caput II, Lectio I), os pecados por fraqueza são contra o Pai; os pecados por ignorância, contra o Filho; os pecados contra o Espírito Santo são os pecados por maldade. Jesus diz, em Marcos 3,28, que esses não serão perdoados.

tes quanto a nós.[76] Portanto é vontade de Deus que eles sejam conhecidos e então havemos de recusá-los assim como fazemos a outros pecados.

E assim todo doce Nosso Senhor me mostrou a paciência que Ele teve em Sua dura Paixão e também o gáudio e o gosto que Ele teve dessa Paixão por amor. E isso Ele me mostrou em exemplo de que devemos alegremente e tranquilamente suportar nossos penares, pois isso é grande agrado a Ele e ganho sem fim para nós. E a causa por que somos atrapalhados por eles é por desconhecimento do amor. Embora as pessoas da Trindade sejam iguais em propriedade, Amor foi a mais mostrada a mim, pois que é a mais próxima de nós todos. Pois muitos homens e mulheres creem que Deus é Todo-poderoso e pode fazer tudo e que Ele é todo Sabedoria e consegue fazer tudo. Mas que Ele é todo Amor e quer fazer tudo, aí eles param. E esse desconhecimento é o que mais impede os amantes de Deus. Pois quando eles começam a odiar o pecado, e a se emendar pelos preceitos da Santa Igreja, ainda se demora um terror que os move a contemplar a si mesmos e seus pecados feitos antes. E esse temor eles tomam como uma humildade mas isso é uma podre cegueira e fraqueza. E não conseguimos desprezá-la, pois se a conhecêssemos haveríamos imediatamente de desprezá-la como fazemos com outros pecados que conhecemos, pois vem do inimigo e é contra a verdade.

De todas as propriedades da santa Trindade é a vontade de Deus que tenhamos mais segurança no gosto e no amor. Pois o amor torna o poder e a sabedoria totalmente humildes para nós. Pois, bem como pela cortesia de Deus Ele esquece nosso pecado na hora em que nos arrependemos, bem assim quer Ele que esqueçamos nosso pecado e todo nosso pesadume e todos os nossos temores duvidadores.

76. "Nós" são os que odeiam o pecado por amor de Deus.

XXV

Pois eu vi quatro maneiras de medos. Um é medo de susto que vem a um homem repentinamente pela fragilidade. Esse medo é bom, pois ajuda a purgar o homem, como o faz a doença corporal ou outro penar tal que não é pecado. Pois todas as penas tais ajudam o homem se elas forem tomadas pacientemente.

O segundo é o medo de pena, por onde o homem é instigado e acordado do sono do pecado. Pois o homem que dorme pesado no pecado, ele não é capaz, por esse tempo, de receber o suave conforto do Espírito Santo até obter esse medo do penar da morte corporal e do fogo do purgatório. E esse medo o instiga a buscar conforto e misericórdia de Deus. E assim esse medo o ajuda, como um portal de entrada, e o habilita a ter contrição pelo bem-aventurado toque do Espírito Santo.

O terceiro é o medo duvidador. Pois embora seja pequeno em si e seja conhecido ele é uma espécie de desespero. Pois estou segura de que todo medo duvidador Deus odeia e Ele quer que o tenhamos apartado de nós com verdadeiro conhecimento da vida.

O quarto é o medo reverente. Pois não há medo que Lhe agrade em nós senão o medo reverente e esse é todo doce e suave por humildade de amor. E ainda assim esse medo reverente e o amor não são senão um, embora eles sejam dois em propriedade e em ação. E nenhum deles pode ser tido sem o outro. Portanto estou segura: ele, que ama, ele teme, ainda que não sinta senão pouco.

Todos os temores que não o temor reverente, que é proveitoso para nós, embora venham com as cores da santidade, eles não são tão confiáveis. E por aqui podem eles ser conhecidos e discernidos qual é qual: pois esse temor reverente, quanto mais se o tenha, mais ele suaviza e conforta e agrada e repousa e o falso temor atrapalha e atormenta e perturba.

Então é este o remédio: conhecer ambos e recusar o falso, bem como faríamos com um espírito mau que se mostrasse na aparência de um anjo bom. Pois bem assim como um espírito mau, embora ele venha sob as cores e aparências de um anjo bom —sua conversa e sua ação porém ele nunca mostra tão belas — primeiro ele atrapalha e atormenta e perturba a pessoa com quem ele fala e a impede e a deixa toda em desassossego. E quanto mais ela comunga com ele, mais ele a atrapalha, e mais longe ela fica da paz. Portanto é a vontade de Deus e nosso avanço que nós os conheçamos assim separados.

Pois Deus quer sempre que estejamos seguros em amor e pacíficos e repousados assim como Ele é para nós. E bem assim da mesma condição que Ele é para nós, assim quer Ele que sejamos para nós mesmos e para nossos iguais cristãos. Amém.

Explicit Juliana de Norwich.[77]

---

77. Em latim no original. Provavelmente adição do copista.

Revelações sobre o amor divino

Revelações a alguém que não
podia ler uma carta.
Anno Domini 1373.[1]
Um detalhamento dos capítulos.
O primeiro capítulo:
do número das revelações
em particular.

Aqui começa o primeiro capítulo.[2]
   Esta é uma revelação de amor que Jesus Cristo, nossa
infinita beatitude,[3] fez em dezesseis mostras ou particulares revelações,[4] das quais a primeira é de Sua valiosa co-

1. Provável adição do copista, que interpreta literalmente a afirmação que Juliana fará à frente de que era iletrada, o que pode
significar que ela não teve estudo formal ou, mais provavelmente, que não sabia latim, a língua culta da Europa de seu tempo.
O ano é de quando as revelações ocorreram, não de quando o
livro foi escrito nem de quando a cópia foi feita.
2. Essa segunda observação consta só do manuscrito P, que não
traz o título. Como esse, todos os títulos de capítulo que se
seguem só constam do manuscrito S.
3. "Beatitude" traduz *blisse*. O termo, cuja forma contemporâ-
nea em inglês é *bliss*, se distingue mal, na época de Juliana e
certamente em seus escritos, de *bless*, "bendito", "abençoado", o
que se soma à dificuldade inicial de traduzir *bliss*, termo que não
tem correspondente exato em português.
4. Na altura em que Juliana escreve, a palavra *revelation*, de
origem latina e que entrou para o inglês via francês, estava se
tornando a mais usada, substituindo a antiga *shewing*, de origem anglo-saxã. Juliana segue o hábito nascido no inglês médio
de introduzir os termos de origem francesa ao lado de palavras
anglo-saxãs que significam a mesma coisa mas eram mais conhecidas pelo leitor comum. Esse hábito deu origem à prática da

roação com espinhos. E aí estava contida[5] e especificada a Trindade com a encarnação e união entre Deus e a alma do homem, com muitas belas mostras e ensinamentos de infinita sabedoria e amor, em que todas as mostras que seguem estão fundamentadas e unidas.

A segunda é a descoloração de Sua bela face em símbolo de Sua preciosa Paixão.

A terceira é que Nosso Senhor Deus, sabedoria todo-poderosa, todo amor, certo como verdadeiramente Ele fez toda coisa que é, assim verdadeiramente Ele realiza e opera toda coisa que é realizada.

A quarta é a flagelação de Seu tenro corpo com abundante derramar de Seu sangue.

A quinta é que o inimigo é vencido pela preciosa Paixão de Cristo.

A sexta é o honroso agradecimento de Nosso Senhor Deus, com que Ele recompensa Seus abençoados servos no Céu.

A sétima é frequente sentir de bem e dor. Sentimento de bem é toque e iluminação da graça, com segurança fiel de gozo sem fim. O sentimento de dor é tentação pelo pesadume e irritação de nosso viver carnal, com entendimento espiritual de que somos mantidos no amor tão seguramente na dor como no bem pela bondade de Deus.

A oitava são as últimas dores de Cristo e Seu cruel secar.[6]

A nona é do gosto que há na abençoada Trindade pela

---

retórica inglesa de usar sempre dois adjetivos com quase o mesmo significado.

5. Em P. O manuscrito S traz *comprehended*, que poderia ser traduzido por "abrangida".

6. O manuscrito S traz *dyeing*, com o *e* riscado por um corretor. O manuscrito P traz *drying*, com o *r* escrito acima da linha por um corretor. A leitura "morrer", de *dying*, é natural nesta passagem. A oitava visão, no entanto, trata de Jesus "secando" na cruz (ver cap. XVI).

REVELAÇÕES SOBRE O AMOR DIVINO 85

dura Paixão de Cristo após[7] Seu morrer de dar pena. Gozo e gosto nos quais Ele quer que estejamos agradados e desenfadados com Ele até quando formos à completude no Céu.

A décima é: Nosso Senhor Jesus mostra em amor Seu abençoado coração, mesmo partido em dois, regozijando-Se.

A décima primeira é uma mostra alta, espiritual, de Sua valiosa mãe.

A décima segunda é que Nosso Senhor Deus é o Ser todo supremo.

A décima terceira é que Nosso Senhor Deus quer que tenhamos grande consideração por todas as realizações que Ele realizou na grande nobreza de fazer todas as coisas e da excelência de fazer o homem, o qual está acima de todas as Suas obras, e da preciosa satisfação que Ele realizou pelo pecado do homem, tornando toda a culpa em honra sem fim; onde também Nosso Senhor diz: "Olha e vê, pois pela mesma sabedoria, poder e bondade com que eu realizei tudo isso, pela mesma sabedoria, poder e bondade hei de fazer bom tudo o que não é bom, e haverás de vê-lo". E nisso Ele quer que nos mantenhamos na fé e verdade da Santa Igreja, não querendo saber Seus segredos agora, mas como cabe a nós nesta vida.

A décima quarta é que Nosso Senhor Deus é o chão de nossa busca. Aqui se veem duas belas propriedades: uma é oração reta, a outra é confiança segura, que Ele quer que sejam ambas igualmente grandes, e assim nossas orações agradam a Ele, e Ele, de Sua bondade, as cumpre.

A décima quinta: que havemos de ser repentinamente tomados de nossa pena e de toda nossa dor e, de sua bondade, havemos de subir ao alto onde havemos de ter Nosso Senhor Jesus por nossa paga e ser enchidos de gozo e beatitude no Céu.

---

7. No manuscrito P a palavra é *after*, que pode ser tomada no sentido temporal ou causal. No manuscrito S há apenas *and*.

A décima sexta é que a abençoada Trindade, nosso Fazedor, em Cristo Jesus, nosso Salvador, habita sem fim em nossa alma honrosamente governando e cuidando de todas as coisas, a nós poderosa e sabiamente guardando e conservando por amor e havemos de não ser vencidos por nosso inimigo.

O segundo capítulo.
Do tempo dessas revelações e como ela[1] pediu três petições.

Essas revelações foram mostradas a uma criatura[2] simples, iletrada, vivendo em carne mortal no ano de Nosso Senhor de 1373, no dia 13 de maio,[3] criatura essa que desejara antes três dons de Deus. O primeiro: consciência da Paixão de Cristo. O segundo era doença corporal em juventude, aos trinta anos de idade. O terceiro era ter por dom de Deus três feridas.

1. Oito títulos de capítulo se referem a Juliana na terceira pessoa, o que pode significar, ainda que não necessariamente, que eles são adições de copista e não de autoria dela.
2. A palavra "criatura" é usada sete vezes no relato longo para designar uma pessoa, observa Watson. No singular, refere-se a Juliana, no plural, a todos os seres humanos. A mesma passagem do relato breve traz "mulher" no lugar de "criatura". A mudança mostra Juliana ainda mais reticente sobre sua própria identidade: ela não se identifica sequer como mulher, preferindo um termo que, no inglês médio, era neutro. Watson ressalta que "a palavra mantém a atenção do leitor dirigida à dependência da humanidade com seu Criador". Juliana, no entanto, não usa a palavra "criador" para falar de Deus.
3. No ano de 1373, o dia 13 de maio foi uma sexta-feira, dia tradicional da Paixão de Cristo. O dia de santa Juliana de Norwich na Igreja católica é 13 de maio. O manuscrito S traz dia 8 de maio. Esse é o dia em que a comunhão anglicana celebra Juliana.

Quanto ao primeiro, eu achava que tinha algum sentimento na Paixão de Cristo, mas ainda desejava ter mais, pela graça de Deus. Achava que queria ter estado naquele tempo com Maria Madalena e com outros que eram amantes de Cristo, e, portanto, eu desejava uma visão corporal em que pudesse ter mais conhecimento das dores corporais de nosso Salvador, e da compaixão de Nossa Senhora e de todos os Seus verdadeiros amantes que viram naquele tempo suas penas, pois eu queria ser um deles e sofrer com eles. Outra visão de Deus nem mostra desejei eu nunca nenhuma até que a alma tivesse partido do corpo. Essa era minha intenção, pois eu queria, depois, por causa dessa mostra, ter consciência mais fiel da Paixão de Cristo.

O segundo veio à minha mente com contrição, livremente desejando essa doença tão dura quanto a morte, que eu pudesse nessa doença receber todos os meus ritos da Santa Igreja, eu mesma imaginando que haveria de morrer e que todas as criaturas pudessem supor o mesmo, as que me vissem, pois eu não teria nenhuma maneira de conforto de vida carnal ou corporal. Nessa doença eu desejava ter toda sorte de dores corporais e espirituais que eu pudesse ter se houvesse de morrer, com todos os temores e tormentos dos inimigos, exceto o passamento da alma. E isso eu intentava pois queria ser purgada pela misericórdia de Deus e depois viver mais para a adoração de Deus por causa dessa doença; e isso para maior rapidez de minha morte, pois eu desejava estar logo com meu Deus.

Esses dois desejos, da paixão e da doença, eu desejei com uma condição, dizendo assim: "Senhor, Tu sabes o que quero, se for Tua vontade, que eu o tenha, e se não for Tua vontade, bom Senhor, não fiques descontente pois eu não quero nada senão o que Tu queres".

Quanto ao terceiro, pela graça de Deus e ensinamento da Santa Igreja, eu concebi um poderoso desejo de receber três feridas em minha vida, quer dizer, a ferida da verda-

REVELAÇÕES SOBRE O AMOR DIVINO   89

deira contrição, a ferida da compaixão natural[4] e a ferida
do anseio desejoso por Deus. Certo como pedi os outros
dois com uma condição, assim é que pedi o terceiro poderosamente sem condição alguma. Esses dois desejos ditos
antes passaram da minha mente e o terceiro residiu continuamente.

4. Juliana usa *kind*, cujo primeiro significado é o de "tipo" ou
"espécie natural". O sentido é o de compaixão pelos da mesma
espécie (*kind*), portanto, todos os seres humanos.

Da doença obtida de Deus por petição. Terceiro capítulo.

E quando eu tinha trinta anos mais metade, Deus me enviou uma doença corporal na qual jazi três dias e três noites[1] e na quarta noite recebi todos os meus ritos da Santa Igreja e não pensava que teria vivido até o dia. E depois disso jazi mais dois dias e duas noites e na terceira noite imaginei várias vezes que tinha passado e assim imaginaram os que estavam à minha volta. E ainda assim senti grande detestação de morrer,[2] mas não por nada que houvesse na terra pelo que eu gostasse de viver, nem por nenhuma dor de que eu tivesse medo, pois eu confiava em Deus, por Sua misericórdia. Mas era porque eu queria ter vivido para ter amado mais a Deus e por mais longo tempo, para que eu pudesse, pela graça desse viver, ter mais conhecimento e amor de Deus na beatitude do céu.[3] Pois eu achava o tempo todo que tinha vivido aqui tão pouco e tão curto em face daquela beatitude sem fim. Pensei assim: "Bom Senhor, não pode minha vida ser mais longa

1. Juliana conta os dias a partir do pôr do sol como era habitual no mundo medieval e é, até hoje, o uso litúrgico na Igreja católica.
2. O manuscrito S traz a variante: *and, in youngith yet, I thought great sweeme to dye* (e, ainda em juventude, eu achava uma grande pena morrer).
3. Ver nota 11 no "Relato curto".

REVELAÇÕES SOBRE O AMOR DIVINO   91

para te adorar?". E foi respondido na minha razão e pelas sensações das minhas dores que eu morreria, e assenti completamente com toda a vontade do meu coração de estar sob a vontade de Deus.

Assim resisti até o dia, e a essa altura estava meu corpo morto do meio para baixo quanto à minha sensação. Então fui movida para ser posta ereta recostando-me com ajuda para ter mais liberdade no meu coração para estar à vontade de Deus e pensando n'Ele enquanto minha vida durasse. Mandaram chamar meu cura,[4] para ele estar no meu fim. E quando ele chegou fixei meus olhos e não podia falar. O pároco pôs a cruz diante de minha face e disse: "Eu te trouxe a imagem de teu Salvador. Olha-a e conforta-te nela". Pensava então que eu estava bem, pois meus olhos estavam postos no céu acima, aonde eu confiava ir pela misericórdia de Deus. Mas, mesmo assim, assenti em pôr meus olhos na face do crucifixo, se eu conseguisse, e assim fiz, pois pensava que conseguiria mais longamente aguentar olhar para a frente do que para cima.

Depois disso minha visão começou a falhar. Ficou tão escuro à minha volta no cômodo como se fosse noite, salvo na imagem da cruz onde eu contemplava uma luz comum[5] e não sabia como. Tudo o que havia ao lado da cruz era feio e temível para mim, como se estivesse muito infestado de inimigos.[6]

Depois disso, a outra parte do meu corpo começou a morrer a tal ponto que eu mal tinha alguma sensação, com falta de ar, e então imaginei genuinamente ter morrido. E, nisso, repentinamente toda minha pena foi tirada de mim e eu estava tão sã, e nomeadamente na parte superior do meu corpo, quanto alguma vez estive antes. Eu me mara-

4. Ver nota 12 no "Relato curto".
5. Ver nota 14 no "Relato curto".
6. Ver nota 15 no "Relato curto".

vilhei dessa mudança pois pensei que era uma obra secreta de Deus e não natural. Ainda assim, nunca confiei, pela sensação dessa calma, que viveria. Nem a sensação dessa calma era toda calma para mim, pois eu achava que estaria melhor se tivesse sido liberada deste mundo, pois meu coração, em desejo, já estava lá.

Então repentinamente veio à minha mente que eu devia desejar a segunda ferida por dom de Nosso Senhor e de Sua graça: que ele enchesse meu corpo com consciência e sensação de Sua abençoada Paixão como eu tinha suplicado antes. Pois eu queria que essas dores fossem minhas dores com compaixão e, depois, desejo por Deus. Assim pensei eu que podia, com Sua graça, ter as feridas que antes desejara. Mas nisso desejei nunca nem visão corporal, nem nenhum modo de mostra de Deus, mas compaixão, como achava que uma alma, por natureza, pode ter com Nosso Senhor, que, por amor, quis Se tornar homem mortal. Com Ele eu desejava sofrer, vivendo em corpo mortal, conforme Deus quisesse me dar a graça.

Aqui começa a primeira revelação
da preciosa coroação de Cristo
etc. no primeiro capítulo,
e como Deus enche o coração
com a maior alegria, e de Sua grande
humildade, e como a vista da
Paixão de Cristo é força suficiente
contra todas as tentações dos inimigos,
e da grande excelência e humildade
da beata Virgem Maria.
O quarto capítulo.[1]

Nisso, repentinamente, eu vi sangue vermelho escorrendo
de sob a guirlanda, quente e fresco e bem abundantemente, como se fosse no tempo da Sua Paixão, em que a guirlanda de espinhos foi enfiada em Sua abençoada cabeça. Bem assim, ambos, Deus e homem, o mesmo que sofreu por mim, eu concebi fiel e poderosamente que foi Ele próprio que me mostrou isso sem qualquer intermediário.

E, na mesma mostra, repentinamente a Trindade encheu o coração do maior gozo; e assim, eu entendi, há de ser sem fim no Céu para todos que haverão de ir para lá. Pois a Trindade é Deus, Deus é a Trindade. A Trindade é nosso Fazedor e nosso Mantenedor, a Trindade é nosso Amante que dura sempre, a Trindade é nosso gozo que dura sempre e nossa beatitude, por Nosso Senhor Jesus

1. Esse resumo do capítulo consta apenas do manuscrito S. Deve ser obra de um copista, e não de Juliana, mas está escrito no mesmo dialeto de inglês médio do texto dela. É, portanto, provavelmente anterior à data em que o manuscrito S foi executado.

94 JULIANA DE NORWICH

Cristo e em Nosso Senhor Jesus Cristo. E isso foi mostrado na primeira visão e em todas, pois onde Jesus aparece, entende-se a abençoada Trindade, quanto à minha visão.

E eu disse: *"Benedicite, Dominus"*.[2] Eu disse isso por reverência em minha intenção, com voz forte, e toda muito espantada estava de deslumbramento e maravilha que eu tinha de que Ele, que é tão reverendo e temível, quisesse estar tão em casa com uma criatura pecaminosa vivendo em carne miserável. Assim captei, naquele tempo: que Nosso Senhor Jesus, por Seu amor cortês,[3] queria mostrar-me conforto antes do tempo de minha tentação. Pois pensei que podia bem ser que eu haveria, pela autorização de Deus e com Sua guarda, de ser tentada por inimigos antes de morrer. Com essa visão de Sua bendita Paixão, com a Divindade que eu via em meu entendimento, soube bem que era força suficiente para mim. Sim, e para todas as criaturas viventes que houvessem de ser salvas, contra todos os adversários do inferno e contra todas as tentações espirituais.[4]

Nisso, Ele trouxe nossa bem-aventurada Senhora a meu entendimento. Eu a vi espiritualmente em aparência corporal, uma moça simples e humilde, jovem de idade e um pouco mais crescida do que uma criança, na altura em que ela estava quando concebeu criança. Assim Deus mostrou-me em parte a sabedoria e a confiança de sua alma, em que entendi a reverente contemplação com que ela contemplava seu Deus e Fazedor, maravilhando-se com grande re-

2. Ver nota 18 no "Relato curto".

3. Juliana apresenta, nesse parágrafo, a oposição, a que voltará, entre o amor de intimidade, ou familiaridade, que ela designa frequentemente, como aqui, pelo adjetivo *homely*, e o amor cortês, no sentido de corte, a esfera de convivência de um rei ou nobre, com todas as conotações que, para uma autora da era feudal, a ideia de amor cortês ou cortesia comportava.

4. O manuscrito P diz *ghostely enemies* onde S traz *ghostly temptation* (tentações espirituais), que aceito.

verência que Ele quisesse nascer dela que era uma simples criatura de Sua feitura. E essa sabedoria e fidelidade, sabendo a grandeza de seu Fazedor e a pequenez dela própria, que é feita, fê-la dizer toda dócil a Gabriel: "Vê, eu: a criada do Senhor".[5] Nessa visão entendi genuinamente que ela é mais do que tudo o que Deus fez abaixo dela em honra e inteireza.[6] Pois acima dela nada está do que foi feito, salvo a bendita humanidade de Cristo, conforme minha visão.

5. Ver nota 21 do "Relato curto".
6. O manuscrito S traz, no lugar de *fullhead*, que acato, *grace* (graça).

Como Deus é para nós tudo o que
é bom, ternamente envolvendo-nos.
E toda coisa que é feita,
à vista de Deus, é nada;
e como o homem não tem repouso
até que conhece a si mesmo
e a toda coisa por amor a Deus.
O quinto capítulo.

Nesse mesmo tempo em que vi essa visão da cabeça sangrando, nosso bom Senhor mostrou uma visão espiritual
de Seu amor íntimo. Vi que Ele é para nós toda coisa que é
boa e confortadora e para nossa ajuda. Ele é nossa roupa,
que por Seu amor nos embrulha e nos envolve, abraça-nos
e toda nos enclausura, pende em torno de nós por terno
amor, para que nunca nos deixe. E assim nessa visão vi que
Ele é toda coisa que é boa, conforme meu entendimento.

E, nisso, Ele me mostrou uma coisa pequena, do tamanho de uma avelã, posta na palma da minha mão, como
me pareceu, e era redonda como uma bola. Olhei ali com
o olhar de meu entendimento e pensei: "O que pode ser
isto?". E foi respondido em geral assim: "É tudo o que foi
feito". Eu me maravilhei como podia isso durar pois pensei comigo que podia repentinamente ter caído em nada
por pequenez. E me foi respondido no meu entendimento:
"Dura e há de durar sempre, pois Deus a ama. E assim
toda coisa tem ser pelo amor de Deus".

Nessa pequena coisa vi três propriedades: a primeira é
que Deus a fez, a segunda é que Deus a ama, a terceira
é que Deus a mantém. Mas o que isso é para mim? Genuinamente, o Fazedor, o Guardião, o Amante. Pois até estar
substancialmente unida a Ele, nunca terei total repouso

REVELAÇÕES SOBRE O AMOR DIVINO 97

nem verdadeira beatitude: quer dizer, que estarei tão atada a Ele que não haverá nada que é criado entre Deus e mim.

Essa coisinha que foi feita, pensei comigo, poderia ter caído no nada por pequenez. Disso precisamos ter conhecimento: que igualemos a um nada toda coisa feita, por amar e ter Deus, que não foi feito. Pois essa é a causa por que não estamos todos em tranquilidade de alma e coração: pois buscamos repouso aqui nessa coisa que é tão pequena, onde não há nenhum repouso, e não conhecemos nosso Deus, que é Todo-poderoso, todo sábio, e todo bom. Pois Ele é o próprio repouso. Deus quer ser conhecido, e ele gosta que repousemos n'Ele. Pois tudo o que está abaixo d'Ele não basta para nós. E essa é a causa por que nenhuma alma está repousada até ser esvaziada de todas as coisas que são criadas. Quando ele está voluntariamente esvaziado por amor para ter a Ele que é tudo, então ele é capaz de receber repouso espiritual.

E também nosso bom Senhor mostrou que é um prazer todo grande para Ele que uma alma simples venha a Ele desnudada, inteira e intimamente, pois esse é anseio natural da alma, pelo toque do Espírito Santo, conforme o entendimento que eu tenho dessa mostra: "Deus, por tua bondade dá-te a mim. Pois és suficiente para mim, e não posso pedir nada que é menos do que possa ser completa honra a Ti. E se eu peça algo que é menos, sempre me falte. Mas só em Ti tenho tudo". E essas palavras da bondade de Deus são muito amáveis para a alma, e muito de perto tocam a vontade de Nosso Senhor. Pois sua bondade compreende todas as Suas criaturas e todas as Suas abençoadas obras e transcende sem fim. Pois Ele é a infinitude e Ele nos fez só para Si e nos restaurou por Sua preciosa Paixão, e sempre nos mantém em Seu bendito amor. E tudo isso é por Sua bondade.

Como devemos suplicar;
e do grande terno amor que Nosso
Senhor tem pela alma do homem,
querendo que estejamos ocupados
em conhecê-Lo e amá-Lo.
O sexto capítulo.

Essa mostra foi dada, como para meu entendimento, para ensinar nossa alma sabiamente a aderir à bondade de Deus. E nesse mesmo tempo, o costume de nossa oração me foi trazido à mente: como costumamos, por desconhecimento de amor, fazer muitos intermediários. Então vi eu genuinamente que é maior honra a Deus, e mais verdadeiro deleite, que com fé supliquemos a Ele próprio, por Sua bondade, e grudemos ali por Sua graça, com fiel entendimento e crença constante, do que se fizermos todos os intermediários que o coração possa pensar. Pois se fazemos todos esses intermediários[1] é pouco demais e não total honra a Deus. Mas em Sua bondade está todo o inteiro, e lá, por certo, nada falta.

Pois assim veio, como hei de dizer, à minha mente no mesmo tempo. Suplicamos a Deus por Sua santa carne e Seu precioso sangue, Sua santa Paixão, Sua valiosa morte e honrosas feridas: e toda a bendita natureza e a vida sem fim que tiramos disso tudo é de Sua bondade. E oramos a Ele pelo doce amor de Sua Mãe, que O carregou, e toda a ajuda que temos dela é de Sua bondade.

E suplicamos por Sua santa Cruz em que Ele morreu: e toda a ajuda e toda a virtude que temos dessa Cruz é de Sua bondade. E do mesmo modo, toda a ajuda que temos de santos particulares, e de toda a abençoada companhia

1. Isto é, os anjos e os santos.

REVELAÇÕES SOBRE O AMOR DIVINO 99

do céu, o valioso amor e a santa amizade que temos deles, é de Sua bondade.

Pois Deus, de Sua bondade, ordenou intermediários para nos ajudar, totalmente belos e bons. Dos quais o chefe e principal intermediário é a abençoada natureza que Ele tomou da Donzela, com todos os intermediários que foram antes e vêm depois pertencentes a nossa redenção e nossa salvação sem fim. Pelo que agrada a Ele que O busquemos e veneremos por intermediários, entendendo e sabendo que Ele é a bondade de tudo.

Pois à bondade de Deus é a mais alta súplica, e ela desce a nós, à parte mais baixa de nossa necessidade. Ela aviva nossa alma e a traz à vida, e a faz crescer em graça e virtude. Ela é a mais próxima em natureza e a mais pronta em graça. Pois é a mesma graça que a alma busca e há de sempre, até que conheçamos nosso Deus verdadeiramente, que tem a todos nós encerrados n'Ele.

Um homem anda ereto e a comida de seu corpo é selada, como uma bolsa toda bela. E quando é tempo de sua necessidade, é aberta e selada de novo toda decentemente. E que é Ele que faz isso é mostrado lá onde Ele diz: "Ele desce a nós, para a parte mais baixa de nossa necessidade". Pois Ele não tem desprezo pelo que fez, nem tem desdém para nos servir no mais simples ofício que pertence a nosso corpo por natureza, por amor da alma que Ele fez à Sua própria imagem. Pois assim como o corpo está vestido na roupa, e a carne na pele, e os ossos na carne, e o coração na carcaça, assim estamos nós, alma e corpo, vestidos e encerrados na bondade de Deus.[2]

2. Juliana faz um jogo de palavras entre *soule* (às vezes escrita *saule* ou *sawlee*), do francês antigo *saulee* e traduzida por "comida" no início do parágrafo, e *soul* (alma). A afirmação ousada de Juliana vai contra a atitude de desprezo do corpo que era comum em parte da literatura penitencial medieval, em que o corpo é, por vezes, chamado de *vas stercorum* em sentido pejorativo, e

Sim, e mais intimamente! Pois todos esses podem se gastar e puir. A bondade de Deus é sempre inteira, e mais perto de nós sem comparação. Pois fielmente nosso Amante deseja que a alma cole a ele com todas as forças, e que sejamos sempre mais colados a Sua bondade. Pois, de todas as coisas que o coração pode pensar, isso agrada mais a Deus e mais cedo nos avança. Pois nossa alma é tão preciosamente amada por Ele que é o mais alto, que ultrapassa o conhecimento de todas as criaturas: quer dizer, não há criatura que esteja feita que possa saber quanto e quão doce e quão ternamente nosso Fazedor nos ama.

E portanto podemos, com Sua graça e Sua ajuda, ficar em contemplação espiritual, com maravilhamento que sempre dura por esse alto, transcendente, imensurável amor que Deus tem por nós por Sua bondade. E portanto podemos pedir a nosso Amante, com reverência, tudo o que queremos. Pois nossa vontade natural é ter Deus, e a boa vontade de Deus é nos ter, e nunca devemos cessar de querer nem de amar até que O tenhamos em inteireza de gozo. E então não podemos querer mais. Pois Ele quer que estejamos ocupados em saber e amar até que venha o tempo em que havemos de ser completados no Céu.

E por isso foi essa lição de amor mostrada, com tudo o que segue, como havemos de ver. Pois a força e a base de tudo foram mostradas na primeira visão. Pois, de todas as coisas, a contemplação e o amar do Fazedor fazem a alma parecer perdida em sua própria visão, e muito se sente atingida por reverente temor e confiante humildade e com abundância de caridade a seus iguais cristãos.

---

está presente até em *Ancrene Wisse*. Juliana afirma que a criação de Deus é boa até ao nível do funcionamento dos intestinos. Compare-se a fala de Jesus em Mateus 15,17: "Não entendeis que tudo o que entra pela boca vai para o ventre e daí para a fossa? Mas o que sai da boca procede do coração e é isso o que torna o homem impuro".

Como Nossa Senhora, contemplando a
grandeza de seu Fazedor, pensou-se a
última; e das grandes gotas de sangue
correndo de sob a guirlanda;
e como o maior gozo para o homem
é que Deus mais alto e poderoso
é o mais santo e o mais cortês.
Sétimo capítulo.

E para nos ensinar isso, segundo meu entendimento, nosso
bom Senhor mostrou-me, no mesmo tempo, Nossa Senhora, Santa Maria: quer dizer, a alta sabedoria e confiança
que ela tinha em contemplação de seu Fazedor. Essa sabedoria e confiança fizeram-na contemplar seu Deus tão
grande, tão alto, tão poderoso e tão bom. Essa grandeza e
nobreza de sua contemplação de Deus encheram-na de temor reverente. E com isso ela viu a si mesma tão pequena e
tão baixa, tão simples e tão pobre à vista de seu Deus, que
esse temor reverente encheu-a de humildade. E assim, por
esse fundamento, ela foi enchida de graça, e de toda sorte
de virtudes, e ultrapassou todas as criaturas.

E em todo esse tempo em que Ele mostrou isso que
agora disse em visão espiritual, eu vi a visão corporal permanente do abundante sangramento da cabeça. As grandes gotas de sangue caíam de sob a guirlanda como bolas, parecendo como se tivessem saído das veias. E ao sair
elas eram marrom avermelhadas, pois o sangue era todo
grosso. E no espalhar-se elas eram vermelho brilhante. E
quando elas chegavam ao cenho, ali elas sumiam. E não
obstante o sangramento continuasse até que muitas coisas
foram vistas e entendidas, mesmo assim a beleza e a vivacidade continuaram na mesma beleza e vivacidade.

A abundância é como das gotas de água que caem da beira de uma casa depois de uma grande pancada de chuva, que caem tão grosso que nenhum homem pode numerá-las com nenhuma inteligência corporal. E para a redondez, elas eram como escamas de um arenque, no espalhar pela testa. Essas três coisas vieram-me à mente no momento: bolas, para a redondez no sair do sangue; a escama do arenque, para a redondez no espalhar; as gotas na beira de uma casa, para a inumerável abundância. Essa mostra foi rápida e vivaz, e horrenda e amedrontadora, e doce e amável. E de todas as visões que eu vi, essa foi-me a de mais conforto: que nosso bom Senhor, que é tão reverendo e temível, seja tão íntimo e tão cortês. E isso muito me encheu de gosto e segurança na alma.

E para o entendimento disso, Ele me mostrou este exemplo claro. É o mais honroso que um rei solene ou um grande senhor pode fazer a um pobre servo se ele quer estar intimamente com ele, e nomeadamente se ele se mostra de uma fiel mente e com uma alegre disposição, tanto em privado quanto abertamente. Então pensa essa pobre criatura assim: "Vê: que pode esse nobre fazer de mais honroso e alegre para mim do que mostrar-me, a mim que sou tão pequeno, esta maravilhosa intimidade? Genuinamente é mais gozo e gosto para mim do que se me desse grandes presentes e fosse ele mesmo distante em suas maneiras". Esse exemplo corporal foi mostrado tão alto que o coração desse homem pode ser tomado e quase esquecer de si mesmo por gozo dessa grande intimidade.

Assim vai com Nosso Senhor Jesus e conosco. Pois genuinamente é o maior gozo que pode existir, a meu ver, que Ele, que é o mais alto e mais poderoso, mais nobre e honrado, é o mais baixo e humilde, íntimo e cortês. E fiel e genuinamente esse gozo maravilhoso há de Ele mostrar a todos nós, quando houvermos de vê-Lo. E nisso quer nosso bom Senhor que creiamos e confiemos, gozemos e gostemos, confortemo-nos e consolemo-nos, como podemos com Sua graça e Sua ajuda rumo ao tempo em que O veremos verdadeiramente. Pois a maior completude de gozo que havemos de ter, na minha visão, é essa maravilhosa cortesia e intimidade de nosso Pai que é nosso Fazedor, em Nosso Senhor Jesus Cristo, que é nosso irmão e nosso Salvador.

Mas essa maravilhosa intimidade nenhum homem pode conhecer nesta vida, salvo se a tiver por mostra especial de Nosso Senhor ou por grande abundância de graça dada internamente pelo Espírito Santo. Mas fé e crença com caridade merecem a paga e, assim, são obtidas por graça. Pois na fé, com esperança e caridade, nossa vida está fundada. A mostra feita a quem Deus quer simplesmente ensina o mesmo aberta e declaradamente com muitos pontos prévios que pertencem a nossa fé e crença que são dignos de ser conhecidos.[1]

E quando a mostra, que é dada em um tempo, é passado e se esconde, então a fé a guarda, por graça do Espírito Santo, até o fim de nossa vida. E assim pela mostra: não é outra coisa senão a fé, nem mais nem menos, como poderá ser visto pela intenção de Nosso Senhor na mesma matéria quando chegar o fim último.

1. A mostra especial que Deus pode conceder a alguém que Ele queria, como concedeu a Juliana, não contradiz o ensinamento da Igreja nem é necessária. Juliana se esforça para mostrar-se diferente de alguns videntes de sua época, como parte das beguinas, por exemplo, que consideravam a obediência aos ensinamentos e mandamentos da Igreja dispensáveis para alguém que, como elas, tivesse tido revelações de Deus. Juliana sempre reforça sua ortodoxia e fidelidade à Igreja.

Uma recapitulação do que foi
dito; e como foi mostrado
a ela de modo geral para todos.
Oitavo capítulo.

E enquanto eu vi essa visão do sangramento abundante
da cabeça não pude cessar dessas palavras: "*Benedicite
Dominus!*". Em cuja visão entendi seis coisas.

A primeira são os símbolos de Sua abençoada Paixão e
o abundante derramamento de Seu precioso sangue.

A segunda é a Donzela que é Sua valiosa mãe.

A Terceira é a beata Divindade que sempre foi e é e há
de ser: Toda Poder, Toda Sabedoria e Toda Amor.

A quarta é toda coisa que Ele fez. Pois bem sei eu que
céu e terra e tudo o que foi feito é muito e grande e belo e
bom. Mas a causa por que se mostrou tão pequeno à minha visão foi por eu ver na presença d'Ele que é Fazedor.
Pois para uma alma que vê o Fazedor de toda coisa, tudo
o que é feito parece totalmente pequeno.[1]

1. São Bento, segundo a história de sua vida contada por São Gregório Magno, viu pela janela, concentrada em um ponto de luz
brilhante enquanto rezava à noite, toda a criação. A explicação
de São Gregório é: *Quia animae videnti creatorem angusta est
omnis criatura* (porque para a alma que vê o Criador, pequena
é toda criatura). Se Juliana foi de fato uma monja beneditina,
estaria certamente familiarizada com esse texto. Havia já na
época de Juliana uma tradução em anglo-saxão e uma em anglo-normando, mas não se sabe se ela era capaz de ler qualquer dessas línguas, anteriores ao inglês médio em que escreve.

A quinta é que Ele fez toda coisa que foi feita por amor. E pelo mesmo amor é mantida e há de ser sem fim, como está dito antes.

A sexta é que Deus é toda coisa que é boa, quanto à minha visão. E a bondade que toda coisa tem, é Ele.

E tudo isso Nosso Senhor mostrou na primeira visão, e deu-me espaço e tempo para contemplar. E a visão corporal cessou, e a visão espiritual morou em meu entendimento. E eu atendi com temor reverente, regozijando no que vi e desejando, se pudesse, ver mais, se fosse Sua vontade, ou por mais tempo a mesma coisa.

Em tudo isso eu estava muito instigada à caridade para com meus iguais cristãos: que eles pudessem todos ver e saber o mesmo que eu vi, pois eu queria que fosse conforto para eles. Pois toda essa visão foi mostrada em geral.

Então disse eu àqueles que estavam comigo: "É hoje o dia do julgamento para mim". E isso eu disse pois imaginei ter morrido. Pois naquele dia em que homem ou mulher morre, ele é sentenciado como há de ser sem fim, segundo meu entendimento. Isso eu disse pois queria que eles amassem melhor a Deus, para fazê-los ter em mente que esta vida é curta, como eles podiam ver em exemplo. Pois em todo esse tempo eu imaginei ter morrido. E isso era maravilha para mim e uma pena, em parte, pois eu pensava que essa visão era mostrada para aqueles que haveriam de viver.

Tudo o que eu digo de mim, entendo na pessoa de todos os meus iguais cristãos, pois fui ensinada na visão espiritual de Nosso Senhor que essa era Sua intenção. E, portanto, suplico a todos vós por Deus, e vos aconselho para vosso próprio proveito, que deixem a contemplação de uma pessoa miserável a quem foi mostrado e poderosamente, sabiamente e humildemente contempleis Deus, que, de Seu amor cortês e bondade sem fim, quis mostrar em geral para conforto de todos nós. Pois é a vontade de Deus que tomeis com grande gozo e gosto como se Jesus tivesse mostrado a vós.

Da mansidão dessa mulher
mantendo-se sempre na fé
da Santa Igreja; e como aquele
que ama seus iguais cristãos
por Deus ama todas as coisas.
Capítulo nono.

Pela mostra não sou boa, mas se amo melhor a Deus,
e tanto quanto amardes melhor a Deus, é mais para vós
do que para mim. Não falo isso para eles que são sábios,
pois eles sabem bem. Mas eu digo isso a vós que sois
simples, para tranquilidade e conforto. Pois somos todos
um em amor. Pois genuinamente não me foi mostrado
que Deus me ama mais do que à última alma que está em
graça. Pois estou segura de que há muitos que nunca tiveram mostra nem visão, mas pelo ensinamento comum da
Santa Igreja eles amam a Deus melhor do que eu. Pois se
eu olhar singularmente para mim, sou exatamente nada.
Mas em geral sou, espero, em unidade de caridade com
todos os meus iguais cristãos. Pois nessa unidade para
em pé a vida de toda a humanidade que há de ser salva.[1]
Pois Deus é tudo o que é bom, conforme minha visão,
e Deus fez tudo que está feito, e Deus ama tudo o que
Ele fez.

E aquele que ama de modo geral todos os seus iguais
cristãos por Deus, ama tudo o que é. Pois na humanidade
que há de ser salva está compreendido tudo: quer dizer,
tudo o que é feito e o Fazedor de tudo. Pois no homem está
Deus, e Deus é tudo. E aquele que ama assim, ama tudo.

1. "Para que todos sejam um assim como tu, Pai, em mim e eu
em ti." (João 17,21.)

REVELAÇÕES SOBRE O AMOR DIVINO

E espero pela graça de Deus: aquele que contempla isto assim há de ser fielmente ensinado, poderosamente confortado, se precisar de conforto. Falo daqueles que hão de ser salvos, pois nesse tempo Deus não me mostrou outros. Mas em todas as coisas acredito como a Santa Igreja prega e ensina. Pois a fé da Santa Igreja, que eu tinha previamente entendido — e, como espero, pela Graça de Deus de boa vontade guardei em uso em costume — está continuamente à minha vista, querendo e tendo intenção de nada que possa ser contrário a ela. E com esse desejo e essa intenção contemplei a mostra com toda minha diligência. Pois em toda essa abençoada mostra eu a contemplei como una na intenção de Deus.

E essa foi mostrada em três partes, quer dizer: por visão corporal, e por palavra formada em meu entendimento, e por visão espiritual. Mas a visão espiritual não consigo e não posso[2] mostrar tão aberta nem tão completamente como eu quereria. Mas confio em Nosso Senhor Todo-poderoso que Ele há de, por sua bondade e por amor a vós, fazer-vos tomar mais espiritualmente e mais docemente do que eu posso ou devo dizer.

---

2. "Consigo" e "posso" traduzem os verbos auxiliares *can* e *may*. Alguns comentadores, como Jenkins em sua edição, falam dos verbos *can*, *may* e *would* como expressões privilegiadas das três faculdades da alma segundo a filosofia escolástica: memória, razão e vontade. Assim, Juliana estaria, neste trecho, falando dos limites de sua memória e de seu entendimento para mostrar tão claramente quanto quereria (*would*) a visão que teve.

A segunda revelação é de
Seu descolorir etc.; de nossa redenção,
e o descolorir da Verônica;
e como apraz a Deus que
O busquemos ativamente,
esperando por Ele continuamente
e confiando n'Ele poderosamente.
Décimo capítulo.[1]

E depois disso, vi com visão corporal na face do crucifixo que pendia diante de mim, no qual contemplei continuamente uma parte de Sua Paixão: desprezo, cuspir, sujar e esbofetear, e muitas dores languescentes, mais do que consigo dizer, e frequente mudar de cor. E uma vez eu vi como metade da face, começando da orelha, cobriu-se de sangue seco até se fechar no meio da face. E depois disso a outra metade fechou-se do mesmo modo, enquanto isso, desapareceu na primeira parte, repentino como veio.

Isso vi corporalmente, sofrida e obscuramente, e desejei mais luz corporal para ver mais claramente. E me foi respondido em minha razão: "Se Deus quiser mostrar-te mais, há de haver luz. Não precisas senão d'Ele". Pois eu O vi e O busquei. Pois somos tão cegos agora e tão insensatos que não conseguimos nunca buscar Deus até que Ele, por Sua bondade, Se mostre a nós. E quando vemos algo d'Ele graciosamente, então somos instigados pela mesma graça a buscar com grande desejo vê-Lo mais beatificamente. E assim eu O vi e O busquei, eu O tive e eu O quis.

1. O manuscrito P traz a rubrica: *The Secunde Revelation/ The Tenth Chapter.*

REVELAÇÕES SOBRE O AMOR DIVINO

E isso é e deveria ser nosso trabalho comum nesta vida, segundo minha visão.

Uma vez meu entendimento foi levado abaixo ao fundo do mar, e lá eu vi colinas e vales verdes parecendo como cobertos de musgo, com algas e cascalho. Então entendi assim: que, se um homem ou mulher estivesse lá, embaixo da ampla água, e ele pudesse ter visão de Deus — assim Deus está com um homem continuamente —, ele haveria de estar seguro de alma e corpo, e não sofrer dano.[2] E mais ainda, ele haveria de ter mais consolo e conforto do que todo este mundo consegue ou pode dizer. Pois Ele quer que acreditemos que O vemos continuamente, embora acreditemos que seja só pouco, e nessa crença Ele nos faz sempre mais receber graça. Pois Ele quer ser visto, e Ele quer ser buscado, e Ele quer ser esperado, e Ele quer que se confie n'Ele.

Esta segunda mostra foi tão baixa e tão pequena e tão simples que meus sentidos estavam em grande trabalho na contemplação: lamentando, temerosos e ansiando. Pois eu estive um tempo num medo: se era uma mostra ou não. Então, várias vezes Nosso Senhor me deu mais visão, por onde eu entendi fielmente que era uma mostra. Era uma figura e uma semelhança de nossa feia, negra, morta[3] casca

---

2. Salmo 139,9-10: "Se eu tomar as minhas asas ao romper da alva, e for habitar nas extremidades do mar, ainda lá me guiará a tua mão e me susterá a tua direita".

3. O manuscrito S traz: *foule, blacke, dede hame*; é como traduzo. P traz apenas *fowle blacke dede*, que poderia ser traduzido como: *feia, negra morte*. A palavra *hame* designa membrana ou cobertura, especialmente natural. Era usada para se referir à pele morta de animais que trocam de pele, como cobras, mas também à pele morta que cobre feridas. "Ele não tem beleza nem formosura, e vimo-lo, e não tinha parecença do que era, e por isso nós o estranhamos. Feito um objeto de desprezo, e o último dos homens, um varão de dores, e um homem experimentado nos trabalhos: e o seu rosto se achava como encoberto, e parecia desprezível, por onde nenhum caso fizemos dele.

que nosso belo, brilhante, abençoado Senhor suportou por nosso pecado. Fez-me pensar na santa Verônica[4] de Roma, que Ele retratou com Sua própria face abençoada quando estava em Sua dura Paixão, voluntariamente indo para Sua morte, e frequentemente mudando de cor. Do escuro, do

---

Verdadeiramente ele foi o que tomou sobre si nossas fraquezas, e ele mesmo carregou com as nossas dores. E nós o reputamos como um leproso, e ferido por Deus e humilhado", diz o profeta Isaías em seu livro (Isaías 53,2-4) que cito na tradução da Vulgata feita pelo padre Antônio Pereira de Figueiredo. O trecho sempre foi interpretado por cristãos como uma prefiguração da Paixão de Cristo. É possivelmente o que Juliana tem em mente. Alguém que, como ela, nasceu durante a Peste Negra, epidemia que, estima-se, matou um terço da população da Europa, devia ter muito vívidas na mente as marcas da peste, que podia causar até gangrena enegrecendo a pele das extremidades dos infectados. Jesus, na Paixão que Juliana vê, assume a aparência mais horrível de alguém que está para morrer que Juliana conhecia. A tradução de Wycliffe para o trecho de Isaías usa o termo *mesel*, que em seu tempo, o mesmo de Juliana, significava qualquer doença que deixasse marcas na pele, como a peste, por exemplo. A tradução de Wycliffe foi condenada pela Igreja e não há nenhum indício de que Juliana a conhecesse. Cito-a só como testemunho de como a passagem de Isaías podia soar para quem tinha convivido com a peste.

4. Juliana usa o termo *vernacle*, versão do inglês médio para o latim *veronica*. Uma legenda narrada por Eusébio de Cesareia em sua *História eclesiástica* conta que uma mulher, penalizada pelos sofrimentos de Jesus a caminho do Gólgota onde foi crucificado, enxugou o rosto d'Ele com um lenço. Milagrosamente ficou estampado no lenço um exato retrato de Jesus. Mais tarde deu-se a essa mulher o nome de Verônica, santa que, nos países de rito grego, é conhecida como Berenice, forma grega do nome de que Verônica seria uma latinização. Na Idade Média latina deu-se ao nome Verônica o significado de *verum icon*, isto é, "ícone verdadeiro", donde o hábito, comum no tempo de Juliana, de chamar a relíquia guardada em Roma pelo nome da santa.

pretume, da miséria e magreza dessa imagem muitos se admiram: como pode ser isso, uma vez que Ele a retratou com sua abençoada face, que é beleza do céu, flor da terra e o fruto do ventre da Virgem? Então como pode essa imagem ser tão descolorida e tão distante da beleza? Eu desejo dizer, conforme entendi pela graça de Deus.

Sabemos em nossa fé e em nossa crença, pelo ensinamento e pregação da Santa Igreja, que a abençoada Trindade fez o gênero humano à sua imagem e sua semelhança.

Da mesma maneira sabemos que quando o homem caiu tão fundo e tão miseravelmente pelo pecado, não havia outro socorro para restaurar o homem senão por meio d'Ele que fez o homem. E Ele, que fez o homem por amor, pelo mesmo amor quis restaurar o homem na mesma beatitude e além. E bem como fomos feitos semelhantes à Trindade em nossa primeira feitura, nosso Fazedor quis que fôssemos semelhantes a Jesus Cristo, nosso Salvador no céu sem fim, pela virtude de nossa refeitura.

Então, entre essas duas, Ele quis, por amor e honra do homem, fazer-se tão semelhante ao homem nesta vida mortal, em nossa feiura e em nossa miséria, como um homem pode ser, sem culpa. De que se entende, como foi antes dito: "Era a imagem de nossa feia, negra, morta casca", dentro da qual nosso belo, brilhante abençoado Senhor escondia Sua Divindade. Mas toda segura ouso dizer, e devemos confiar, que tão belo homem nunca houve senão Ele,[5] até o tempo em que Sua bela cor foi mudada com trabalho e sofrimento, paixão e morte. Disso se fala na oitava revelação no décimo sexto capítulo, onde se fala mais da mesma semelhança. E lá onde se diz "da Verônica de Roma", ela move[6] pela diversa mudança de cor e feição, às vezes mais

5. Os cristãos sempre viram em Jesus a pessoa de que o Salmo 44,3 diz: "És mais formoso do que os filhos dos homens".
6. O manuscrito S traz a palavra *meuyth*, que é a que traduzo por "move". P traz *meneth*, "significa".

confortada e vívida, e às vezes digna de pena e mortiça, como se pode ver.[7]

E essa visão foi um aprendizado para meu entendimento de que o contínuo buscar da alma agrada a Deus muito, totalmente. Pois ela pode não fazer mais do que buscar, sofrer e confiar. E isso está moldado em toda alma que O tem, pelo Espírito Santo. E a clareza de encontrar, isso é de Sua graça especial quando é Sua vontade. O buscar com fé, esperança e caridade agrada a Nosso Senhor, e encontrar agrada à alma e enche de gozo.

E assim aprendi em meu entendimento que buscar é tão bom quanto contemplar, pelo tempo que Ele quer suportar que a alma esteja em trabalho. É a vontade de Deus que busquemos rumo à contemplação d'Ele, pois por isso há de Ele mostrar-se por Sua especial graça quando queira.

E como uma alma há de tê-Lo em sua contemplação Ele próprio há de ensinar. E isso é a maior honra para Ele e o maior lucro para a alma e mais recebe de mansidão e virtudes, com a graça e a condução do Espírito Santo. Pois uma alma que apenas se prende a Deus com verdadeira confiança, ou buscando ou contemplando, é o maior culto que pode fazer, a meu ver.

Essas são as duas obras que podem ser vistas nesta visão. Uma é buscar, a outra é contemplar. O buscar é comum, que toda alma pode ter com Sua graça, e deve ter esse discernimento e ensinamento da Igreja. É a vontade de Deus que tenhamos três coisas em nossa busca por Seu dom. A primeira é que busquemos com vontade e industriosamente sem preguiça, como pode ser com Sua graça, alegre e desenfadadamente sem pesadume inábil nem sofrimento vão. A segunda é que nos apeguemos a Ele firmemente por Seu amor, sem resmungar nem resistir a Ele até o fim de nossas vidas, pois ela não há de durar senão um pouco. A terceira é que confiemos n'Ele poderosamente,

---

7. "Como se pode ver", isto é, na relíquia de Roma.

por uma fé toda segura. Pois é a vontade d'Ele que saibamos que Ele há de aparecer repentina e beatificamente a todos os Seus amantes. Pois Seu trabalho é particular, e Ele quer ser percebido, e Sua aparição há de ser muito repentina. E Ele quer que confiemos n'Ele, pois Ele é todo grácil, íntimo e cortês. Bendito seja Ele!

A terceira revelação etc.; Como Deus
faz todas as coisas, exceto o pecado,
nunca mudando, sem fim,
Seu propósito, pois Ele fez todas
as coisas em completude de bondade.
O décimo primeiro capítulo.

E depois disso eu vi Deus em um ponto — quer dizer, em
meu entendimento —, visão pela qual eu vi que Ele está
em todas as coisas. Contemplei judiciosamente, vendo e
sabendo nessa visão que Ele está em tudo o que foi feito.
Maravilhei-me nessa visão com um suave temor, e pensei:
"O que é o pecado?". Pois vi fielmente que Deus faz toda
coisa, por mais pequena que seja. E vi fielmente que nada
é feito por acaso ou por aventura,[1] mas tudo pela previdente sabedoria de Deus. Se são acaso ou aventura à vis-

1. "Acaso" traduz *hap* e "aventura", *aventure*. Ambas as palavras cobrem parcialmente o mesmo campo semântico e podem
significar acaso ou destino. *Aventure*, porém, tem um destino
literário significativo para este trecho. O termo designa o gênero das histórias de cavaleiros, cujos diversos episódios aparen-
temente desconexos têm, para o leitor, ou, às vezes, para o próprio protagonista ao fim da história, uma lógica providencial.
Em "Troilus and Creseide", Geoffrey Chaucer, contemporâneo
de Juliana, usa *aventure* para introduzir os eventos que vão se
passar com Troilus. No fim do poema, contemplando as estrelas que guiam o comportamento dos humanos na terra, Troilus
ri deles, que se esfalfam sem saber por quê. A ideia de que o que
parece acaso aos olhos dos homens na verdade está determinado pela presciência de Deus está contida em *A consolação da
filosofia* (Livro IV, 6), de Boécio, obra que o mesmo Chaucer
traduziu do latim para o inglês médio.

REVELAÇÕES SOBRE O AMOR DIVINO

ta do homem, nossa cegueira e nossa imprevidência são a causa, pois as coisas que estão na previdente sabedoria de Deus desde o sem começo, que certamente e honrosamente e continuamente Ele leva ao melhor fim, quando acontecem, caem a nós repentinamente, nós mesmos não sabendo. E assim por nossa cegueira e nossa imprevidência, dizemos ser essas coisas acaso e aventura. Mas para o Senhor Deus elas não são assim.[2]

Donde me convém a necessidade de conceder que toda coisa feita é bem-feita, pois Nosso Senhor Deus faz todas. Pois nesse tempo o obrar das criaturas não era mostrado, mas o de Nosso Senhor Deus na criatura. Pois Ele está no ponto central de todas as coisas, e tudo Ele faz, e eu estou segura que Ele não faz pecado. E aqui eu vi autenticamente que pecado não é um feito pois em tudo isso o pecado não foi mostrado.

E eu queria não mais maravilhar-me nisso, mas contemplar Nosso Senhor, o que Ele quisesse mostrar. E assim, o quanto poderia ser no momento, a correção do operar de Deus foi mostrada à alma. Correção tem duas belas propriedades: é correta e é completa.[3] E assim são todas as obras de Nosso Senhor. E por isso não precisam nem da obra da misericórdia nem da graça, pois elas são todas totalmente retas, nas quais não falta nada. E em outro tempo Ele mostrou a contemplação do pecado nuamente, como hei de dizer depois, quando Ele usa obra de misericórdia e de graça. Essa visão foi mostrada a meu entendimento

---

2. O manuscrito W traz, no lugar desta frase: *Thus I vnderstonde in this shewyng of loue, for wel I wott in the syght of our lord god is no happe ne aventure* (Assim entendi eu nessa mostra de amor, pois bem soube eu: na visão de Deus não é acaso nem aventura).

3. Jogo de palavras intraduzível. Juliana corta a palavra *rightfullehede*, que traduzi por "correção", em *rightfulle*, "reto" ou "correto", e *fullhede*, "completude".

pois Nosso Senhor queria ter a alma voltada fielmente à contemplação d'Ele, e de todas as Suas obras em geral. Pois elas são totalmente boas, e todos os Seus juízos são serenos e doces e a uma grande serenidade trazem a alma que se voltou da contemplação do cego juízo do homem para o justo, doce juízo de Nosso Senhor Deus.

Pois o homem contempla alguns feitos bem-feitos e alguns malfeitos e Nosso Senhor não os contempla assim. Pois, assim como tudo que tem (o) ser segundo a espécie é da feitura de Deus, assim é, toda coisa que é feita com propriedade, da ação de Deus. Pois é fácil entender que o melhor feito é bem-feito. E tão bem quanto o melhor feito é feito, e o mais alto, assim também é o menor feito feito, e todos na propriedade e na ordem que Nosso Senhor tem ordenado desde o sem começo. Pois não há outro fazedor senão Ele. Eu vi de modo totalmente seguro que Ele nunca muda seu propósito em nenhum tipo de coisa, nem há de mudar sem fim. Pois não havia nada desconhecido para Ele em sua ordenação toda correta desde o sem começo. E, portanto, toda coisa foi posta em ordem, ou qualquer coisa foi feita, como deveria ficar sem fim, e nenhum tipo de coisa haveria de falhar naquele momento. Pois Ele fez toda coisa em completude de bondade, e, portanto, a abençoada Trindade está sempre toda agradada em todas as Suas obras.

E tudo isso mostrou Ele muito beatificamente querendo dizer assim: "Vê, eu sou Deus. Vê, eu estou em todas as coisas. Vê, eu faço todas as coisas. Vê, eu nunca tiro a mão de minhas obras nem haverei de fazê-lo sem fim. Vê, eu levo todas as coisas ao fim a que as ordenei, desde o sem começo, pelo mesmo poder, sabedoria e amor com que as fiz. Como haveria de alguma coisa se perder?". Assim poderosamente, sabiamente e amorosamente foi a alma examinada nessa visão. Então vi eu que me convinha a necessidade de assentir com grande reverência, regozijando-me em Deus.

A quarta revelação etc.;
como apraz mais e melhor a Deus
lavar-nos do pecado em
Seu sangue do que em água,
pois Seu sangue é mais precioso.
Décimo segundo capítulo.

E depois disso eu vi, contemplando, o corpo abundantemente sangrando na sutura da flagelação,[1] assim: a pele clara estava rompida muito fundo na carne com agudos gol-
pes a toda volta do doce corpo. O sangue quente corria tão
abundantemente que não havia nem pele nem ferida à vista,
mas como se fosse tudo sangue.

E quando vinha onde deveria ter caído, ali ele desapare-
cia. Não obstante, o sangramento continuou durante um
tempo até que podia ser visto sem atenção. E isso era tão
abundante à minha vista que pensei: se tivesse sido assim
em espécie e substância naquele momento, teria tornado a
cama toda em sangue, e teria coberto tudo em volta.

Então me veio à mente que Deus tinha feito águas abundantes na terra para nosso serviço e para nosso conforto corporal pelo terno amor que Ele tem por nós. Mas
mesmo assim Ele gosta mais que tomemos de modo todo
salutar Seu abençoado sangue para nos lavar do pecado,
pois não há bebida que tenha sido feita que Ele goste mais
de nos dar. Pois é a mais abundante, assim como é a mais
preciosa, e isso pela virtude da abençoada Divindade. E
é da nossa própria natureza e beatificamente transborda
para nós por virtude de Seu precioso amor. O valioso sangue de Nosso Senhor Jesus Cristo, tão verdadeiramente

1. Ver nota 35 do "Relato curto".

quanto é mais abundante, assim verdadeiramente é mais valioso.

Contemple e veja a virtude dessa abundância preciosa de seu valioso sangue! Ele desceu até o inferno e quebrou as amarras e os libertou, todos os que estavam lá que pertencem à corte do céu. A preciosa abundância desse valioso sangue inundou toda a terra e está preparada para lavar do pecado todas as criaturas de boa vontade que são, foram ou hão de ser. A preciosa abundância desse valioso sangue sobe ao céu no abençoado corpo de Nosso Senhor Jesus Cristo e lá está n'Ele, sangrando, suplicando por nós ao Pai, e está e há de estar por tanto tempo quanto precisarmos.

A cada vez, mais ele jorra em todo o céu, regozijando--se da salvação de toda a humanidade que há e há de haver, completando o número que falta.

A quinta revelação é que a tentação do inimigo é vencida pela Paixão de Cristo, para aumento do gozo e de Sua pena, que dura sempre. Décimo terceiro capítulo.

E depois, antes que Deus me mostrasse quaisquer palavras, Ele me tolerou a contemplá-Lo por um tempo conveniente, e tudo o que tinha visto e todo o entendimento que havia ali, conforme a simplicidade da alma podia tomar. Então Ele, sem voz nem abertura dos lábios, formou em minha alma essas palavras: "Com isto aqui o inimigo é vencido". Essa palavra disse Nosso Senhor significando Sua abençoada Paixão, como Ele mostrou antes. Nisso, Nosso Senhor mostrou uma parte da malícia do inimigo, e totalmente seu despoder, pois Ele mostrou que a Paixão d'Ele é a vitória sobre o inimigo. Deus mostrou que o inimigo tem agora a mesma malícia que tinha antes da Encarnação, e, também que, tão arduamente quanto trabalhe, assim continuamente vê que todas as almas de salvação[1] escapam dele hon-

1. É a lição do manuscrito P: *sowles of saluation*. O manuscrito A, que contém o relato curto, traz *chosene saules* (almas escolhidas) e o manuscrito S, *sent of salvation* (santos de salvação). No momento em que os manuscritos S e P foram feitos, séculos XIV e início do XVII respectivamente, a predestinação dos eleitos era um tema importante e polêmico que dividia cristãos católicos e reformados. Marion Glasscoe, editora de Juliana, escreve em seu artigo "Visions and Revisions: A Further Look at the Manuscripts of Julian of Norwich", in *Studies in Bibliography*, v. 42, pp. 103-20, 1989, que a palavra *sent* é usada aqui no

rosamente pela virtude de Sua preciosa Paixão. E isso é o sofrimento dele, e tanto pior que ele está esvaziado,[2] pois tudo o que Deus tolera que ele faça torna-se para nós em gozo e para ele em vergonha e dor.

E ele tem tanto sofrimento quando Deus lhe dá licença para trabalhar como quando ele não trabalha. E isso é porque ele nunca pode fazer tanto mal quanto quereria, pois seu poder está todo trancado na mão de Deus. Mas em Deus não pode haver ira, conforme minha visão. Pois nosso bom Senhor, tendo sem fim em vista Sua própria adoração e o proveito de todos os que hão de se salvar, com poder e direito, Ele enfrenta os reprovados, os quais de malícia e de maldade se empenham em contrariar e fazer contra a vontade de Deus.

Também vi Nosso Senhor desprezar a malícia dele e fazer pouco de seu despoder, e Ele quer que façamos assim. Por essa visão eu ri forte e isso fez rir a eles que estavam à minha volta e o riso deles foi um prazer para mim. Pensei que queria que todos os meus iguais cristãos tivessem visto como eu vi. Então haveriam todos eles de ter

---

"*common medieval context of divine dispensation and refers to those ordained by God to salvation*". O uso do termo "santo" nesse sentido tem origem nas epístolas de são Paulo (Cf. Romanos 1,7).

2. O manuscrito S traz *attemyd*, do verbo *teem*, que, em sua forma do inglês médio, era *temen*. O manuscrito P traz *ashamyd* (*ashamed*, "envergonhado"). *Teem*, hoje de uso dialetal ou técnico, significa "drenar", "esvaziar", "derramar". O *Middle English Dictionary* da Universidade de Michigan registra ainda dois usos figurados que condizem com esta passagem, toda ela de tom coloquial e jocoso: o de furtar uma carteira ou bolsa de alguém, e o de derrubar um cavaleiro de sua sela em combate. Colledge e Walsh leem, no manuscrito S, uma possível alternativa *attenyd*, do verbo *atteinen*: "vencer ou dominar", e, no particípio, "exausto", "desgastado" (*Middle English Dictionary*, v. 3 (c)).

rido comigo. Mas eu não vi Cristo rir. Mas bem soube eu que essa visão que Ele me mostrou me fez rir, pois entendi que podemos rir ao nos confortar e regozijar em Deus por o inimigo estar vencido. E lá onde eu O vi desprezar a malícia foi pelo levar de meu entendimento até Nosso Senhor, quer dizer: uma mostra interna de satisfação sem mudar de feição, pois, conforme minha visão, é uma honrosa propriedade que está em Deus, a qual é durável.[3]

E depois disso eu caí numa seriedade e disse: "Vejo três coisas: jogo, escárnio e seriedade. Vejo jogo, pois o inimigo está vencido. E vejo escárnio, pois Deus o escarnece e ele deve ser escarnecido. E vejo seriedade, pois ele está vencido pela Paixão de Nosso Senhor Jesus Cristo e por Sua morte, o que foi feito em total seriedade e com sóbria pena".

E lá onde eu disse "ele é escarnecido" quis dizer que Deus escarnece dele, isto é, pois Ele o vê agora como há de ver sem fim. Pois nisso Deus mostrou que o inimigo é condenado. E isso eu quis dizer lá onde disse: "ele há de ser escarnecido". Pois eu vi que ele há de ser escarnecido no dia do julgamento em geral por todos os que hão de ser salvos, de cuja salvação ele tem grande inveja. Pois então ele há de ver que toda dor e tribulação que ele fez a eles hão de se tornar em aumento do gozo deles sem fim. E toda pena e sofrimento que ele gostaria de trazer a eles hão de ir sem fim com ele para o inferno.

---

3. Ao contrário do riso e das mudanças de feição humana que são estados passageiros. Paulo, em Hebreus 1,11-2, escreve: "Eles passarão, mas tu permaneces. Todos envelhecerão como uma veste; tu os envolvas como uma capa, e serão mudados. Tu, ao contrário, és sempre o mesmo e os teus anos não acabarão", citando o Salmo 101,27 ("Um e outro passarão, enquanto vós ficareis. Tudo se acaba pelo uso como um traje. Como uma veste, vós os substituís e eles hão de sumir.").

A sexta revelação é do honroso
agradecimento com que
Ele recompensa Seus servos;
e Ele tem três alegrias.
Décimo quarto capítulo.

Depois disso Nosso Senhor disse: "Eu te agradeço pelo teu serviço e pelo teu trabalho nomeadamente em tua juventude". E nisso meu entendimento foi elevado ao alto céu onde eu vi Nosso Senhor como um senhor em sua própria casa, senhor esse que chama todos os seus caros servos e amigos para uma festa solene. Então eu vi o senhor não tomar assento em sua própria casa, mas eu o vi reinar realmente em sua casa, e tudo cumprido com alegria e desenfado, ele próprio a agradar e consolar sem fim seus caros amigos, todo íntimo e todo cortês, com maravilhosa melodia e amor sem fim e sua própria belamente beata feição. Feição gloriosa essa que enche todo o céu de alegria e beatitude.

Deus mostrou-me três graus de beatitude que cada alma há de ter no céu que de boa vontade tiver servido a Deus em qualquer grau[1] na terra.

O primeiro é o honroso agradecimento de Nosso Senhor Deus que ele[2] há de receber quando for livrado de pena. Esse agradecimento é tão alto e tão honroso que ele pensa que o preenche como se não houvesse mais. Pois me pareceu que toda pena e trabalho que pode ser suportada por todos os homens viventes não pode ter merecido o

1. Ver nota 36 do "Relato curto".
2. Ver nota 37 do "Relato curto".

agradecimento que um homem há de ter que honradamente serviu a Deus.

Quanto ao segundo: que todas as criaturas benditas que estão no céu hão de ver esse honroso agradecimento de Nosso Senhor Deus. E Ele faz o serviço d'Ele conhecido para todos que estão no céu.

E nesse momento esse exemplo foi mostrado: um rei, se agradece a seus súditos, é uma grande honra para eles. E se ele faz isso sabido por todo o reino, então a honra deles é muito aumentada.

E quanto ao terceiro: que tão novo e tão gostoso quanto é recebido naquela hora, bem assim dura sem fim. Eu vi que íntima e docemente isso foi mostrado a mim: que a idade de todo homem há de ser conhecida no céu e recompensada por seu serviço voluntário e por seu tempo. E nomeadamente a idade daqueles que de boa vontade e livremente oferecem sua juventude a Deus é sobejamente recompensada e maravilhosamente agradecida.[3] Pois eu vi que, quando ou no momento em que um homem ou mulher foi fielmente voltado a Deus, por um dia de serviço e por Sua vontade sem fim ele há de ter todos esses três graus de bênção. E quanto mais a alma amante vê essa cortesia de Deus, mais amante ela[4] fica a servi-Lo todos os dias de sua vida.

3. Ver nota 38 do "Relato curto".
4. O manuscrito P usa aqui o pronome pessoal feminino para se referir à alma.

A sétima revelação é do frequente
sentimento de bem e dor etc.;
e como é vantajoso que o homem
às vezes seja deixado sem conforto,
pecado não sendo a causa.
Décimo quinto capítulo.

E depois disso Nosso Senhor mostrou-me um gosto espiritual supremo em minha alma. Nesse gosto fui enchida
de segurança que dura sempre, poderosamente firmada
sem nenhum temor. Esse sentimento era-me tão alegre e
tão espiritual que eu estava em paz, cômoda e em repouso, de tal modo que não havia nada na terra que houvesse
de me pesar.

Isso durou só um tempo e eu fui voltada e deixada comigo mesma em pesadume e cansaço de mim mesma e irritação de minha vida, que mal podia ter paciência para viver. Não havia nenhum espaço nem nenhum conforto para
meus sentidos só esperança, fé e caridade. E isso eu tinha
em verdade, só que muito pouco em sentimento.[1]

E imediatamente depois, Deus me deu de novo o conforto e o repouso na alma: gosto e segurança tão beatíficos e tão poderosos que nenhum temor, nem sofrimento,
nem pena corporal ou espiritual que pudesse ser suportada haveria de me ter incomodado. E então a dor mostrou-
-se de novo a meu sentido e então o gozo e então o gosto,
e então uma e agora a outra, diversas vezes, suponho que
cerca de vinte idas e vindas. E na hora de gozo eu poderia
ter dito com Paulo: "Nada vai me apartar da caridade

1. Ver nota 39 no "Relato curto".

de Cristo".[2] E na dor eu poderia ter dito com são Pedro: "Senhor, salva-me, eu morro".[3]

Essa visão me foi mostrada para me ensinar em meu entendimento que é vantajoso para algumas almas sentir desse modo: às vezes estar em conforto e às vezes faltar e ser deixado sozinho. Deus quer que saibamos que Ele nos mantém sempre seguros, na dor ou no bem, e quanto nos ama na dor como no bem. E para proveito da alma de um homem, um homem é, às vezes, deixado sozinho embora pecado não seja sempre a causa. Pois dessa vez eu não pequei para que pudesse ser deixada a mim mesma, pois foi tão repentino. Também não mereci ter esse sentimento beatífico, mas livremente Deus dá quando Lhe apraz, e nos tolera em dor algum tempo, e ambas são um só amor. Pois é a vontade de Deus que nos seguremos em conforto com toda nossa força. Pois a beatitude é duradoura sem fim, e a dor é passageira, e há de ser levada a nada para aqueles que hão de ser salvos. Portanto não é a vontade de Deus que sigamos os sentimentos de dor em sofrimento e em lamento por eles, mas de repente os ultrapassemos e nos seguremos no infinito gosto que é Deus.

2. Ver nota 40 do "Relato curto".
3. Ver nota 41 do "Relato curto".

A oitava revelação é
das últimas comiserantes
dores de Cristo
morrendo e o descolorir
de Sua face e o secar da carne.
Décimo sexto capítulo.

Depois disso, Cristo mostrou-me uma parte de Sua Paixão perto de Seu morrer. Eu vi a doce face como estava seca e sem sangue com pálido morrer; depois mais pálido de morto, languescendo, e então tornando-se mais morto para o azul, e daí em diante mais azul-escuro, conforme a carne se tornava mais profundamente morta. Pois Sua Paixão mostrou-se a mim em Sua bendita face, e principalmente nos lábios. Ali eu vi essas quatro cores — eles que eu vira antes frescos e corados, vivos e agradáveis à minha visão. Essa foi uma mudança triste: ver esse morrer profundo. E também o nariz estava murcho e seco à minha vista, e o doce corpo tornou-se escuro e negro todo mudado e transformado da cor bela, fresca e vivaz d'Ele em seco morrer. Nesse mesmo tempo em que nosso abençoado Salvador morria sobre o madeiro havia um forte vento seco, espantosamente frio, conforme minha visão. E no tempo que sangrou do doce corpo o precioso sangue que podia passar dali, ainda restava ali uma umidade na doce carne de Cristo, como foi mostrado.

Derramamento de sangue e dor secaram dentro, e sopro do vento e frio vindo de fora encontraram-se no doce corpo de Cristo. E esses quatro, dois dentro e dois fora, secaram a carne de Cristo pelo passar do tempo. E embora essa dor fosse amarga e aguda, ainda assim ela durou muito tempo, conforme minha visão.

REVELAÇÕES SOBRE O AMOR DIVINO   127

E a dor secou todo o espírito vivaz da carne de Cristo.[1]

Assim eu vi a doce carne secar à minha vista, parte depois de parte, secando com maravilhosa dor. E por tanto tempo quanto algum espírito ainda tinha vida na carne de Cristo, tanto tempo Ele sofreu dor.

Esse longo sofrer pareceu-me como se Ele estivesse morto por sete noites,[2] morrendo, a ponto de passar, sempre sofrendo a grande dor. E onde eu digo "pareceu-me como se ele estivesse morto", especifica-se que o doce corpo estava tão descolorido, tão seco, tão murcho, tão moribundo e tão digno de pena como se tivesse estado sete noites morto, continuamente morrendo. E pensei que o secar a carne de Cristo foi a maior dor, e a última, de Sua Paixão.

1. "Espírito" nesta passagem tem, provavelmente, um sentido fisiológico incorporado no inglês médio vindo dos tratados de Galeno, que falava de três virtudes, ou espíritos vitais do homem.

2. Ver nota 42 do "Relato curto".

Da gravosa sede corporal de Cristo causada de quatro maneiras e de Sua dolorosa coroação e da maior dor para um doce amante. Décimo sétimo capítulo.

E nessa secura me foi trazida à mente esta palavra que Cristo disse: "Tenho sede".[1] Pois vi em Cristo uma dupla sede: uma corporal, e outra espiritual. Essa palavra me foi mostrada quanto à sede corporal, e quanto à sede espiritual me foi mostrado tudo o que haverei de dizer depois. E entendi da sede corporal que o corpo tinha falta de umidade, pois a abençoada carne e ossos tinham sido deixados sós, sem sangue e umidade. O abençoado corpo secou sozinho por longo tempo, com a torção dos pregos e o peso do corpo. Pois entendi que pela suavidade das doces mãos e dos doces pés, pela grandeza, dureza e a nocividade dos pregos, as feridas se alargaram. E o corpo cedeu de peso por pender longo tempo, e o perfurar e arranhar da cabeça e a pressão da coroa, tudo endurecido com sangue seco, com o doce cabelo colado à carne seca, aos espinhos e os espinhos à carne, secando.

E no começo, enquanto a carne estava fresca e sangrando, o assentar contínuo dos espinhos fez largas as feridas. E além disso eu vi que a doce pele e a carne tenra, com o cabelo e o sangue, estava toda arranhada e solta acima com os espinhos, e partida em muitos pedaços e estava pendurada como se fosse logo cair, enquanto tinha umidade natural.

1. Ver nota 43 do "Relato curto".

Como foi feito eu não vi, mas entendi que foi com os espinhos agudos e o bruto e nocivo assentar da guirlanda, não poupando e sem piedade, que então tudo rompeu a doce pele, com a carne e o cabelo, separou-a do osso. Como se fosse romper-se em pedaços como um pano e cedendo para baixo, parecendo como se fosse rapidamente ter caído pelo peso e pela soltura. E isso era grande sofrimento e grande temor para mim, pois pensei que não queria, por minha vida, tê-la visto cair.

Isso continuou por um tempo e depois começou a mudar, e contemplei e me maravilhei como podia ser. E então eu vi que era porque começou a secar e estancar uma parte do peso que estava em volta da guirlanda, e então estava envolvida à volta toda, como se fosse uma guirlanda sobre a guirlanda. A guirlanda de espinhos estava tingida do sangue. E essa outra guirlanda e a cabeça, tudo era de uma só cor, como de sangue coagulado quando seca. A pele e a carne que aparecia, da face e do corpo, era um pouco enrugada, com uma cor bronzeada, como uma tábua seca quando é envelhecida. E a face mais escura do que o corpo.

Eu vi quatro maneiras de secar. A primeira era exangue. A segunda: dor que se seguiu depois. A terceira é que Ele estava pendurado no ar, como os homens penduram um pano para secar. A quarta, que a natureza do corpo pede bebida, e não havia nenhum tipo de conforto ministrado a Ele. Ah, dura e nociva era aquela dor, mas muito mais dura e nociva era ela quando faltou a umidade e tudo começou a secar, grudando dessa forma. Essas eram duas dores que apareceram na abençoada cabeça: a primeira moldada ao secar enquanto estava úmido, e a outra, lenta, com grudar e secar, com o soprar do vento de fora que O secou e penou com frio mais do que meu coração pode pensar — e outras dores. Dores para as quais eu vi que tudo é pequeno demais o que posso dizer, pois não pode ser dito.

A mostra das dores de Cristo encheu-me toda de dores. Pois desejei bem que Ele não tivesse sofrido senão uma vez, mas foi que Ele quis mostrá-las a mim e encher-me de consciência, como eu tinha querido antes. E em todo esse tempo, não senti dor senão pelas dores de Cristo. Então, pensei eu, eu sabia muito pouco qual era a dor que pedi. E como uma mísera me arrependi, pensando que se tivesse sabido o que seria, detestável eu seria por ter suplicado por isso. Pois achei que minhas penas passavam qualquer morte corporal. Pensei: "Há alguma dor como essa?".[2] E me foi respondido em minha mente: "O inferno é outra dor, pois lá há desespero. Mas de todas as dores que levam à salvação, esta é a maior: ver seu amor sofrer". Como pode qualquer pena ser mais do que ver a Ele que é toda minha vida, toda minha beatitude, e todo meu gozo sofrer? Aqui senti eu verdadeiramente que amava Cristo tão acima de mim mesma que não havia dor que pudesse ser sofrida como esse sofrimento que eu tive de vê-Lo em dor.

2. A frase ecoa a antífona de laudes do Sábado Santo: *O vos omnes qui transitis per viam, attendite et videte: Si est dolor similis sicut dolor meus* (Ó vós todos que passais pelo caminho, atentai e vede se há dor parecida como a minha dor). A fala, tirada do livro das Lamentações de Jeremias 1,12, é associada pela tradição cristã à Virgem Maria, aspecto que Juliana explora a seguir.

Do martírio espiritual de Nossa Senhora e outros amantes de Cristo e como todas as coisas sofreram com Ele boas e más. Décimo oitavo capítulo.

Aí eu vi em parte a compaixão de Nossa Senhora Santa Maria. Pois Cristo e ela eram tão unidos em amor que a grandeza do amor dela era a causa da quantidade da dor dela. Pois nisso eu vi uma substância de amor natural continuado pela graça que Suas criaturas têm por Ele, amor natural esse que foi mostrado mais completamente em Sua doce mãe, e ultrapassando. Pois tanto quanto ela O amava mais do que todos os outros, a dor dela ultrapassava todas as outras. Pois quanto mais alto, mais poderoso, mais doce é o amor, mais sofrimento é para o amante ver em dor o corpo que ele ama. E assim todos os discípulos d'Ele e todos os verdadeiros amantes sofreram dores mais do que qualquer morrer corporal. Pois estou segura, por meu próprio sentimento, que o último deles amava-O tão mais acima do que a si mesmo que ultrapassa tudo o que eu posso dizer.

Aqui eu vi uma grande união entre Cristo e nós, no meu entender. Pois quando Ele estava em dor estávamos em dor. E todas as criaturas que podem sofrer dor sofreram com Ele, quer dizer, todas as criaturas que Deus fez para nosso serviço. O firmamento e a terra fraquejaram de sofrimento em sua natureza no momento da morte de Cristo.[1]

---

1. Marcos 15,33 e Lucas 23,44 falam do terremoto e do obscurecimento do sol na hora da morte de Jesus.

Pois concerne naturalmente à sua propriedade conhecê-
-Lo como seu Senhor, em quem todas as suas virtudes estão. E quando Ele faltou, então convinha necessariamente
a eles por natureza faltar junto com Ele, tanto quanto eles
podiam, por sofrimento de Suas dores.

E assim aqueles que eram Seus amigos sofreram dor por
amor, e, de maneira geral, todos: quer dizer, aqueles que
não O conheciam sofreram pela falta de todo tipo de conforto, salvo o poderoso manter particular de Deus.[2] Tenho
em mente dois tipos de gente que não O conheciam, como
pode ser entendido por duas pessoas. Uma era Pilatos, a
outra pessoa era são Dionísio de França, que era, nesse
tempo, um pagão. Pois quando ele viu prodígios e maravi-
lhas, sofrimentos e temores que ocorreram naquele tempo,
disse: "Ou o mundo está agora no fim, ou então Ele que é o
Fazedor das naturezas sofre". Pelo que ele escreveu em um
altar: "Este é um altar ao Deus desconhecido".[3]

Deus, por Sua bondade, que faz planetas e os elementos
para trabalhar em sua natureza para o abençoado homem
e para o amaldiçoado, naquele tempo retirou-se de ambos.

2. Juliana se refere à sustentação que todos os entes encontram
em Deus, sem cuja existência, a cada momento, nada pode per-
sistir, segundo a ortodoxia cristã.
3. A história de são Dionísio é contada, nos moldes a que se
refere Juliana, na *Legenda áurea*. Dionísio de França é asso-
ciado a Dionísio, um cristão dos primeiros séculos identificado como Dionísio Pseudoareopagita, uma vez que os antigos
criam ser ele o areopagita convertido por Paulo em sua viagem apostólica a Atenas. É Paulo que conta ter encontrado
um altar dedicado ao Deus desconhecido (Atos dos Apóstolos 17,23). O *Evangelho de Nicodemo*, apócrifo também conhecido como *Atos de Pilatos*, narra que Pilatos, assustado
com esse obscurecimento do sol na hora da Paixão de Cristo,
procurou os líderes judeus e perguntou-lhes se tinham visto
o acontecido. Eles responderam que era um eclipse normal,
como todos os outros.

REVELAÇÕES SOBRE O AMOR DIVINO

Foi por onde aqueles que não O conheciam estavam em sofrimento naquele tempo. Assim Nosso Senhor Jesus fez--Se nada por nós, e estivemos todos dessa maneira como nada com Ele, e havemos de ficar até que venhamos à Sua beatitude como hei de dizer depois.

Do confortável contemplar do crucifixo
e como o desejo da carne sem
o consentimento da alma não é pecado.
E a carne deve estar em dor, sofrendo
até que ambas sejam unidas a Cristo.
Décimo nono capítulo.

Nesse momento eu teria desviado o olhar da cruz, mas não ousei pois bem sabia que, enquanto olhava para a cruz, estava segura e salva. Portanto não queria assentir em pôr minha alma em perigo, pois fora da cruz não havia segurança, mas feiura de inimigos. Então recebi uma proposição, como se tivesse sido amigável, que disse: "Olha para o céu, para o Pai d'Ele". Então eu vi bem, com a fé que eu sentia, que não havia nada entre a cruz e o céu que pudesse ter me perturbado e me cabia olhar para cima ou responder. Respondi interiormente e disse: "Não, eu não devo! Pois Tu és o meu céu". Isso eu disse pois não queria nada, pois eu teria amado mais estar naquela dor até o dia do Juízo do que ter ido para o céu por outro modo que não por Ele. Pois eu bem sabia: Aquele que me amarrou tão seguramente me haveria de desamarrar quando Ele quisesse.

Assim fui ensinada a escolher Jesus por meu céu, a quem só vi em dor naquele tempo. A mim não agradava nenhum outro céu que não Jesus, que há de ser minha beatitude quando eu chegar lá. E isso sempre foi um conforto para mim: que eu escolhi Jesus para meu céu em todo o tempo da Paixão e do sofrimento. E isso foi um aprendizado para mim: que eu deva para sempre fazer assim e escolher só a Ele como meu céu no bem e na dor. E embora eu, como uma mísera, tenha me arrependido, como disse antes: "Se eu soubesse que dor foi, eu teria me detestado por ter suplicado isso", aqui eu vi autenticamente que era relutância e fraqueza da carne sem consentimento da alma, ao que Deus não assinala culpa.

Arrepender-se e escolher de boa vontade são dois contrários que eu senti, ambos à uma, naquela hora. E esses eram duas partes: uma, exterior, outra, interior. A parte exterior é nossa carne mortal, que ora está em dor, ora está em sofrimento, e há de estar nesta vida, o que eu sentia muito nesse momento. E essa parte é que se arrependeu. A parte interior é uma vida alta e beata, que é toda em paz e em amor, e isso é sentido mais particularmente. É essa parte em que poderosa, sábia e voluntariamente eu escolhi Jesus para meu céu. E nisso eu vi autenticamente que a parte interior é mestra e soberana para a exterior, não se encarregando nem seguindo as vontades dessa, mas toda intenção e vontade está ajustada para ser unida a Nosso Senhor Jesus.

Que a parte externa deve trazer a interna ao consentimento não me foi mostrado.

Mas que a parte interior traz a parte exterior, por graça, e ambas devem ser unidas em beatitude sem fim pela virtude de Cristo, isso foi mostrado.

Da indizível Paixão de Cristo, e de três coisas da Paixão a serem lembradas sempre. Vigésimo capítulo.

E assim vi eu Nosso Senhor Jesus languescendo por longo tempo. Pois a união da Divindade deu força à humanidade para sofrer por amor mais do que todos os homens podem. Digo não só mais dor do que todos os homens podem sofrer, mas também que Ele sofreu mais dor do que todo homem de salvação que já existiu, desde o primeiro começo até o último dia. Nenhuma língua pode dizer nem coração pensar completamente as dores que nosso Salvador sofreu por nós, tendo em vista a dignidade do mais alto e honorável Rei e a vergonhosa, impiedosa e dolorosa morte. Pois Ele que é o mais alto e o mais honorável foi completamente tornado nada e supremamente desprezado. Pois o ponto mais alto que pode ser visto em Sua Paixão é pensar e saber o que Ele, que sofreu, é, vendo, depois, esses outros dois pontos, que são inferiores: um é o que Ele sofreu; e o outro, por quem Ele sofreu.

E nisso Ele trouxe à mente em parte a altura e a nobreza da gloriosa Divindade, e com isso a preciosidade e a suavidade do corpo beatífico, que estão unidos juntos, e também o detestável que é, na nossa natureza, sofrer dor. Pois tanto quanto Ele era o mais suave e limpo, exatamente tanto Ele era o mais forte e poderoso para sofrer. E por todo pecado de homem que há de ser salvo, Ele sofreu. E toda mágoa, desolação e angústia de homem, Ele viu e sofreu por natureza e amor. Pois tanto quanto Nossa Senhora sofreu pelas dores d'Ele, tanto sofreu Ele pelos sofrimentos dela, e mais, no tanto que a Sua doce humanidade era mais digna em natureza. Pois por tanto tempo quanto Ele ficou passivo Ele sofreu por nós e magoou-Se por nós. E agora Ele está reerguido e não mais passível, mesmo assim Ele sofre conosco, como hei de dizer depois.

E eu, contemplando tudo isso por Sua graça, vi que o amor n'Ele era tão forte, o que Ele tinha por nossa alma, que voluntariamente Ele escolheu com grande desejo, e suavemente Ele sofreu com grande alegria. Pois a alma que contempla assim quando é tocada pela graça deve ver que essas dores da Paixão de Cristo ultrapassam todas as dores, quer dizer, as dores que hão de se tornar em alegria eterna pela virtude da Paixão de Cristo.

De três contemplações na Paixão
de Cristo, e como estamos agora
morrendo na Cruz com Cristo,
mas Sua face afastou toda pena.
Vigésimo primeiro capítulo.

É vontade de Deus, conforme meu entendimento, que tenhamos três maneiras de contemplar Sua abençoada Paixão. A primeira é a dura pena que Ele sofreu: com contrição e compaixão. E que mostrou Nosso Senhor nesse
tempo e deu-me força e graça para ver.

E cuidei de ver a partida com toda minha força e imaginei ter visto o corpo todo morto. Mas eu não o vi assim. E
bem no mesmo momento em que pensei pela aparência que
a vida não poderia durar mais, e a mostra do fim precisava
estar perto, de repente, contemplando eu a mesma cruz,
Ele mudou em beatífica cara. A mudança de sua beatífica
cara mudou a minha, e eu estava tão alegre e desenfadada
quanto era possível. Então trouxe o Senhor desenfadadamente à minha mente: "Onde está agora qualquer razão
de tua pena e dor?". E eu estava totalmente desenfadada.

Entendi que estamos agora, na intenção de Nosso Senhor, em Sua Cruz com Ele em nossas penas e em nossa
paixão, morrendo. E nós, voluntariamente esperando na
mesma cruz, com Sua ajuda e Sua graça, até o último momento, de repente Ele há de mudar Sua cara para nós, e
haveremos de estar com Ele no céu. Entre este e o outro
há de tudo ser um só tempo e então haveremos todos de
ser levados ao gozo. E assim quis dizer Ele nessa mostra:
"Onde está agora qualquer razão de tua pena e dor?". E
havemos de ser totalmente beatos.

REVELAÇÕES SOBRE O AMOR DIVINO 139

E aqui vi eu autenticamente que, se Ele mostrou agora para nós Sua beata cara, não há dor na terra nem em nenhum outro lugar que houvesse de nos afligir, mas todas as coisas deveriam ser para nós gozo e beatitude. Mas, como Ele nos mostrou a cara da Paixão, conforme Ele suportou nessa vida Sua cruz, então estamos em incômodo e trabalho com Ele, como pede nossa natureza. E a causa por que Ele sofreu é por Ele querer, por Sua bondade, fazer-nos herdeiros com Ele em Sua beatitude. E por essa pequena dor que sofremos aqui havemos de ter um conhecimento alto e sem fim em Deus, o qual nunca poderíamos ter sem isso. E quanto mais duras tiverem sido nossas dores com Ele na cruz, mais há de nossa honra estar com Ele em Seu Reino.

A nona revelação é do gosto etc.,
dos três céus, e o infinito amor
de Cristo, desejando todo dia sofrer
por nós, se Ele pudesse,
ainda que não seja necessário.
Vigésimo segundo capítulo.

Então disse Nosso Senhor perguntando: "Estás bem paga que eu sofri por ti?". Eu disse: "Sim, bom Senhor. Muito agradecida, bom Senhor. Tu, bom Senhor, sê bendito". Então disse Jesus "Se estás paga", disse Nosso Senhor, "eu estou pago. É um gozo e uma beatitude e um gosto sem fim para mim que eu tenha uma vez sofrido paixão por ti. E se eu pudesse sofrer mais, eu queria sofrer mais".[1]

Nesse sentimento, meu entendimento foi erguido ao céu e lá eu vi três céus,[2] de cuja visão fiquei grandemente maravilhada e pensei: "Eu vi três céus, e tudo, da[3] bendita humanidade de Cristo. E nenhum é mais, nenhum é menos, nenhum é mais alto, nenhum é mais baixo, mas iguais em beatitude". Quanto ao primeiro céu, mostrou-me Cristo Seu Pai, não em aparência corporal, mas em Sua propriedade e em Sua obra: quer dizer, eu vi em Cristo que o Pai é. A obra do Pai é esta: que Ele dá a paga a Seu Filho Jesus Cristo. Esse dom e essa paga são tão abençoados para Jesus que Seu Pai não poderia dar paga que pudesse agradá-Lo mais.

Quanto ao primeiro céu, que é o agrado do Pai, mostrou-se a mim como um céu e era totalmente bem-aven-

1. Ver nota 50 do "Relato curto".
2. Ver nota 51 do "Relato curto".
3. Ver nota 52 do "Relato curto".

turado. Pois Ele é totalmente agradado com todos os feitos que fez sobre nossa salvação pelos quais somos não unicamente Seus por compra[4] mas também pelo dom cortês de Seu Pai. Somos Sua beatitude, somos Seu pagamento, somos Sua honra, somos Sua coroa. E essa era uma maravilha singular e uma contemplação completamente deleitosa, que somos Sua coroa! Isso que eu digo é tão grande beatitude para Jesus que Ele conta como nada Seu trabalho e Sua dura Paixão, e cruel e vergonhosa morte.

E contemplei com grande diligência para saber quantas vezes Ele teria morrido se pudesse. E autenticamente o número ultrapassou tanto meu entendimento e minha inteligência, que minha razão não foi capaz, nem poderia, de compreender nem aceitar. E quando Ele tivesse morrido tantas vezes assim, ou fosse morrer, ainda assim Ele iria contar como nada por amor pois tudo considera Ele pequeno à vista de Seu amor. Pois embora a doce humanidade de Cristo pudesse sofrer não mais do que uma vez, a bondade d'Ele nunca poderia cessar de se oferecer: todo dia Ele está pronto para a mesma coisa, se pudesse ser. Pois se Ele dissesse que Ele iria por meu amor fazer novos céus e nova terra, seria pouco em comparação. Pois isso Ele poderia fazer todo dia, se quisesse, sem trabalho nenhum. Mas morrer por meu amor tantas vezes que o número ultrapasse a razão das criaturas, isso é a oferta mais alta que Nosso Senhor Deus pode fazer à alma do homem, a meu ver. Então Ele quis dizer assim: "Como haveria de ser que eu não haveria de, por teu amor, fazer tudo de que sou capaz, feito esse que não me pesa, uma vez que eu queria, por teu amor, morrer tantas vezes, sem olhar para as minhas duras penas?".

E aqui vi eu pela segunda contemplação em Sua beata Paixão: o amor que O fez sofrê-la ultrapassa tanto Suas penas quanto o céu está acima da terra. Pois a pena era

4. Ver nota 53 do "Relato curto".

um feito nobre, precioso e honroso feito no tempo pela obra do amor. E o amor era sem começo e há de ser sem fim. Amor pelo qual Ele disse todo docemente essa palavra: "Se eu pudesse sofrer mais, eu queria sofrer mais". Ele não disse: "Se fosse necessário sofrer mais", mas "se eu pudesse sofrer mais". Pois embora não fosse necessário, e Ele pudesse sofrer mais, Ele queria.

Esse feito e essa obra sobre nossa salvação estavam ordenados tão bem quanto Deus pode ordená-los, e feitos tão honrosamente quanto Cristo pode fazê-los. E neles eu vi uma completa beatitude em Cristo, pois Sua beatitude não haveria nunca de ser completa se pudesse ser algo mais bem-feito do que foi feito.

Como Cristo nos quer alegrando-nos
com Ele grandemente em nossa
redenção e que desejemos a graça
d'Ele para que possamos assim fazer.
Vigésimo terceiro capítulo.

E nestas três palavras — "É um gozo e uma beatitude e
um gosto sem fim para mim" — foram mostrados três
céus assim: quanto ao gozo, entendi o prazer do Pai; e
quanto à beatitude, a honra do Filho; e quanto ao gosto
sem fim, o Espírito Santo. O Pai Se agrada, o Filho é honrado e o Espírito Santo gosta.

E aqui eu vi a terceira contemplação de Sua beata Paixão: quer dizer, o gozo e a beatitude que O fazem gostar
dela. Pois nosso cortês Senhor mostrou-me Sua Paixão de
cinco maneiras: das quais a primeira é o sangramento da
cabeça, a segunda é a descoloração de Sua bendita face, a
terceira é o abundante sangramento do corpo nas marcas
da flagelação, a quarta é o profundo secar — essas quatro
ditas antes quanto às dores da Paixão — e a quinta é esta
que foi mostrada quanto ao gozo e à beatitude da Paixão.
Pois é a vontade de Deus que tenhamos verdadeiro gosto
com Ele em nossa salvação, e aí Ele quer que sejamos poderosamente confortados e fortalecidos e assim quer Ele
que alegremente com Sua graça nossa alma esteja ocupada. Pois somos Sua beatitude, pois em nós Ele tem gosto,
sem fim, e da mesma forma havemos nós de ter n'Ele,
com Sua graça.

Tudo o que Ele fez por nós, e faz, e há de fazer, nunca
foi um custo nem um fardo para Ele nem pode ser, senão
só aquilo que Ele fez em nossa humanidade, começando

na doce encarnação e durando até o abençoado erguimento na manhã de Páscoa: tanto durou o custo e o fardo
da nossa redenção de fato. Fato de que Ele Se regozijou
sem fim, como foi dito antes. Jesus quer que tenhamos
tento a essa beatitude que há na beata Trindade de nossa
salvação, e que desejemos ter tanto gosto espiritual, com
Sua graça, quanto foi dito antes: quer dizer, que o gosto
pela nossa salvação seja como a alegria que Cristo tem em
nossa salvação. Quanto pode ser enquanto estamos aqui.

Tudo a Trindade fez na Paixão de Cristo, ministran-
do abundância de virtudes e quantidade de graça para
nós por Ele. Mas só o filho da Virgem sofreu, pelo que
toda a bendita Trindade se alegra sem fim. E isso foi mostrado nesta palavra: "Estás bem paga?". Por esta outra
palavra que Cristo disse: — "Se estás bem paga, eu estou
pago" — como se tivesse dito: "É alegria e gosto suficiente para mim, e não peço nada mais de ti por meu trabalho
senão que eu possa pagar-te".

E nisso Ele me trouxe à mente o que é próprio do
doador alegre. Um doador alegre não presta senão pouca atenção à coisa que dá, mas todo o seu desejo e toda
sua intenção é agradar e consolar aquele a quem dá. E se
o que recebe aceita o presente alegremente e agradecida-
mente, então o doador cortês conta como nada todo seu
custo e todo seu esforço pela alegria e deleite que ele tem,
pois agradou e consolou aquele que ama. Abundante e
completamente isso foi mostrado.

Pense também sabiamente na grandeza desta palavra:
"Uma vez". Pois nessa palavra foi mostrado um alto conhecimento do amor que Ele tem em nossa salvação, com
variegadas alegrias que se seguem à Paixão de Cristo. Uma
é que Ele Se alegra que tenha feito isso em ato e não há de
sofrer mais. Outra é que Ele, com isso, nos comprou das
dores sem fim do inferno. Outra é que Ele nos elevou ao
céu e nos fez ser Sua coroa e Sua beatitude sem fim.

A décima revelação é que
Nosso Senhor Jesus mostrou
em amor Seu beato coração cortado
em dois regozijando-se.
Vigésimo quarto capítulo.

E com Seu doce olhar Ele conduziu o entendimento de
Sua criatura à própria ferida em Seu lado, dentro. E lá Ele
mostrou um belo e deleitoso lugar, e grande o bastante
para toda a humanidade que há de ser salva descansar em
paz e em amor.[1]

E com isso Ele trouxe à mente Seu valioso sangue e Sua
preciosa água que Ele deixou derramar toda por amor. E
com a doce contemplação Ele mostrou Seu beato coração
cortado em dois. E com esse doce regozijo Ele mostrou
a meu entendimento, em parte, a abençoada Divindade,
tanto quanto Ele quis naquela hora, dando força à pobre
alma para entender como poderia ser dito, quer dizer, o
amor sem fim que foi sem começo e é e há de ser sempre.

E com isso, nosso bom Senhor disse cheio de beatitude: "Vê! Como eu te amei", como se tivesse dito: "Minha querida, contempla e vê teu Senhor, teu Deus, que é
teu criador e tua alegria sem fim. Vê teu próprio irmão,
teu Salvador. Minha criança, contempla e vê que gosto

1. A visão da ferida do lado de Jesus, causada pelo centurião
que perfurou o corpo pendente da cruz para se certificar de que
Ele já estava morto, como um lugar de proteção e refúgio para
a alma do fiel tem uma longa tradição iniciada antes do tempo
de Juliana e consagrada na oração, na iconografia do Sagrado
Coração de Jesus e na tratadística medieval.

e beatitude eu tenho em tua salvação, e por amor meu, regozija-te comigo".

E também, para mais entendimento, esta abençoada palavra foi dita: "Vê! Como eu te amei", como se Ele tivesse dito: "Contempla e vê que eu te amei tanto antes de morrer por ti que eu quis morrer por ti. E agora eu morri por ti, e sofri voluntariamente o que pude. E agora está toda minha pena e todo meu árduo trabalho tornado em alegria sem fim e beatitude para mim e para ti. Como haveria agora de ser que houvesses de pedir qualquer coisa que me agrade senão que eu houvesse de modo todo contente de te conceder?".

Esse é o entendimento, simplesmente como eu consigo dizer, desta abençoada palavra: "Vê! Como eu te amei". Isso mostrou nosso bom Senhor para nos fazer alegres e desenfadados.

A décima primeira revelação
é uma espiritualmente alta mostra
de Sua Mãe.
Vigésimo quinto capítulo.

E com a mesma feição de deleite e alegria nosso bom Senhor olhou para baixo para o lado direito e me trouxe à mente onde Nossa Senhora estava no momento da Paixão e disse: "Queres vê-la?". E nessa doce palavra, como se Ele tivesse dito: "Eu quero muito que queiras ver minha abençoada mãe, pois, depois de mim, ela é a mais alta alegria que eu posso te mostrar e a que me é mais do gosto e honra. E ela é a mais desejada de ser vista entre todas as minhas criaturas". E quanto ao maravilhoso alto e singular amor que Ele tem por essa doce Virgem, Sua abençoada mãe, Nossa Senhora Santa Maria, Ele a mostrou regozijando-se muito pelo significado dessa doce palavra, como se Ele tivesse dito: "Queres ver o tanto que a amo para que te possas alegrar comigo no amor que tenho por ela e ela por mim?". E também, para maior entendimento: essa doce palavra nosso bom Senhor falou em amor por toda a humanidade que há de ser salva, como se fosse tudo para uma pessoa, como se Ele dissesse: "Queres ver nela o quanto eu te amei? Por amor de ti eu a fiz tão elevada, tão nobre, tão digna. E isso me agrada, e assim quero que te agrade". Porque, depois d'Ele mesmo, ela é a mais beatífica visão. Mas, sobre isso, não sou ensinada a ansiar por ver a presença corporal dela enquanto estou aqui, mas sim as virtudes de sua beata alma — sua verdade, sua sabedoria, sua caridade — pelo que posso aprender a me conhecer e a reverentemente temer a meu Deus.[1]

E quando nosso bom Senhor mostrou isso e disse essa palavra: "Queres vê-la?", respondi e disse: "Sim, bom Senhor! Muito agradecida! Se for Tua vontade!". Frequentemente rezei por isso e esperei vê-la em forma corporal.

Mas eu não a vi assim. E Jesus nessa palavra mostrou-me uma visão espiritual dela. Assim como eu a tinha visto antes pequena e simples, bem assim Ele ma mostrou então nobre e gloriosa e agradável a Ele acima de todas as criaturas. E assim Ele quer que seja sabido que todo aquele que gosta d'Ele deveria gostar dela e do gosto que Ele tem por ela e ela por Ele.

E, para maior entendimento, Ele mostrou este exemplo: como se um homem amasse uma criatura singularmente acima de todas as criaturas, ele quereria fazer todas as outras criaturas amar e gostar dessa criatura que ele ama tanto.

E nessa palavra que Jesus disse "Queres vê-la?" julguei que tivera o maior gosto que Ele podia ter me dado, com a mostra espiritual que me deu dela. Pois Nosso Senhor não me mostrou nada de particular, mas Nossa Senhora Santa Maria,[2] e aqui Ele me mostrou em três tempos: o primeiro foi quando ela concebeu; o segundo foi quando ela estava em grandes sofrimentos sob a cruz; e o terceiro como ela está agora, em gosto, honra e alegria.

1. Brígida da Suécia e Isabel da Hungria, duas místicas predecessoras de Juliana, relatam várias visões e conversas com Nossa Senhora fisicamente presente.

2. "Nada de particular", isto é, nada que os demais cristãos também não conheçam, daí, "Nossa" Senhora.

A décima segunda revelação é que o Senhor nosso Deus é o todo soberano ser. Vigésimo sexto capítulo.

E depois disso Nosso Senhor mostrou-se mais glorificado à minha vista do que eu O tinha visto antes. Pelo que eu fui ensinada que nossa alma nunca há de ter repouso até que chegue a Ele[1] que é completude de alegria: íntimo, cortês e beato e a própria vida. Muitas vezes Nosso Senhor Jesus disse: "Eu aquilo sou, eu aquilo sou. Eu aquilo sou que é mais alto. Eu aquilo sou que amas. Eu aquilo sou de que gostas. Eu aquilo sou a que serves. Eu aquilo sou pelo que anseias. Eu aquilo sou que desejas. Eu aquilo sou que tens em mente. Eu aquilo sou que é tudo. Eu aquilo sou que a Santa Igreja prega e te ensina. Eu aquilo sou que me mostrei antes a ti". O número das palavras[2] ultrapassa meu engenho e meu entendimento e todas as minhas potências, pois elas estavam no mais alto, em minha visão. Pois nisso é abrangido eu não consigo dizer o quê. Mas a alegria que eu vi na mostra delas ultrapassa tudo que coração pode pensar e alma pode desejar. E, portanto, essas palavras não podem ser declaradas aqui. Mas todo homem, segundo a graça que Deus lhe deu em entender e amar, recebe-as na intenção de Nosso Senhor.

1. Cf. Santo Agostinho, *Confissões*, 1,1.
2. Colledge e Watson consideram que "número" aqui se refere a número gramatical. Juliana estaria se referindo ao fato de, neste trecho, a Trindade falar de si mesma no singular.

A décima terceira revelação é que
Nosso Senhor Deus quer que
tenhamos grande consideração
por todos os Seus feitos que Ele
realizou na grande nobreza de fazer
todas as coisas etc.; como o pecado
não é conhecido senão pela dor.
Vigésimo sétimo capítulo.

E depois disso Nosso Senhor trouxe à minha mente o anseio que eu tinha por Ele antes. E eu vi que nada me impedia, senão o pecado. E assim contemplei de modo geral em todos nós e pensei: "Se não houvesse pecado, haveríamos todos de estar limpos e semelhantes a Nosso Senhor como Ele nos fez". E assim em minha loucura antes desse tempo, frequentemente cogitei: por que, pela grande previdente sabedoria de Deus, o começo do pecado não foi impedido? Pois então, pensava eu, tudo haveria de estar bem.

Essa agitação é muito de se abandonar, e não obstante, lamentação e sofrimento tive por isso, sem razão nem discernimento. Mas Jesus, que nessa visão informou-me de tudo o que eu precisava, respondeu por esta palavra e disse: "O pecado é oportuno, mas tudo há de estar bem, e tudo há de estar bem, e toda forma de coisa há de estar bem". Nessa palavra nua "pecado", Nosso Senhor trouxe à minha mente de modo geral tudo o que não é bom, e o vergonhoso desprezo e a completa negação que Ele suportou por nós nesta vida, e Sua morte, e todas as dores e paixões de todas as Suas criaturas, espiritualmente e corporalmente. Pois somos todos em parte feitos nada e havemos de ser feitos nada, seguindo nosso Mestre Jesus, até que sejamos totalmente purgados: quer dizer, até que sejamos totalmente feitos nada de nossa carne mortal, e de todos os nossos afetos internos que não são muito bons.

E a contemplação disso, com todas as dores que alguma vez foram ou alguma vez hão de ser — e com tudo isso eu entendi a Paixão de Cristo como a maior dor e além — e tudo isso foi mostrado em um toque, e prontamente passou e tornou-se conforto para mim. Pois nosso bom Senhor não quis que a alma ficasse com medo dessa feia visão. Mas eu não vi pecado. Pois acredito que ele não tem nenhuma espécie de substância nem nenhuma parte de ser nem pode ele ser conhecido senão pela dor de que é causa.[1] E essa dor é alguma coisa, na minha visão, por um tempo. Pois ela se purga e nos faz conhecer a nós mesmos e pedir misericórdia. Pois a Paixão de Nosso Senhor é conforto para nós contra tudo isso e assim é Sua bendita vontade. E quanto ao terno amor que nosso bom Senhor tem por todos que hão de ser salvos, Ele conforta pronta e docemente, querendo dizer assim: "É verdade que o pecado é causa de toda essa dor, mas tudo há de estar bem e toda sorte de coisa há de estar bem". Essas palavras foram mostradas com toda a ternura, mostrando nenhuma sorte de culpa para mim nem para ninguém que há de ser salvo. Então foi uma grande indelicadeza minha culpar ou cogitar do Senhor por meu pecado, já que Ele não me culpa pelo pecado.

E nessas mesmas palavras eu vi uma alta e maravilhosa intimidade escondida em Deus, intimidade essa que Ele há de fazer abertamente conhecida para nós no céu.

1. Ser e substância, nesta passagem, têm o significado filosófico que era patrimônio comum da Idade Média. O pecado é privação e não tem, portanto, substância, não *é*, propriamente, algo, mas designa uma falta ou defeito. Assim como a cegueira, digamos, que não *é* algo, mas designa a incapacidade de ver de algum ser que deveria ter a capacidade de ver.

Em cujo conhecimento havemos de verdadeiramente ver a causa por que Ele suportou que o pecado viesse, visão na qual havemos de, sem fim, ter alegria.

Como os filhos da salvação
hão de ser abalados em sofrimentos,
mas Cristo Se alegra com compaixão;
e um remédio contra tribulação.
Vigésimo oitavo capítulo.

Assim eu vi como Cristo tem compaixão de nós por causa
do pecado. E bem como eu estava antes, na Paixão de
Cristo, cheia de dor e compaixão, assim aqui eu estava em
parte cheia de compaixão por todos os meus iguais cristãos. Pois bem completamente Ele ama pessoas que hão
de ser salvas: quer dizer, servos de Deus. A Santa Igreja
há de ser sacudida em sofrimento e angústia e tribulação
neste mundo como homens sacodem um pano ao vento.

E quanto a isso, Nosso Senhor respondeu, mostrando
mais dessa maneira: "Ah, uma grande coisa hei de fazer
disso no céu de honra sem fim e gozo que dura sempre".
Sim, longe assim eu vi: Nosso Senhor Se alegra com as
tribulações de seus servos, com pena e compaixão. E para
cada pessoa que Ele ama, para levá-la à Sua beatitude, Ele
deita sobre ela alguma coisa que não é culpa a Seus olhos,
pela qual elas são culpadas e olhadas de cima neste mundo, escarnecidas e violentadas[1] e rejeitadas. E isso Ele faz

---

1. *Rapyd*, do manuscrito S, foi substituída por *mokyd*, no manuscrito P. O sentido sexual que *rapyd* já tinha no inglês médio, ainda que não fosse exclusivo, pode ter levado o copista
de P a preferir *mokyd*. Traduzi *rapyd* por "violentar" porque,
ao lado do sentido sexual, o verbo guarda alguns dos outros
sentidos que a palavra do inglês médio tinha, especialmente a
alusão à violência.

para impedir o dano que elas haveriam de receber da pompa e do orgulho e da vanglória desta vida miserável, e deixar pronto o caminho delas para ir ao céu e elevar-se lá em beatitude duradoura sem fim. Pois Ele diz: "Hei de estilhaçar-te de teus afetos vãos e de teu orgulho vicioso. E depois disso hei de te reunir junto e te fazer manso e humilde, limpo e santo, por unir-te a mim". E então vi eu que todo tipo de compaixão que um homem tem por seus iguais cristãos com caridade, é Cristo nele. Que todo tipo de fazer-se nada que Ele mostrou em Sua Paixão foi mostrado de novo aqui nessa compaixão em que havia dois tipos de entendimento no que Nosso Senhor queria dizer. Que um era a bem-aventurança a que somos levados,[2] em que Ele quer que nos regozijemos. Que o outro é para conforto de nossa dor. Pois Ele quer que saibamos que tudo será tornado em honra e proveito pela virtude de Sua Paixão. E que saibamos bem que não sofremos sozinhos, mas com Ele, e O vejamos: nosso chão. E que vejamos Suas penas e Sua negação ultrapassar tanto tudo o que possamos sofrer que não se pode nem pensar completamente. E o bem contemplar disso vai nos preservar de murmuração e desespero ao sentirmos nossas penas. E se vemos verdadeiramente que nosso pecado as merece, mesmo assim Seu amor nos desculpa. E por Sua grande cortesia Ele desfaz toda nossa culpa e nos contempla com compaixão e pena como crianças inocentes e não detestáveis.

2. "Levado" traduz *brought*, que consta do manuscrito P. O manuscrito S traz *bowte*. Nesse caso a tradução seria "comprado", isto é, pelo preço da Paixão e morte de Cristo. Juliana sempre acentua o sentido próprio, comercial, que está presente no termo "redenção". As duas leituras são possíveis.

O pecado de Adão foi o maior,
mas a satisfação por ele
é mais agradável a Deus do que
jamais o pecado foi danoso.
Vigésimo nono capítulo.

Mas nisso fiquei, contemplando tudo, aflita e dolorosamente, dizendo assim a Nosso Senhor em minha mente com medo muito grande: "Ah, bom Senhor, como pode tudo estar bem, pelo grande dano que veio pelo pecado a Tuas criaturas?". E aqui eu desejei, tanto quanto ousava, ter mais alguma declaração aberta pela qual eu pudesse ser acalmada nisso. E a isso nosso bem-aventurado Senhor respondeu todo mansamente e com feição toda amável e mostrou que o pecado de Adão foi o maior dano que jamais foi feito ou há de ser até o fim do mundo. E também mostrou que isso é abertamente sabido em toda a Santa Igreja na terra. Além disso, Ele ensinou que eu deveria contemplar a gloriosa satisfação. Pois essa satisfação é mais agradável à bendita Divindade e mais honrosa para a salvação do homem, sem comparação, do que alguma vez foi danoso o pecado de Adão. Então quer dizer nosso bendito Senhor assim em Seu ensinamento, que deveríamos atentar a isto: "Pois, uma vez que eu fiz bem do maior dano, então é minha vontade que saibas que hei de fazer bem tudo o que é menor".

Como devemos regozijar-nos
e confiar em nosso Salvador
Jesus não pretendendo
saber de seus conselhos privados.
Trigésimo capítulo.

Ele me deu entendimento de duas partes. Uma parte é nosso Salvador e nossa salvação. Essa parte bendita é aberta e clara e bela e leve e abundante. Pois toda a humanidade que é de boa vontade e que há de ser está abrangida nessa parte. Aqui somos atados por Deus e trazidos e escondidos e ensinados internamente pelo Espírito Santo e externamente pela Santa Igreja na mesma graça. Nisso quer Nosso Senhor que nos ocupemos, rejubilando-nos n'Ele pois Ele Se rejubila em nós. E quanto mais abundantemente tomarmos disso, com reverência e mansidão, mais gratidão merecemos d'Ele e mais avanço para nós. E, assim, podemos dizer, rejubilando-nos: "Nossa parte é o Senhor".

A outra é escondida e barrada para nós: quer dizer, tudo o que está fora de nossa salvação. Pois este é o conselho privado de Nosso Senhor, e pertence à senhoria real de Deus ter seus conselhos privados[1] em paz, e cabe a seus servos por obediência e reverência não querer saber de seus conselhos. Nosso Senhor tem pena e compaixão

---

1. No original *privy councell*, no sentido de corpo consultivo do soberano, termo político muito recente na época de Juliana, segundo *OED*, que atesta o primeiro uso em 1375. O mesmo termo em latim, *privatum consilium*, era de uso consagrado na Inglaterra bem antes disso, o que Colledge e Watson consideram um indício de que Juliana sabia latim.

por nós, pois algumas criaturas se empenham tanto nisso. E estou segura: se soubéssemos quanto haveríamos de agradá-Lo e nos acalmar deixando isso, nós o faríamos. Os santos no céu, eles não querem saber nada senão o que Nosso Senhor quer mostrar a eles, e também a caridade deles e o desejo deles são governados pela vontade de Nosso Senhor. E assim devemos nós querer ser iguais a eles. Então não devemos querer nada nem desejar senão a vontade de Nosso Senhor, como eles fazem. Pois somos todos um na mente de Deus. E aqui fui ensinada que devemos unicamente regozijar-nos em nosso bendito Salvador Jesus e confiar n'Ele para todas as coisas.

Do anseio e da sede espiritual
de Cristo que dura e há de durar
até o Dia do Juízo. E, por causa
de Seu corpo, Ele não é ainda
todo glorificado nem todo impassível.
Trigésimo primeiro capítulo.

E assim nosso bom Senhor respondeu a todas as perguntas
e dúvidas que eu poderia ter dizendo todo confortadora-
mente: "Eu quero tornar todas as coisas em bem, hei de tornar todas as coisas em bem, eu posso tornar todas as coisas
em bem, eu consigo tornar todas as coisas em bem. E hás
de ver isso por ti mesma: que todas as coisas estarão bem".
Onde Ele diz: "Eu posso", entendo pelo Pai; e onde Ele diz
"Eu consigo", entendo pelo Filho; e onde Ele diz "eu quero", entendo pelo Espírito Santo; e onde Ele diz "hei de",[1]
entendo pela unidade da bem-aventurada Trindade unida:
três pessoas e uma verdade. E quando Ele diz "hás de ver
por ti mesma", entendo a união de toda a humanidade que
há de ser salva para dentro dessa bem-aventurada Trindade.

E nessas cinco palavras Deus quer estar contido em repouso e em paz. E assim há de a sede espiritual de Cristo ter
um fim. Pois essa é a sede espiritual de Cristo: o anseio de
amor que dura e sempre há de, até que vejamos essa visão
no dia do Juízo. Pois nós que havemos de ser salvos, e havemos de ser o gozo e a beatitude d'Ele, alguns já estão aqui,
outros a vir e, assim, hão alguns de estar até aquele dia.[2]

1. Ver nota 64 do "Relato curto".
2. Alusão à ideia de que algumas pessoas estarão vivas quando
da Segunda Vinda do Cristo e, portanto, "não provarão a morte" (cf. Mateus 16,28).

REVELAÇÕES SOBRE O AMOR DIVINO 159

Portanto, essa é a Sua sede: uma ânsia de amor de nos ter todos juntos, inteiros n'Ele para Sua beatitude sem fim, na minha visão. Pois não estamos agora inteiros n'Ele como haveremos de estar então.

Pois sabemos em nossa fé, e também foi mostrado em tudo,[3] que Cristo Jesus é ambos: Deus e homem. E no plano da Divindade, Ele é, Ele próprio, a mais alta beatitude e era desde o sem começo e há de ser sem fim. Beatitude sem fim essa que não pode ser elevada nem abaixada em si mesma. E isso foi abundantemente visto em todas as mostras, e nomeadamente na décima segunda, onde Ele diz: "Eu aquilo sou que é mais alto". E no plano da humanidade de Cristo, é sabido em nossa fé e também mostrado que Ele, com a virtude[4] da Divindade, por amor, para nos levar à Sua glória, sofreu dores e paixão e morreu. E essas são as obras da humanidade de Cristo, em que ele Se regozijou.

E isso Ele mostrou na nona, onde Ele diz: "É um gáudio, uma beatitude e um gosto sem fim para mim que eu tenha alguma vez sofrido a Paixão por ti". E essa é a beatitude das obras de Cristo, e assim Ele entende onde diz na mesma mostra: "Nós somos Sua beatitude, nós somos Sua paga, nós somos Sua honra, nós somos Sua coroa". Pois assim no plano em que Cristo é nossa cabeça, Ele é glorificado e impassível. E assim no plano de Seu corpo, no qual todos os Seus membros estão entrelaçados,[5] Ele ainda não está completamente glorificado nem todo impassível. Pois a mesma sede e ânsia que Ele teve sobre a árvore de suplício — desejo, ânsia e sede essas que, na minha visão, estavam n'Ele desde o sem começo — as mesmas tem Ele ainda, e há de, até o tem-

3. Isto é, em todas as revelações.
4. "Virtude" traduz *vertu* no sentido de "propriedade inerente à particularidade de um determinado ser" (*Houaiss*), segundo o uso consagrado já no tempo de Juliana pela escolástica.
5. Ver 1Coríntios 12,14-30.

po em que a última alma das que hão de ser salvas tiver subido à Sua beatitude.

Pois tão verdadeiramente quanto há uma propriedade em Deus de dó e piedade, assim verdadeiramente há uma propriedade em Deus de sede e anseio. E em virtude desse anseio em Cristo temos que ansiar por Ele de volta, sem o que nenhuma alma chega ao céu. E essa propriedade de anseio e sede vem da bondade sem fim de Deus, bem como a propriedade de piedade vem de Sua bondade sem fim. E embora tenhamos anseio e piedade, eles são propriedades distintas, a meu ver. E nisso está o ponto da sede espiritual, que é permanecer n'Ele por tanto [tempo] quanto tivermos necessidade, atraindo-nos à Sua beatitude.

E tudo isso foi visto em mostra de compaixão, pois isso há de cessar no Dia do Juízo. Assim Ele tem dó e compaixão por nós, e Ele tem anseio por nos ter, mas Sua sabedoria e Seu amor não toleram a vinda do fim até o melhor momento.

Como todas as coisas hão de estar
bem e a Escritura cumprida,
e devemos firmemente nos manter
na fé da Santa Igreja como
é a vontade de Cristo.
Trigésimo segundo capítulo.

Uma vez nosso bom Senhor disse: "Toda sorte de coisa
há de estar bem", e em outra vez Ele disse: "Hás de ver
por ti mesma que toda sorte de coisa há de estar bem". E
nessas duas a alma obteve duas sortes de entendimento.

Uma era esta: que Ele quer que saibamos que não só Ele
toma conta das coisas nobres e das grandes, mas também
das de pouca monta e das pequenas, das chãs e das simples, de uma e de outra. E assim entende Ele no que diz:
"Toda sorte de coisa há de estar bem". Pois Ele quer que
saibamos que a última das coisas não há de ser esquecida.

Outro entendimento é este: que há de haver muitos feitos malfeitos à nossa vista e tão grandes danos que parece a
nós que seria impossível que houvesse de chegar a um bom
fim. E para isso olhamos sofrendo e lamentando, portanto,
de modo que não podemos repousar na beatífica contemplação de Deus como deveríamos fazer. E a causa é esta:
que o uso de nossa razão é agora tão cego, tão chão e tão
simples que não conseguimos conhecer a alta, maravilhosa
sabedoria, o poder e a bondade da beatífica Trindade. E
assim quer dizer Ele onde diz: "Presta atenção agora fiel
e confiadamente, e no último fim hás de ver verdadeiramente em plenitude de alegria". E assim, nas mesmas cinco
palavras antes ditas — "Hei de tornar todas as coisas em
bem" — entendi um poderoso conforto de todos os trabalhos de Nosso Senhor Deus que estão por vir.

Há um feito que a gloriosa Trindade há de fazer no último dia, na minha visão. E o que o feito há de ser e como há de ser feito, é desconhecido de todas as criaturas que estão abaixo de Cristo,[1] e há de ser, até que seja feito. A bondade e o amor de nosso Deus quer que saibamos que há de vir a ser. E o poder e a sabedoria d'Ele, pelo mesmo amor, quer encobrir e esconder de nós o que há de ser e como há de ser feito. E, assim, a causa por que Ele quer que saibamos é porque Ele quer que estejamos mais acomodados em nossa alma e pacificados em amor, deixando a contemplação de todas as tempestades que podem nos levar do verdadeiro gozo n'Ele. Esse é o grande feito ordenado por Nosso Senhor Deus desde o sem começo, entesourado e escondido em Seu beato peito, apenas conhecido por Ele mesmo, feito pelo qual há de tornar todas as coisas em bem. Pois assim como a beata Trindade fez todas as coisas do nada, bem assim a mesma beata Trindade há de tornar em bem tudo o que não é bem.

E nessa visão maravilhei-me grandemente, e contemplei nossa fé, tendo isto em mente: nossa fé é fundada na palavra de Deus, e pertence à nossa fé que acreditemos que a palavra de Deus há de ser conservada em todas as coisas. E um dos pontos de nossa fé é que muitas criaturas hão de ser danadas: como anjos que caíram do céu por orgulho, os quais agora são inimigos, e o homem na terra que morre fora da fé da Santa Igreja — quer dizer, aqueles que são pagãos — e também homens que receberam o cristianismo e vivem vida não cristã, e assim morrem fora da caridade. Todos esses hão de ser danados para o inferno sem fim, como a Santa Igreja me ensina a crer. E estando isso assim, pensava ser impossível que toda sorte de coisas há de estar bem, como Nosso Senhor mostrou-me nesse tempo.

E quanto a isso eu não tenho resposta na mostra de Nosso Senhor senão esta: "Que o que é impossível para

1. O que inclui os anjos.

ti não é impossível para mim.[2] Vou conservar minha palavra em todas as coisas, e hei de tornar todas as coisas em bem". E nisso fui ensinada pela graça de Deus que eu deveria me manter firmemente na fé como eu tinha anteriormente entendido e, junto com isso, eu deveria crer seriamente que toda sorte de coisa há de estar bem, como Nosso Senhor me mostrou nesse mesmo tempo. Pois esse é o grande feito que nosso Deus há de fazer, feito no qual Ele há de conservar Sua palavra em todas as coisas e há de tornar em bem tudo o que não está bem. Mas o que o feito é, e como ele há de ser feito, não há criatura abaixo de Cristo que saiba, nem há de saber, até que esteja feito, conforme o entendimento que eu tive do que Nosso Senhor queria dizer nesse tempo.

2. Lucas 18,26-7.

Toda alma danada é desprezada
à vista de Deus, como o diabo;
e essas revelações não retiram
a fé da Santa Igreja, mas confortam;
e quanto mais nos empenhamos
em saber dos segredos de Deus,
menos sabemos.
Trigésimo terceiro capítulo.

Mesmo assim eu desejava, tanto quanto ousava, que eu pudesse ter uma visão completa do inferno e do purgatório. Mas não era minha intenção obter prova de qualquer coisa que pertence à nossa fé. Pois eu acreditava verdadeiramente que o inferno e o purgatório são para o mesmo fim que a Santa Igreja nos ensina. Mas minha intenção era que eu pudesse ver para aprender sobre todas as coisas que pertencem à minha fé, pelo que eu pudesse viver mais para a honra de Deus e para meu proveito. Mas por mais que pudesse desejar, não pude ver disso absolutamente nada, a não ser o que foi dito antes na quinta mostra, em que eu vi que o diabo é condenado por Deus e danado sem fim. Visão na qual entendi que todas as criaturas que estão na condição do diabo nesta vida, e assim acabam, não há mais menção delas diante de Deus[1] e todo Seu Santuário

1. A ideia parece derivar de trechos como Apocalipse 20,15: "E se alguém não for achado escrito no livro da vida, será posto na fornalha de fogo"; e Salmo 68,29: "Sejam apagados do livro dos viventes e com os justos não sejam escritos". A afirmação exata de que Deus e seus santos não se recordarão daqueles que forem para o inferno consta da *Visio Sancti Pauli*, um apócrifo do século III a.C. que, a partir de uma

REVELAÇÕES SOBRE O AMOR DIVINO 165

do que do diabo, apesar de elas serem da humanidade, sejam elas batizadas ou não.

Pois embora a revelação tenha sido mostrada sobre a bondade, na qual pouca menção foi feita do mal, mesmo assim não fui afastada por ela de nenhum ponto da fé em que a Santa Igreja me ensina a acreditar. Pois tive visão da Paixão de Cristo em diversas mostras: na primeira, na segunda, na quarta e na oitava, como antes foi dito, nas quais tive, em parte, sentimento do sofrimento de Nossa Senhora e dos verdadeiros amigos d'Ele que viram as dores d'Ele. Mas eu não vi propriamente especificados os judeus que O levaram à morte. Mas, sem embargo, eu sabia, na minha fé, que eles eram amaldiçoados e danados sem fim, salvo aqueles que tenham se convertido pela graça.[2] E fui

_____

versão ou de citações em anglo-saxão, era conhecido na Inglaterra desde, pelo menos, o século X, tendo influenciado até a descrição do castelo do monstro Grendel no épico anglo-saxão *Beowulf.*

2. O manuscrito S traz *savyng those that converten be grace,* o que, por trazer o verbo "converter" no presente, implicaria a aceitação da condenação automática de judeus de qualquer época pela morte de Jesus. A ideia nunca fez parte da doutrina da Igreja propriamente dita, mas teve grande popularidade na Europa medieval. O mesmo fenômeno se repete na história de "São Guilherme", primeiro relato de um suposto assassinato ritual de um menino cristão por judeus. A história surgiu exatamente em Norwich no século XIII. O corpo mutilado do menino foi achado em uma floresta da cidade em 1144. Cinco anos depois, sua morte foi atribuída aos judeus. Guilherme foi venerado localmente como um mártir, mesmo sem as autoridades eclesiais da época terem acreditado na história. Em 1144 havia uma comunidade judaica em Norwich, à qual pertenciam os únicos médicos da cidade. Em 1290 os judeus foram expulsos da Inglaterra. Juliana, de qualquer forma, não parece participar inteiramente do antissemitismo de seu tempo e de sua cidade, uma vez que faz questão de dizer que nada lhe foi mostrado sobre a condenação dos judeus em bloco.

fortalecida e aprendi do modo geral a manter-me na fé em todos os pontos e em tudo, como eu tinha entendido antes, esperando que eu estivesse aí com misericórdia e a graça de Deus, desejando e suplicando em minha intenção que eu conseguisse continuar aí até o fim da minha vida.

É vontade de Deus que tenhamos grande consideração por todos os feitos que Ele fez. Pois Ele quer, com isso, que saibamos, confiemos e creiamos em tudo o que Ele há de fazer. Mais que nunca, porém, precisamos deixar a consideração de o que o feito há de ser e desejar ser como nossos irmãos que são os santos no céu, que nada querem senão a vontade de Deus. Então devemos só nos regozijar em Deus e estar bem pagos tanto com esconder quanto com mostrar. Pois eu vi autenticamente na intenção do Senhor: quanto mais nos empenhamos em conhecer Seus segredos, nisso ou em qualquer outra coisa, mais haveremos de estar longe do conhecimento.

Deus mostra os segredos necessários
a Seus amantes; e como
agradam muito a Deus, aqueles
que recebem diligentemente
o ensinamento da Santa Igreja.
Trigésimo quarto capítulo.

Nosso Senhor mostrou duas formas de segredos. Uma é
esse grande segredo com todos os pontos secretos que a ele
pertencem. E esses segredos Ele quer que conheçamos assim ocultos até o tempo em que Ele quer claramente no-los
mostrar. A outra são os segredos que Ele mesmo mostrou
abertamente nesta revelação, pois estes são segredos que
Ele quer tornar abertos e conhecidos por nós. Pois Ele quer
que saibamos que é Sua vontade que nós os conheçamos.

Eles são segredos para nós, mas não só porque Ele quer
que sejam segredos para nós, mas são segredos para nós
por nossa cegueira e nosso desconhecimento. E por isso
tem Ele grande Piedade. E por isso Ele próprio quer torná-
-los abertos para nós, pelos quais podemos conhecê-Lo e
amá-Lo e aderir a Ele. Pois tudo o que é vantajoso para
nós saber e conhecer, todo cortesmente Nosso Senhor
quer nos mostrar o que é, com toda a pregação e ensino da
Santa Igreja.

Deus mostrou todo o grande agrado que Ele tem em
todos os homens e mulheres que poderosamente e docilmente e sabiamente aceitam a pregação e o ensino da Santa
Igreja. Pois Ele é ela: a Santa Igreja.[1] Ele é o fundamento,
Ele é a substância, Ele é o ensinamento, Ele é o professor,

1. Conforme a doutrina de são Paulo de que a Igreja é o corpo
de Cristo (Colossenses 1,18).

Ele é o fim, Ele é a paga pela qual toda alma gentil labuta. E isso é sabido e há de ser sabido por cada alma a que o Espírito Santo o declara. E eu espero genuinamente que todo aquele que busca assim há de avançar, pois busca a Deus.

Tudo isso que eu disse agora, e mais que vou dizer depois, é reconfortante contra o pecado. Pois na terceira mostra, quando eu vi que Deus faz tudo o que está feito, eu não vi pecado. E então eu vi que tudo está bem. Mas quando Deus me mostrou o pecado, então disse Ele: "Tudo há de estar bem".

Como Deus faz tudo o que
é bom e tolera honrosamente
tudo por Sua misericórdia,
a qual há de cessar quando
o pecado não for mais tolerado.
Trigésimo quinto capítulo.

E quando Deus Todo-poderoso havia mostrado tão abundantemente e tão completamente de Sua bondade, desejei
saber, de uma certa criatura[1] que eu amava, se haveria de
continuar em uma boa vida, que eu esperava pela graça de
Deus ter começado. E nesse desejo singular pareceu que eu
me atrapalhei, pois não me foi mostrado dessa vez. E então
me foi respondido em minha mente, como se por um me-
dianeiro amigável: "Tome em geral, e contemple a cortesia
de teu Senhor Deus como Ele a mostra a ti. Pois é mais
honroso a Deus contemplá-Lo em tudo do que em alguma
coisa em particular".

Assenti e ali aprendi que é mais honroso a Deus sabermos
tudo em geral do que ter gosto em qualquer coisa em particular. E se eu houvesse de agir sabiamente depois desse ensinamento, não haveria de estar radiante por nada em particular,
nem grandemente inquieta por nenhum tipo de coisa, pois
tudo há de estar bem. Pois a totalidade do gozo é contemplar Deus em tudo. Pois pelos mesmos abençoados poder,
sabedoria e amor pelos quais Ele fez todas as coisas, para o
mesmo fim nosso bom Senhor conduz continuamente, e para
lá há de levar. E quando for a hora haveremos de ver.

1. Aqui Juliana evita revelar se essa criatura era homem ou mulher, usando o pronome *it*, mas no relato curto ela usa o pronome feminino *hire*.

E o fundamento disso foi mostrado na primeira, e mais abertamente na terceira, quando se diz: "Eu vi Deus em um ponto".

Tudo que Nosso Senhor faz é certo, e tudo o que Ele sofre é honroso. E nessas duas coisas está compreendido bem e mal. Pois tudo o que é bom Nosso Senhor faz, e tudo o que é mau Nosso Senhor sofre. Não digo que o mal seja honroso, mas digo que o sofrimento de Nosso Senhor é honroso, pelo que Sua bondade há de ser conhecida sem fim, e Sua maravilhosa mansidão e suavidade, pelo operar de Sua misericórdia e graça.

A completude do certo é aquela coisa que é tão boa que não pode ser melhor do que é. Pois Deus Ele mesmo é a muita completude do certo e todas as Suas obras são feitas completamente certas conforme elas foram ordenadas desde o princípio por Seu alto poder, Sua alta sabedoria, Sua alta bondade. E bem assim como Ele ordenou para o melhor, assim também Ele opera continuamente, e conduz para o mesmo fim. E Ele está sempre completamente agradado consigo mesmo e com todas as Suas obras. E a contemplação desse abençoado acordo é todo doce para a alma que o vê por graça. Todas as almas que hão de ser salvas no céu sem fim são feitas totalmente certas na visão de Deus e por Sua própria bondade, em cuja completude do certo somos mantidos sem fim e maravilhosamente acima de todas as criaturas.

E misericórdia é um obrar que vem da bondade de Deus e deve durar em sua operação tanto quanto se tolera o pecado a perseguir almas direitas. E quando o pecado não tiver mais licença para perseguir, então há de a operação da misericórdia cessar. Por Sua tolerância caímos, e em Seu abençoado amor com Seu poder e Sua sabedoria somos mantidos. E por misericórdia e graça somos elevados a multiplicadas mais alegrias. E assim em completude do certo e em misericórdia Ele será conhecido e amado agora e sem fim. E a alma que sabiamente contempla em graça é bem paga com ambas e goza infinitamente.

De outro excelente feito que
Nosso Senhor há de fazer, o qual,
por graça, pode ser conhecido
em parte aqui, e como devemos
nos regozijar no mesmo,
e como Deus ainda faz milagres.
Trigésimo sexto capítulo.

Nosso Senhor Deus mostrou que um feito há de ser feito, e
Ele mesmo há de fazê-lo, e há de ser honroso e maravilhoso e abundante. E por mim há de ser feito, e Ele próprio há
de fazer, e esse é o mais alto gozo que a alma entende: que
Deus Ele próprio há de fazê-lo!

E hei de não fazer precisamente nada senão pecar. E
meu pecado não há de impedir Sua bondade de operar. E
eu vi que a contemplação disso é um gozo celestial numa
alma temente que sempre mais naturalmente, por graça,
deseja a vontade de Deus.

Esse feito há de ser começado aqui, e ele há de ser honroso a Deus e abundantemente proveitoso para todos os
Seus amantes na terra. E sempre que formos para o céu
haveremos de vê-lo em gozo maravilhoso. E há de permanecer em operação até o último dia. E a honra e a beatitude disso hão de permanecer no céu diante de Deus e todos
os Seus santos, sem fim.

Assim foi esse feito visto e entendido no entendimento de Nosso Senhor. E a causa por que Ele o mostrou é
fazer-nos regozijar n'Ele e em todas as Suas obras. Quando vi que a mostra continuava, entendi que me foi mostrada pois uma grande coisa estava então para vir, coisa
essa que, Deus mostrou, Ele próprio haverá de fazer, feito
esse que tem as propriedades ditas antes. E isso mostrou
Ele beatificamente, significando que eu deveria aceitar sa-

biamente, fielmente e confiadamente. Mas o que o feito haveria de ser, isso foi mantido secreto para mim.

E nisso eu vi que Ele quer que não temamos saber as coisas que Ele mostra. Ele as mostra pois quer que as saibamos, saber pelo qual Ele quer que O amemos e tenhamos gosto n'Ele e nos regozijemos n'Ele sem fim. E pelo grande amor que Ele tem por nós, Ele nos mostra tudo o que é honroso e proveitoso para o momento. E essas coisas que Ele quer agora ter em segredo, ainda de Sua grande bondade Ele as mostra veladas. Mostra na qual Ele quer que acreditemos e entendamos que havemos de ver verdadeiramente em Sua beatitude sem fim. Então devemos nos regozijar n'Ele por tudo o que Ele mostra e por tudo o que Ele esconde. E se voluntária e docilmente fizermos assim, havemos de encontrar aí grande conforto e gratidão sem fim havemos de ter por Ele consequentemente.

E este é o entendimento desta palavra, "que isso há de ser feito por mim": isto é, o homem em geral, quer dizer, todos os que hão de ser salvos. "Há de ser honroso, maravilhoso e abundante, e por mim há de ser feito, e Deus mesmo há de fazê-lo." E isso há de ser o mais alto gozo que pode ser contemplado do feito: Que Deus Ele próprio há de fazê-lo, e o homem há de fazer precisamente nada senão pecar.

Então significou nosso bom Senhor assim, como se tivesse dito: "Contempla e vê. Aqui tens matéria para mansidão, aqui tens matéria para amor, aqui tens matéria para te tornares em nada, aqui tens matéria para regozijar-te em mim. E por meu amor regozija-te em mim, pois de todas as coisas é com esta que mais me podes agradar".

E por tanto tempo quanto estamos nesta vida, o tempo que nós, por nossa loucura, nos viramos para contemplação dos reprovados, ternamente Nosso Senhor toca-nos e abençoadamente nos chama, dizendo em nossa alma: "Deixa-me em paz,[1] minha querida criança, ouve-me, Eu sou suficiente para ti. E regozija-te em teu Salvador e em tua salvação". E que isso é Nosso Senhor operando em nós, disso estou segura. A alma que é transpassada, com isso há de ver e sentir.[2] E embora seja assim que esse feito é verdadeiramente tomado como para o homem em geral, ainda assim não exclui ninguém em particular. Pois o que nosso bom Senhor quer fazer por Suas pobres criaturas é agora desconhecido por mim.

Mas esse feito e aquele outro dito antes[3] não são ambos o mesmo, mas dois diferentes. Mas esse feito há de ser conhecido mais cedo, e aquele é conforme vamos para o céu.

E a quem Nosso Senhor o dá, ele pode ser conhecido aqui, em parte. Mas o grande feito dito antes não há de ser conhecido no céu nem na terra até que tenha sido feito.

E além disso Ele deu entendimento especial e ensinamento da operação e mostra de milagres, assim: "É sabido

1. O manuscrito P traz a expressão *Lett me aloone*, enquanto S traz *Lete be al thi love*, o que significaria algo como "deixa todo o teu amor ser". Traduzo seguindo P. O sentido parece evocar, como sugerem Colledge e Walsh, Êxodo 32,10, em que Deus, falando a Moisés depois que o povo adorara o bezerro de ouro, diz: "Deixa que o furor de minha indignação se acenda contra eles", na tradução da Vulgata do padre Antônio Pereira de Figueiredo.
2. Há duas leituras possíveis para os manuscritos: *perced therwith*, no manuscrito P, e *aperceyvid therein*, em S. Traduzo seguindo a primeira lição. A segunda daria uma frase como: "A alma que está apercebida disso por graça há de ver e sentir". Além dessa divergência nos termos, há a possibilidade de pontuar o trecho de forma diferente. É como traduz, para o inglês moderno, Grace Warrack, cuja solução poderia equivaler em português a: "E que isso é Nosso Senhor operando em nós, tenho certeza de que a alma que tem entendimento nisso por graça há de ver e sentir", transformando "isso é Nosso Senhor operando em nós" em objeto de ver e sentir.
3. No capítulo 32.

que eu fiz milagres aqui antes, muitos e vários, altos e maravilhosos, honrosos e grandes. E assim como fiz, faço agora continuamente, e hei de fazer com a chegada do tempo". É sabido que antes de milagres vêm sofrimentos e angústia e tribulação. E isso é que deveríamos saber nossa própria debilidade e maldade em que caímos pelo pecado, para nos amansar e fazer-nos temer a Deus, chorando por ajuda e graça. E grandes milagres vêm depois, e isso do mais alto poder e sabedoria e bondade de Deus, mostrando Sua virtude e as alegrias do céu, tanto quanto se pode nesta vida passageira. E isso por fortalecimento da nossa fé, e aumentar nossa esperança na caridade. Pelo que Lhe agrada ser conhecido e honrado em milagres. Então significou Ele assim: Ele quer que não nos humilhemos em excesso por sofrimentos e tempestades que caem sobre nós, pois isso sempre foi assim antes da vinda de milagres.

Deus guarda Seus escolhidos
totalmente seguros, embora
eles pequem, pois neles
há uma vontade divina[1]
que nunca assente ao pecado.
Trigésimo sétimo capítulo.

Deus trouxe à minha mente que eu haveria de pecar. E
pelo gosto que eu tinha em contemplá-Lo, não dei atenção
prontamente a essa mostra. E Nosso Senhor muito misericordiosamente esperou, e deu-me graça para atentar. E
essa mostra eu tomei singularmente para mim. Mas, por
todo o conforto de graça que se seguiu, como haveis de
ver, fui ensinada a tomar para todos os meus iguais cristãos, tudo em geral e nada em particular. Embora Nosso
Senhor mostrasse-me que eu havia de pecar, por mim so-
zinha é entendido todos.

E nisso concebi um suave temor. E a isso Nosso Senhor
respondeu-me assim: "Eu te guardo totalmente segura".
Essa palavra foi dita a mim com mais amor e segurança
de guarda espiritual do que eu consigo e posso falar. Pois,
assim como me foi mostrado antes que eu devia pecar, bem

1. O original traz *godly*. A palavra tanto pode ser o adjetivo
que entrou para a língua inglesa no tempo de Juliana de Norwich com o significado de "relativo a Deus", ou de "pio", "de-
voto", e que continua no inglês moderno, como pode ser uma
forma do inglês médio para *goodly*, também atestada desde o
tempo de Juliana (em Chaucer, e. g.) com o sentido de "excelente". Como, mais abaixo, Juliana opõe *godly* a *bestely*, "bestial"
no sentido de "pertencente ou relativo a um animal", a tradução por "divina" se recomenda.

assim me foi mostrado o conforto: segurança de guarda para todos os meus iguais cristãos.

O que pode me fazer amar mais meus iguais cristãos do que ver em Deus que Ele ama todos os que hão de ser salvos como se fossem uma só alma?

Pois em cada alma que há de ser salva há uma vontade divina que nunca assente ao pecado nem nunca há de. Bem assim como há uma alma bestial na parte inferior que não pode querer bem algum, também assim há uma vontade divina na parte mais alta, vontade essa que é tão boa que não pode nunca querer o mal, mas sempre o bem. E por isso somos o que Ele ama e fazemos sem fim o que Ele gosta. E isso mostrou nosso bom Senhor na inteireza de amor em que estamos, em Sua vista: sim, que Ele nos ama agora tanto enquanto estamos aqui como há de amar quando estivermos diante de Sua bendita face. Mas por faltar o amor em nossa parte, nisso está toda nossa tribulação.

O pecado dos escolhidos
há de se tornar gozo e honra.
Exemplo de Davi, Pedro
e João de Beverly.
Trigésimo oitavo capítulo.

Também Deus mostrou que pecado não há de ser vergonha, mas honra para o homem. Pois bem assim como a todo pecado responde uma pena pela verdade, bem assim por todo pecado a toda alma é dada uma bênção por amor. Bem assim como diversos pecados são punidos com diversas penas conforme eles forem graves, bem assim eles hão de ser recompensados com diversas alegrias no céu segundo o pecado tiver sido doloroso e sofrido para a alma na terra. Pois a alma que há de chegar ao céu é tão preciosa para Deus, e o lugar tão honroso, que a bondade de Deus nunca tolera que aquela alma peque,[1] a que há de chegar lá, senão o pecado que há de ser recompensado. E ele se torna conhecido sem fim e beatificamente restaurado por honras transbordantes.

Pois nessa visão meu entendimento foi erguido ao céu e então Deus trouxe à minha mente com contentamento Davi e outros na Velha Lei[2] com ele. E na nova lei Ele trouxe à

1. O manuscrito P traz "peque *finalmente*", aludindo ao estado da alma que morre impenitente. Parece uma correção de copista, talvez com medo de que o texto de Juliana fosse entendido no sentido de que Deus não permite que seus escolhidos pequem, afirmação que seria uma heresia. O texto, no entanto, me parece claro.
2. Velha Lei e Nova Lei: o tempo anterior a Jesus e o tempo inaugurado por Ele.

minha mente primeiro Madalena, Pedro e Paulo, Tomé da Índia, são João de Beverly[3] e outros também, um sem-número: como eles são conhecidos na Igreja na terra com seus pecados, e não é vergonha para eles, mas tudo se torna para eles honra. E com isso Nosso Senhor, cortês, mostrou aqui, em parte, como é, totalmente, para eles lá. Pois lá, a marca do pecado é tornada em honra.

E são João de Beverly Nosso Senhor o mostrou todo altamente para nosso conforto, por intimidade, e trouxe à minha mente como ele é um nobre vizinho, e de nosso conhecimento. E Deus o chamou de são João de Beverly, simplesmente, como o chamamos, e isso com todo o gozo e uma feição doce, mostrando que ele é um santo todo elevado à Sua vista e uma beatitude. E com isso Ele fez menção de que na sua juventude e em sua tenra idade ele era um digno servo de Deus, muito amando e temendo a Deus. E, mesmo assim, Deus tolerou-o cair, guardando-o misericordiosamente para que não morresse nem perdesse tempo. E depois Deus o ergueu a graças multiplicadas. E pela contrição e mansidão que ele teve em sua vida, Deus deu-lhe, no céu, multiplicadas alegrias, ultrapassando o que ele haveria de ter se não tivesse pecado ou caído. E isso é autêntico: Deus mostrou

3. Ver nota 66 do "Relato curto". Tomé é chamado de Tomé da Índia porque a tradição diz que ele se tornou pregador de Jesus na Índia. São João de Beverly tem a história de seu episcopado e de alguns milagres que realizou contadas por Beda em sua *História eclesiástica do povo inglês*. Beverley, como se escreve hoje, é uma cidade não muito distante de Norwich que, no tempo de Juliana, atraía peregrinos por causa da tumba de São João de Beverly. Uma anedota cujo primeiro registro por escrito é do século XVI diz que, antes de se tornar um santo, ele havia matado um homem. A história talvez fosse amplamente conhecida no tempo e na região de Juliana e pode ser a ela que Juliana se refere sem sentir a necessidade de narrá-la.

na terra com abundantes milagres feitos em torno de seu corpo continuamente. E isso tudo para nos fazer alegres e contentes no amor.

Da agudeza do pecado e da
bondade da contrição, e como nosso
gentil Senhor não desesperará
por queda constante.
Trigésimo nono capítulo.

O pecado é o mais agudo flagelo com que qualquer alma escolhida pode ser atingida, flagelo esse que abate todo homem e mulher, e os quebra todos, e os desgosta à sua própria vista, tanto que ele pensa que não é digno senão de afundar no inferno até quando a contrição o toma, pelo toque do Espírito Santo, e transforma o azedume em esperança da misericórdia de Deus. E então começam suas feridas a sarar e a alma a reviver voltada à vida da Santa Igreja. O Espírito Santo o leva à confissão, para mostrar voluntariamente seus pecados, nua e verdadeiramente, com grande sofrimento e grande vergonha de que ele tenha pisoteado de tal modo a bela imagem de Deus. Então ele faz penitência por cada pecado, imposta por seu juiz,[1] que está fundada na Santa Igreja pelo ensinamento do Espírito Santo.

E essa é uma mansidão que muito agrada a Deus, e também, tomada mansamente, doença corporal enviada de Deus, e também sofrimento e vergonha exterior com reprovação e desprezo do mundo, com toda sorte de gravame, e tentações em que somos metidos, espiritual e corporalmente. Muito preciosamente nosso bom Senhor nos guarda, quando nos parece que estamos quase abandonados e expulsos por nosso pecado, e por vermos que merecemos

1. Ver nota 67 do "Relato curto".

isso. E por causa da mansidão que obtemos por meio disso, somos erguidos muito alto à vista de Deus por Sua graça.

E também, a quem o Senhor quer, Ele visita por Sua graça especial com contrição tão grande e também com compaixão e autêntica ânsia de Deus, que eles são repentinamente liberados de pecado e dor, e elevados à beatitude e mesmo com santos. Por contrição somos limpos, por compaixão somos preparados, e por verdadeira ânsia por Deus somos feitos dignos. Esses são três meios, como eu entendi, por onde toda alma chega ao céu, quer dizer, que tenha sido pecadora na terra e há de ser salva. Pois por esses remédios convém que toda alma pecadora seja curada.

Embora ela seja curada, suas feridas são vistas diante de Deus não como feridas, mas como honrarias. E assim no sentido contrário, conforme somos punidos aqui com sofrimento e com penitência, havemos de ser recompensados no céu pelo amor cortês de Nosso Senhor Deus Todo-poderoso, que quer que ninguém que chega lá perca sua jornada em nenhum grau. Pois Ele contempla pecado como sofrimento e dor para Seus amantes, a quem não atribui culpa, por amor.

A paga que havemos de receber não há de ser pequena, mas há de ser alta, gloriosa e honrosa. E assim há de toda vergonha se tornar em honra e maior gozo. Pois nosso cortês Senhor não quer que Seus servos desesperem por frequentes quedas nem por graves quedas. Pois nossa queda não O impede de nos amar. Paz e amor estão sempre em nós, sendo e operando, mas nós não estamos sempre em paz e em amor.

Mas Ele quer que façamos caso assim: Ele é o fundamento de toda nossa inteira vida em amor. E, além disso: Ele é nosso eterno guardador, e poderosamente nos defende contra todos os nossos inimigos que são muito perigosos e muito ferozes sobre nós. E tanto maior é nossa paga quanto mais damos a Ele ocasião por nossa queda.

Precisamos ansiar no amor
com Jesus, esquivando o pecado
por amor; a vileza do pecado
passa todas as dores; e Deus nos
ama bem ternamente enquanto
estamos no pecado e assim
precisamos fazer a nosso vizinho.
Quadragésimo capítulo.

E essa é uma amizade soberana de nosso cortês Senhor: que Ele nos guarda tão ternamente enquanto estamos no nosso pecado. E além disso Ele nos toca de modo todo particular e mostra-nos nosso pecado pela doce luz da misericórdia e da graça. Mas quando vemos a nós mesmos tão feios, então imaginamos que Deus está irado conosco por nosso pecado. Então somos dirigidos pelo Espírito Santo, através de contrição, à oração e ao desejo de emendar a nós mesmos com todas as nossas forças, para amainar a ira de Deus até a hora em que encontramos um descanso na alma e suavidade na consciência. E então esperamos que Deus nos tenha perdoado nossos pecados, e é genuíno. E então mostra nosso cortês Senhor a Si mesmo para a alma desenfadadamente e de feição toda alegre, com amigáveis boas-vindas. Como se Ele[1] tivesse estado em penas e na prisão, dizendo assim: "Minha preciosa querida, estou feliz que tenhas vindo a

1. O manuscrito P traz *it* neste ponto em que S traz *He*. Sigo S, que faz de Jesus o sujeito de "estar em penas e na prisão". A ideia me parece ser a de demonstrar a compaixão de Jesus que aparece como se Ele tivesse estado sofrendo as consequências do pecado cometido pelas almas que ama.

mim. Em toda tua dor eu estive sempre contigo, e agora vês meu amor e estamos unidos em beatitude". Assim são os pecados perdoados por graça e misericórdia, e nossa alma honrosamente recebida em alegria, parecido com o que há de ser quando chegar ao céu, tão frequentes vezes quantas vêm pelo gracioso operar do Espírito Santo e a virtude da Paixão de Cristo.

Aqui entendi eu genuinamente que todo tipo de coisa está preparado para nós pela grande bondade de Deus. A tal ponto que todo o tempo que somos nós mesmos em paz e caridade, estamos verdadeiramente seguros. Mas como não podemos ter isso em completude enquanto estamos aqui, então cabe a nós sempre viver em doce orar e amoroso ansiar com Nosso Senhor Jesus. Pois ele sempre anseia nos trazer à completude do gozo, como foi dito antes, onde Ele mostra sua sede espiritual.

Mas agora, por causa de todo esse conforto espiritual que foi dito antes, se algum homem ou mulher é timoneado pela loucura a dizer ou a pensar "Se isso é genuíno, então seria bom pecar para ter mais paga", ou então a dar menos peso ao pecado, cuidado com esse timoneiro. Pois, genuinamente, se vem, não é verdadeiro e é do inimigo. Pois o mesmo verdadeiro amor que nos ensina todo esse conforto, o mesmo bendito amor nos ensina que devemos odiar o pecado só por amor. E estou seguro, por meu próprio sentimento: quanto mais cada alma gentil vê isso no amor cortês de Nosso Senhor, mais odioso é para ela pecar, e mais envergonhada fica.

Pois, se fosse posto diante de nós toda a pena que há no inferno e no purgatório e na terra — a morte e outras — e o pecado, deveríamos escolher antes essa pena que o pecado. Pois o pecado é tão vil e tanto de se odiar que não pode ser igualado a nenhuma pena, pena essa que não seja pecado. E a mim não foi mostrado nada mais duro do que o inferno senão o pecado. Pois uma alma gentil odeia, não o inferno, mas o pecado, pois tudo é bom, salvo o pecado, e nada é mal[2] salvo o pecado. E quando damos nossa intenção ao amor e à mansidão pelo operar da misericórdia e da graça, nos tornamos belos e limpos.

E tão poderoso e tão sábio quanto Deus é para salvar o homem, tanto Ele é desejoso. Pois Cristo Ele mesmo é o fundamento de todas as leis dos homens cristãos, e Ele nos ensinou a fazer o bem contra o mal. Aqui podemos ver que Ele é, Ele mesmo, essa caridade, e faz conosco como nos ensina a fazer. Pois Ele quer que sejamos como Ele em inteireza de amor sem fim a nós mesmos e a nossos iguais cristãos. Não mais do que o amor d'Ele se rompe para nós por nosso pecado, não mais quer Ele que nosso amor se rompa para nós mesmos nem para nossos iguais cristãos, mas nos quer a, desnudadamente, odiar o pecado e infinitamente amar a alma como Deus ama. Então haveríamos de odiar o pecado como Deus o odeia, e amar a alma como Deus a ama. Pois essa palavra que Deus disse é um conforto sem fim: "Eu te guardo toda segura".

2. Enquanto, no "Relato curto", Juliana diz "nada é mau (*wikked*)", aqui diz "nada é mal (*evel*)".

A décima quarta revelação
é como dito antes etc. É impossível
havermos de rezar por misericórdia
e carecer dela; e como Deus quer
que sempre rezemos embora estejamos
secos e estéreis, pois essa oração
é, para Ele, aceitável e agradável.
Quadragésimo primeiro capítulo.

Depois disso, Nosso Senhor mostrou quanto à oração, mostra na qual eu vi duas condições na intenção de Nosso Senhor. Uma é oração correta. Outra é confiança segura.

Mas mesmo assim muita vez nossa confiança não é total. Pois não estamos seguros de que Deus nos ouve, conforme pensamos por nossa indignidade, e porque sentimo-nos exatamente como nada. Pois estamos tão estéreis e tão secos muitas vezes depois de nossas orações quanto estávamos antes. E assim, em nosso sentimento, nossa insensatez é causada por nossa fraqueza. Pois assim senti-me eu mesma.

E tudo isso trouxe Nosso Senhor repentinamente à minha mente, e mostrou-me estas palavras e disse: "Eu sou fundamento de teu suplicar. Primeiro é minha vontade que tu o tenhas. E depois eu te faço querê-lo. E depois eu te faço suplicá-lo. E tu suplicas. Como haveria então de ser que não houvesses de ter teu suplicar?". E assim, na primeira razão, com as três que seguem, nosso bom Senhor mostrou um poderoso conforto, como pode ser visto nas próprias palavras. E na quinta razão, lá Ele diz "e tu suplicas", lá Ele mostra muito grande agrado e paga sem fim que Ele quer nos dar por nosso suplicar. E na sexta razão, lá Ele diz "Como então poderia ser?", isso foi dito como um impossível. Pois é o mais impossível que poderia haver que houvéssemos de pedir misericórdia e graça e não tê-las. Pois todas as coisas que nosso bom Senhor nos faz suplicar, Ele próprio ordenou para nós desde o sem princípio.

Aqui podemos então ver que nosso suplicar não é a causa da bondade e graça que Ele nos faz, mas Sua própria bondade. E isso mostrou Ele genuinamente em todas essas doces palavras, lá onde diz: "Eu sou o fundamento". E nosso bom Senhor quer que isso seja sabido por Seus amantes na terra. E quanto mais sabemos, mais havemos nós de suplicar, se for tomado sabiamente. E assim é a intenção de Nosso Senhor.

Suplicar é uma verdadeira, graciosa, duradoura vontade da alma, unida e atada à vontade de Nosso Senhor pelo doce, secreto operar do Espírito Santo. Nosso Senhor, Ele mesmo, Ele é o primeiro recebedor de nossa oração, na minha visão, e Ele a toma todo agradecido. E, regozijando-se altamente, Ele a envia para cima e a põe no tesouro onde ela nunca há de perecer. É lá, diante de Deus com todos os Seus santos, continuamente recebida, sempre alcançando nossas necessidades. E quando houvermos de receber nossa beatitude, há de nos ser dada para um tanto de gozo, com agradecimento sem fim, honroso, a Ele.

Todo alegre e contente fica Nosso Senhor com nossa oração, e Ele espera por ela, e Ele a terá. Pois com a graça d'Ele ela nos faz como Ele em condição, assim como somos em natureza, e assim é Sua abençoada vontade. Pois Ele diz assim: "Reza integramente. Embora te pareça que não te dê gosto, ainda assim é suficientemente proveitoso, embora não sintas. Reza sinceramente: embora não sintas nada, embora não vejas nada, sim, embora penses que não consegues. Pois na secura e esterilidade, na doença e na fraqueza, então é a tua oração toda agradável a mim, embora penses que ela não te dá gosto, a não ser pouco. E assim é toda tua oração confiante à minha vista". Pela paga e agradecimento sem fim que Ele nos quer dar por isso, Ele está ávido

REVELAÇÕES SOBRE O AMOR DIVINO 187

por nos ter rezando continuamente à Sua vista. Deus aceita a boa vontade e o trabalho de Seus servos, seja como for que nos sintamos. Por onde Lhe agrada que trabalhemos em oração e em bom viver por Sua ajuda e Sua graça, razoavelmente e com discrição, guardando nossas forças para Ele até quando O tenhamos. A Ele que buscamos na totalidade da alegria: isto é, Jesus. E isso mostrou Ele na décima quinta revelação onde diz: "Tu hás de me ter por tua paga".

Também à oração pertence o reconhecimento.[1] Reconhecimento é um novo[2] e interior conhecimento, com grande reverência e amável temor, voltando-nos com todas as nossas forças para o trabalho a que o Senhor nos guia, regozijando e reconhecendo internamente. E alguma vez, por abundância, ele brota com voz e diz: "Bom Senhor, mercê,[3] bendito possas ser". E alguma vez, quando o coração está seco e não sente nada, ou então por tentação de nosso inimigo, então é levado pela razão e por graça a clamar a Nosso Senhor com voz, recapitulando Sua abençoada Paixão e Sua grande bondade. E assim a virtude de Nosso Senhor volta-se para dentro da alma e revive o coração, e entra por Sua graça na verdadeira obra e a faz rezar toda beatamente e confiadamente para regozijar em Nosso Senhor. É um reconhecimento todo amoroso à Sua vista.

1. "Reconhecimento" traduz *thankyng*, cujo duplo sentido de "agradecer", que se mantém no inglês moderno, e "pensar", de onde vem etimologicamente, Juliana explora. Usei "reconhecer" por admitir o sentido de "agradecer" e manter-se ainda no campo semântico de "conhecer", que, se não é o mesmo que o de "pensar", é vizinho.
2. Aceito aqui a lição *new* do manuscrito S. O P traz *true*.
3. Juliana explora aqui uma terceira expressão ligada a agradecimento. O texto original traz *grante mercy*, segundo a lição de S, ou *grantt mercy*, segundo P.

De três coisas que cabem
à oração e como devíamos rezar;
e da bondade de Deus que supre
toda vez nossa imperfeição
e fraqueza quando fazemos
o que nos cabe fazer.
Quadragésimo segundo capítulo.

Nosso Senhor quer que tenhamos verdadeiro entendimento, e nomeadamente em três coisas que cabem à nossa oração. A primeira é por quem e como nossa oração brota. Por quem, Ele mostra quando diz: "Eu sou fundamento" e como, por Sua bondade, pois Ele diz: "Primeiro é minha vontade". Quanto à segunda: de que maneira e como deveríamos utilizar nossas orações. E essa é que Ele quer nossa vontade tornada na vontade de Nosso Senhor, regozijando-se. E assim Ele entende quando diz: "Eu te faço querê-la". Quanto à terceira: que conheçamos o fruto e o fim de nossa oração, isto é, ser unidos a Nosso Senhor em tudo. E para esse significado foi toda essa amada lição mostrada. E Ele quer nos ajudar, e Ele há de fazer assim, como diz Ele próprio. Bendito seja Ele.

Pois essa é a vontade de Nosso Senhor: que nossa oração e nossa confiança sejam igualmente grandes.

Pois se não confiarmos tanto quanto rezamos, não adoramos completamente Nosso Senhor em nossa oração, e também causamo-nos demora e dor. E a causa é, segundo acredito, que não sabemos verdadeiramente que Nosso Senhor é o chão de que brota nossa oração.

E também que não sabemos que nos é dada por graça de Seu amor. Pois se soubéssemos disso, nos faria confiar em ter, por dom de Nosso Senhor, tudo o que desejamos. Pois estou segura de que nenhum homem pede misericórdia e graça com verdadeira intenção se misericórdia e graça não forem primeiro dadas a ele.

Mas às vezes vem à nossa mente que rezamos por um longo tempo, e ainda assim parece-nos que não temos o que pedimos. Mas com isso não deveríamos ficar pesados, pois estou seguro, pela intenção de Nosso Senhor, de que, ou esperamos um tempo melhor, ou mais graça, ou um dom melhor. Ele quer que tenhamos verdadeiro conhecimento n'Ele próprio que Ele é. E nesse conhecimento Ele quer que nosso entendimento esteja fundado com todas as nossas forças, e todo o nosso intento e toda a nossa mente. E nesse chão Ele quer que tenhamos nosso lugar e nossa morada.

E pela graciosa luz d'Ele próprio Ele quer que tenhamos entendimento de três coisas seguintes. A primeira é nossa nobre e excelente feitura. A segunda, nossa preciosa e honrosa recompra. A terceira, tudo o que Ele fez abaixo de nós para nos servir e, por amor de nós, mantém. Então Ele quer dizer assim, como se dissesse: "Contempla e vê que fiz tudo isso antes de tua oração. E agora és e me suplicas". E assim Ele quer dizer que cabe a nós saber que os maiores atos estão realizados, como a Santa Igreja ensina. E na contemplação disso, com reconhecimento, devemos rezar pelo ato que está sendo realizado agora: e isso é que Ele nos governe e nos guie para Sua adoração nesta vida e nos leve à beatitude. E por tanto Ele realizou tudo.

Então tenciona Ele assim: que vejamos que Ele faz e rezemos por causa disso. Pois um só não é suficiente: pois se rezamos e não vemos, faz-nos pesados e em dúvida e isso não é adoração. E se vemos e não rezamos, não cumprimos nosso dever, e então não pode ser. Quer dizer, assim não é contemplação d'Ele. Mas ver que Ele age e rezar assim mesmo, assim Ele é venerado e avançamos.

Todas as coisas que Nosso Senhor determinou realizar, é Sua vontade que supliquemos por elas de modo particular ou em geral. E o gozo e a beatitude que é para Ele, e o reconhecimento e a honra que havemos de ter por isso, ultrapassam o entendimento de todas as criaturas nesta vida, na minha visão. Pois a oração é um correto entendimento dessa completude de gozo que está para vir, com verdadeiro ansiar e confiança segura. A falta da nossa beatitude, à qual somos ordenados, naturalmente nos faz ansiar. Entendimento certo e amor, com doce tenção em nosso Salvador, graciosamente nos fazem confiar. E assim temos, por natureza, o ansiar e, por graça, o confiar.

E nessas duas operações Nosso Senhor nos contempla continuamente. Pois é nosso dever — e a bondade d'Ele não pode nos designar menos do que nos cabe — fazer nossa diligência para isso. E quando fazemos, ainda assim pode nos parecer que não é nada. E, genuinamente, não é mesmo, mas fazemos como podemos, e docilmente pedimos misericórdia e graça, e tudo o que nos falta havemos de encontrar n'Ele. E isso quer Ele dizer onde diz: "Sou o fundamento da tua súplica". E assim nessas beatíficas palavras, com a mostra, eu vi uma completa vitória sobre todas as nossas fraquezas e todos os nossos medos cheios de dúvida.

O que a oração faz, ordenada
à vontade de Deus, e como
a bondade de Deus tem grande gosto
nos atos que Ele realiza por nós,
como se Ele fosse obrigado
em relação a nós, operando todas
as coisas todo docemente.
Quadragésimo terceiro capítulo.

A oração une a alma a Deus. Pois embora a alma seja sempre semelhante a Deus em espécie e substância, restaurada por graça,[1] é frequentemente dessemelhante em condição, por meio do pecado da parte do homem. Então é a oração uma testemunha de que a alma quer como Deus quer, e conforta a consciência e habilita o homem à graça. E assim Ele nos ensina a rezar e poderosamente confiar que haveremos de ter. Pois Ele nos contempla em amor e quer nos fazer parceiros de Sua boa vontade e bom ato.

E, portanto, Ele nos move a pedir em oração aquilo que Lhe agrada realizar. Por essa oração e boa vontade, que temos por Seu dom, Ele nos quer recompensar e dar-nos paga infinita. E isso me foi mostrado nesta palavra: "E tu suplicas". Nessa palavra, Deus mostrou-me tão grande agrado e tão grande gosto como se Ele estivesse muito obrigado em relação a nós por todo o bom ato que realizamos. E, no entanto, é Ele que age. E por isso suplicamos esfor-

1. Colledge supõe que "restaurada por graça" é uma adição de um copista que não teria entendido bem o raciocínio de Juliana, segundo o qual por espécie e natureza a alma seria sempre semelhante a Deus: "E Deus disse também, façamos o homem à nossa imagem e semelhança" (Gênesis 1,26).

çadamente a Ele fazer aquela coisa que Lhe agrada como se Ele dissesse: "O que podes tu mais me agradar do que suplicar-me assiduamente, sabiamente e desejosamente fazer aquela coisa que eu quero fazer?". E assim a alma, pela oração, é acorde com Deus.

Mas quando nosso cortês Senhor, de Sua graça especial, mostra-Se à nossa alma, temos o que desejamos. E então não vemos mais, por esse tempo, o que haveríamos de suplicar mais, mas toda nossa tenção, com todas as nossas potências, está posta inteira na contemplação d'Ele. E essa é uma alta, imperceptível oração, na minha visão, pois toda causa por que rezamos está unida na visão e na contemplação d'Ele a quem rezamos, regozijando-nos maravilhosamente com medo reverente e tão grande suavidade e delícia n'Ele que não podemos suplicar absolutamente nada que não seja como Ele nos conduz por esse tempo.

E bem imagino eu: quanto mais a alma vê Deus, mais ela O deseja por graça. Mas quando não O vemos assim, então sentimos necessidade e causa para rezar, por falhar e por nos habilitar para Jesus. Pois quando uma alma é tentada, atribulada e deixada a si mesma pela inquietação, então é tempo de rezar para se fazer dobrável e maleável a Deus.[2] Mas ela, por nenhum tipo de oração, faz Deus dobrável a si pois Ele é sempre igual em amor. E assim eu vi que, na hora em que vemos uma necessidade, por ela rezamos, então Nosso Senhor Deus nos segue, ajudando nosso desejo. E quando nós, de Sua graça especial, simplesmente O contemplamos, não vendo outras necessidades, então nós O

2. "Dobrável" traduz *suppul*, forma média de *supple* que tinha, no inglês médio, como primeiro sentido, o de maleável, assim como *buxom*. *Buxom* é de origem germânica, enquanto *supple* vem do francês e, pois, do latim. A palavra em latim é *suplex* e vem de *sub-plicare*, que evidentemente dá "suplicar" e significa "dobrar sob", o que descreveria a atitude de quem pede humildemente.

REVELAÇÕES SOBRE O AMOR DIVINO 193

seguimos e Ele nos arrasta a Si por amor. Pois eu vi e senti que Sua maravilhosa e Sua plena bondade preenche todas as nossas potências. E com isso eu vi que Seu operar contínuo em todo tipo de coisa é feito tão bem, tão sabiamente, e tão poderosamente que ultrapassa todo nosso imaginar e tudo o que podemos saber ou pensar. E então nada mais podemos fazer senão contemplá-Lo, regozijando-nos com um alto, poderoso desejo de ser totalmente unidos a Ele, e dar atenção a Seu saber, e regozijar em Seu amar, e deleitar-nos em Sua bondade.

E assim havemos nós, com Sua doce graça, em nossa dócil, contínua oração, de chegar a Ele nesta vida por muitos toques secretos de doces visões e sentimentos espirituais, medidos para nós conforme nossa simplicidade consegue aguentar. E isso é elaborado, e há de ser, pela graça do Espírito Santo, até que tenhamos de morrer em ânsia pelo amor.

E então havemos todos de chegar a Nosso Senhor, nós mesmos claramente sabendo e a Deus totalmente possuindo, e seremos sem fim todos possuídos em Deus, a Ele realmente vendo e totalmente sentindo e ouvindo-O espiritualmente, e deliciosamente cheirando-O e a Ele docemente engolindo. E então havemos de ver Deus face a face, íntima e completamente. A criatura que é feita há de ver e sem fim contemplar Deus que é o Fazedor. Pois assim nenhum homem pode ver Deus e viver depois, quer dizer, nesta vida mortal. Mas quando Ele, de Sua graça especial, quer Se mostrar aqui, Ele fortalece a criatura acima dela mesma e mede a mostra segundo Sua própria vontade conforme for proveitoso para o momento.

Das propriedades da Trindade
e como a alma do homem,
uma criatura, tem as mesmas
propriedades ao fazer aquilo
que foi feita para fazer:
ver, contemplar e maravilhar-se
em seu Deus de modo que,
por isso, parece nada para si.
Quadragésimo quarto capítulo.

Deus mostrou em todas as revelações frequentes vezes que o homem executa sempre Sua vontade e Sua veneração de modo duradouro sem cessar. E o que é esse executar foi mostrado na primeira —[1] e esse é um fundamento maravilhoso, pois foi mostrado na obra da beata alma de Nossa Senhora Santa Maria: verdade e sabedoria. E, como, espero pela graça do Espírito Santo, hei de dizer conforme vi.

A verdade vê Deus e a sabedoria contempla Deus. E dessas duas vem a terceira, e esta é uma maravilhosa, santa delícia em Deus, a qual é amor. Onde há verdade e sabedoria, verdadeiramente há amor, verdadeiramente vindo de ambas, e todas da feitura de Deus. Pois Deus é verdade soberana sem fim, sabedoria soberana sem fim, amor soberano não feitos.[2] E a alma do homem é uma criatura em Deus, que tem as mesmas propriedades feitas, e sempre faz aquilo para que foi feita: ela vê Deus, e ela contempla Deus, e ela ama Deus. Donde Deus ama na criatura e a criatura em Deus, maravilhando-se sem fim,

1. Isto é, primeira revelação.
2. Isto é, não criados.

maravilhamento em que ela vê seu Deus, seu Senhor, seu Fazedor, tão alto, tão grande, e tão bom em relação a ela que é feita, que mal a criatura parece algo para si mesma. Mas a clareza e a limpeza da verdade e da sabedoria fazem-na ver e saber que foi feita para o amor, amor no qual Deus a mantém sem fim.

Do firme e profundo julgamento de Deus e do variável julgamento do homem. Quadragésimo quinto capítulo.

Deus nos julga segundo nossa substância natural, que é sempre mantida una n'Ele, inteira e segura sem fim, e esse julgamento é de Sua retidão. E o homem julga segundo nossa sensualidade[1] mutável, que parece agora uma e agora outra, conforme considera a partir das partes[2] e do que se mostra externamente. E esse julgamento é misto, pois às vezes é bom e sereno, e às vezes é duro e grave. E, enquanto é bom e sereno, pertence à retidão. E enquanto é duro e grave, nosso bom Senhor Jesus o reforma por misericórdia e graça pela virtude de Sua abençoada Paixão e assim o traz à retidão.

E embora esses sejam assim postos em acordo e unificados, ainda assim hão de ser conhecidos, ambos, no céu, sem fim.

O primeiro julgamento, o que é da retidão de Deus, e que é de Seu próprio elevado, infinito amor.[3] E esse é

---

1. No sentido primeiro de *Sensualite*: "capacidade natural para receber sensação física entendida como uma potência inferior da alma relacionada com o corpo" (*Middle English Dictionary*. Disponível em: <https://quod.lib.umich.edu/m/middle-english-dictionary>).
2. Partes por oposição à substância una em Deus.
3. O manuscrito S traz *life*, "vida", no lugar em que P registra *love*, "amor".

REVELAÇÕES SOBRE O AMOR DIVINO   197

aquele suave, doce julgamento que foi mostrado em toda
a suave revelação em que eu O vi não atribuir a nós nenhum tipo de culpa. E, embora isso fosse doce e agradável, ainda assim só na contemplação disso eu não pude
ser totalmente serenada.

E isso foi por causa do julgamento da Santa Igreja,
o qual eu tinha entendido antes e estava continuamente à minha vista. E por isso, por esse julgamento, pensei eu que devia necessariamente saber-me pecadora. E
pelo mesmo julgamento entendi que pecadores às vezes
são dignos de culpa e ira, e essas duas eu não conseguia
ver em Deus. E por isso meu parecer e desejo eram mais
do que consigo ou posso dizer. Pois o julgamento mais
alto Deus mostrou Ele próprio no mesmo momento e,
portanto, eu devia necessariamente aceitar. E o julgamento mais baixo foi-me ensinado antes na Santa Igreja
e, portanto, eu não podia de modo algum abandonar o
julgamento mais baixo. Então meu desejo era que eu pudesse ver em Deus de que maneira o julgamento da Santa Igreja aqui ensinado é verdade à Sua vista, e como me
cabe genuinamente conhecê-lo, por onde eles pudessem
ambos ser preservados de forma a ser honroso a Deus e
um caminho certo para mim. E para tudo isso não tenho
nenhuma outra resposta senão um maravilhoso exemplo
de um senhor e um servo, como hei de dizer depois,[4] e
isso muito nebulosamente mostrado.

E ainda assim permaneço no desejo, e quero até o fim
da minha vida, que eu possa por graça conhecer esses
dois julgamentos o quanto me cabe. Pois todas as coisas
celestes e todas as coisas terrestres que pertencem ao céu
estão compreendidas nesses dois julgamentos. E quanto
mais conhecimento e entendimento pela graciosa condução do Espírito Santo tenhamos desses dois julgamentos, mais havemos de ver e saber nossas falhas. E quanto

4. No capítulo 51.

mais as vejamos, mais naturalmente pela graça havemos de ansiar ser preenchidos de gozo e beatitude sem fim, pois fomos feitos para isso. E nossa natural substância está agora beata em Deus, e tem estado desde que foi feita, e há de estar sem fim.

Não podemos conhecer
a nós mesmos nesta vida
senão por fé e graça, mas devemos
nos saber pecadores.
E como Deus nunca está irado,
sendo o mais próximo da alma,
mantendo-a.
Quadragésimo sexto capítulo.

Mas nosso vivente passageiro, o que temos aqui em nossa sensualidade, não sabe o que é nós mesmos,[1] senão em nossa fé. E quando soubermos e virmos, verdadeiramente e claramente, o que é nós mesmos, então havemos nós verdadeiramente e claramente de ver Nosso Senhor Deus em totalidade de gozo. E portanto deve necessariamente ser que, quanto mais próximos estivermos de nossa beatitude, mais havemos de ansiar por ela, e isso tanto por natureza como por graça. Podemos ter conhecimento de nós mesmos nesta vida pela ajuda contínua e pela virtude de nossa elevada natureza, conhecimento no qual podemos aumentar e crescer pela promoção e avanço da misericórdia e da graça. Mas podemos nunca conhecer completamente nós mesmos até o último ponto, ponto no qual essa vida passageira e todos os tipos de dor e pena hão de ter fim. E portanto cabe propriamente a nós, tanto por natureza como por graça, ansiar e desejar com todas as nossas forças co-

1. Juliana usa o verbo no singular para inverter a frase, transformando o pronome em sujeito e o que esperaríamos como sujeito, "nós", em predicativo. Mesmo procedimento da fala de Jesus no vigésimo sexto capítulo.

nhecer a nós mesmos, conhecimento completo esse em que havemos de verdadeiramente e claramente conhecer nosso Deus em totalidade de gozo sem fim.

E ainda assim, em todo esse tempo, do começo ao fim, tive dois tipos de contemplação. Uma era infinito, contínuo amor, com segurança de guarda e de beata salvação, pois disso era toda a mostra. A outra era o ensinamento comum da Santa Igreja, no qual eu estava antes formada e baseada e de boa vontade tinha em uso e entendimento, e a contemplação disso não se foi de mim. Pois, pela mostra, não fui desviada nem levada dali em nenhum tipo de ponto, mas tive nela ensino de amar e gostar disso, pelo que eu pudesse, com a ajuda de Nosso Senhor e Sua graça, crescer e subir a um conhecer mais celestial e um amar mais elevado. E assim, em toda essa contemplação, pensei que devia necessariamente ver e saber que somos pecadores e fazemos muitos males que devemos abandonar, e abandonamos muitos bons feitos que devíamos fazer, pelo que merecemos pena, culpa e ira.

E não obstante tudo isso, vi genuinamente que Nosso Senhor nunca esteve irado nem nunca há de estar. Pois Ele é Deus, Ele é bom, Ele é verdade, Ele é amor, Ele é paz. E Seu poder, Sua sabedoria, Sua caridade e Sua unidade não tolera[2] que Ele esteja irado. Pois vi verdadeiramente que é contra a propriedade de Seu poder estar irado, e contra a propriedade de Sua sabedoria, e contra a propriedade de Sua bondade. Deus é aquela bondade que não pode estar irada, pois Deus não é senão bondade.

Nossa alma está unida a Ele, bondade imutável. E entre Deus e nossa alma não há nem ira nem perdão, à Sua vista. Pois nossa alma está tão inteiramente unida a Deus por Sua própria bondade que entre Deus e nossa alma não

---

2. Logo depois de elencar as propriedades de Deus e terminar sua lista com Sua unidade, Juliana usa, novamente, o verbo no singular.

pode haver nada. E a esse entendimento foi a alma levada por amor e trazida por poder em toda mostra.

Que isso é assim, Nosso Senhor mostrou. E como é assim: genuinamente, a partir de Sua grande bondade. E isto Ele quer que desejemos imaginar, quer dizer, o quanto compete à criatura imaginar. Pois toda coisa que a alma simples entende, Deus quer que seja mostrado e sabido. Quanto àquelas coisas que Ele quer manter em segredo, poderosamente e sabiamente Ele mesmo as esconde por amor. Pois vi na mesma mostra que muito segredo está escondido que pode nunca ser sabido até o tempo que Deus, a partir de Sua bondade, nos fez dignos de ver. E com isso estou bem paga, esperando a vontade de Nosso Senhor nesta elevada maravilha. E agora me entrego à minha mãe Santa Igreja, como deve uma simples criança.

Devemos reverentemente nos
maravilhar e mansamente suportar,
sempre regozijando-nos em Deus;
e como nossa cegueira, nisso
que não vê Deus, é causa de pecado.
Quadragésimo sétimo capítulo.

Dois pontos cabem à nossa alma por dever. Um é que reverentemente nos maravilhemos. O outro é que mansamente suportemos, sempre regozijando-nos em Deus. Pois Ele quer que saibamos que havemos de, em pouco tempo, ver claramente n'Ele próprio tudo o que desejamos.

E não obstante tudo isso, contemplei — e me maravilhei grandemente — qual é a misericórdia e perdão de Deus. Pois, pelo ensinamento que eu tinha antes, entendia que a misericórdia de Deus haveria de ser perdão de Sua ira depois do momento em que tivéssemos pecado. Pois pensava que, para uma alma cuja intenção e desejo é amar, a ira de Deus seria mais dura do que qualquer outra dor. E portanto achei que o perdão de Sua ira haveria de ser um dos principais pontos de Sua misericórdia. Mas por mais que eu pudesse contemplar e desejar, não consegui ver esse ponto em toda a mostra. Mas de como eu vi e entendi a operação da misericórdia hei de dizer algo, conforme Deus me der a graça.

Entendi assim: O homem é mutável nesta vida e por fraqueza e tolice cai no pecado. Ele é, de si mesmo, sem poder e sem sabedoria, e também sua vontade é desencaminhada. Neste tempo ele está em tormenta e em sofrimento e dor. E a causa é cegueira, pois ele não vê Deus. Pois se ele visse Deus continuamente, não haveria de ter sentimentos ruins nem qualquer tipo de desvio nem sofrimento que inclina ao pecado.

REVELAÇÕES SOBRE O AMOR DIVINO   203

Assim eu vi e senti ao mesmo tempo. E pensei que a visão e o sentimento eram altos e abundantes e cheios de graça, à vista de nosso sentimento comum nesta vida. Mas ainda pensei que era baixo e pequeno à vista do grande desejo que a alma tem de ver Deus. Pois senti em mim cinco tipos de obra que são estes: regozijo, lamentação, desejo, medo e esperança segura.

Regozijo me deu conhecimento e entendimento que era Ele mesmo que eu via.

Lamentação, e isso era por falhar.

Desejo que era que eu pudesse vê-Lo sempre mais e mais, entendendo e sabendo que nunca havemos de ter inteiro repouso até que O vejamos clara e verdadeiramente no céu.

Medo era por ter me parecido, em todo aquele tempo, que aquela visão fosse acabar e eu ser deixada a mim mesma.

Esperança segura era no amor sem fim que eu via: que eu haveria de ser guardada, por Sua misericórdia, e levada à beatitude.

E o regozijar-me nessa visão, com essa segura esperança de misericordiosa guarda, fez-me ter sentimento e conforto de modo que o lamento e o medo não eram grandemente penosos.

E ainda assim, em tudo isso, contemplei na mostra de Deus que esse tipo de visão d'Ele não pode ser contínuo nesta vida e isso para Sua própria honra e para aumento de nosso gozo infinito. E por isso falhamos frequentes vezes à vista d'Ele, e imediatamente caímos em nós mesmos, e então não encontramos sentimento de absolutamente nada senão oposição que há em nós e isso da velha raiz de nosso primeiro pecado com tudo o que seguiu por nossa própria continuação. E nisso somos atribulados e atormentados com sentimento de pecado e dor de muitas diversas maneiras, espiritualmente e corporalmente, como é sabido por nós nesta vida.

Da misericórdia e graça e suas
propriedades e como devemos
regozijar-nos de qualquer vez que
sofremos dor pacientemente.
Quadragésimo oitavo capítulo.

Mas nosso bom senhor o Espírito Santo, que é vida sem fim morando em nossa alma, todo seguramente nos mantém, e opera nela uma paz, e a leva à calma pela graça, e a faz maleável, e a torna acorde a Deus. E essa é a misericórdia e o caminho em que nosso bom Senhor continuamente nos lidera, enquanto estamos nesta vida que é mutável. Pois não vi ira senão da parte do homem, e isso Ele perdoa em nós. Pois a ira não é outra coisa senão obstinação e oposição à paz e ao amor. E ou ela vem por falta de força, ou por falta de sabedoria, ou por falta de bondade, falta que não está em Deus, mas em nossa parte. Quanto a nós, pelo pecado e pela miséria temos uma ira e uma oposição contínua à paz e ao amor, e isso Ele mostrou bem frequentemente em Sua amável feição de compaixão e piedade. Pois o fundamento da misericórdia está no amor, e a operação da misericórdia é nos manter no amor. E isso foi mostrado de tal modo que eu não podia perceber, da propriedade da misericórdia, de outro modo senão que ela é toda amor em amor.[1]

Quer dizer, na minha visão: a misericórdia é uma doce e graciosa operação em amor mesclado com abun-

1. Sigo a lição do manuscrito S. P traz *all loue in loue*. Watson reconstrói um conjectural *one in love*, considerando as duas expressões atestadas erro de copista.

dante piedade. Pois a misericórdia opera guardando-nos, e a misericórdia opera tornando para nós todas as coisas em bem. A misericórdia, por amor, tolera que falhemos em certa medida. E quanto pecamos, tanto caímos. E quanto caímos, tanto morremos. Pois é-nos forçosamente necessário morrer na medida em que falhamos em visão e sentimento de Deus, que é nossa vida. Nosso falhar é cheio de medo, nosso cair é vergonhoso, nosso morrer é sofrido.

Mas ainda assim, em tudo isso, o doce olho de piedade e de amor nunca se separa de nós, nem a operação da misericórdia cessa. Pois contemplo a propriedade da misericórdia e contemplo a propriedade da graça, que têm duas maneiras de operar em um só amor. Misericórdia é uma propriedade piedosa, que pertence à maternidade em terno amor. E graça é uma honrosa propriedade, que pertence à senhoria real no mesmo amor.

A misericórdia opera guardando, tolerando, avivando e curando, e tudo é da ternura e do amor. A graça opera com misericórdia erguendo, recompensando, ultrapassando sem fim o que nosso amor e trabalho merecem, espalhando largamente e mostrando a alta, abundante largueza do real senhorio de Deus e Sua maravilhosa cortesia. E isso é da abundância de amor. Pois a graça transforma nosso temível falhar em consolo abundante e sem fim, e a graça transforma nosso vergonhoso cair em alto e honroso erguer-se, e a graça transforma nosso sofrido morrer em santa e beata vida.

Pois eu vi com toda segurança que sempre, conforme nossa oposição produz para nós aqui na terra dor e sofrimento, bem assim, no sentido contrário, a graça produz para nós no céu consolo, honra e beatitude ultrapassando a tal ponto que, quando subirmos e recebermos essa doce recompensa que a graça fabricou para nós, lá havemos de agradecer e bendizer Nosso Senhor, regozijando-nos sem fim por alguma vez termos sofrido dor. E isso há de ser por uma propriedade de abençoado amor que havemos de conhecer em Deus, que poderíamos nunca ter conhecido sem dor antes. E quando eu vi tudo isso precisei admitir que a misericórdia de Deus e o perdão é para desenfunar e gastar nossa ira.

Nossa vida está fundada em
amor sem o qual perecemos,
mas mais: Deus nunca está irado,
mas em nossa ira e pecado
Ele misericordiosamente nos
mantém e nos regala com paz,
recompensando nossas tribulações.
Quadragésimo nono capítulo.

Pois isso era uma alta maravilha para a alma, a qual era
continuamente mostrada em tudo e com grande diligência
contemplada: que Nosso Senhor, quanto a Si mesmo, não
pode perdoar, pois Ele não pode estar irado. Seria impossível. Pois isto foi mostrado: que nossa vida é toda fundada e enraizada em amor, e sem amor não podemos viver.
E portanto, para a alma que, por Sua graça especial, vê
tanto da alta, maravilhosa bondade de Deus, e que estamos sem fim unidos a Ele em amor, é o mais impossível
que possa ser que Deus houvesse de estar irado. Pois ira
e amizade são dois contrários. Para Ele que gastou e des-
truiu nossa ira e nos fez suaves e mansos, é absolutamente
necessário que Ele esteja sempre em um único amor dócil
e manso, o que está em oposição à ira. Pois eu vi em toda
segurança que, onde Nosso Senhor aparece, a paz é recebida e a ira não tem lugar. Pois eu não vi nenhum tipo de
ira em Deus, nem por breve tempo nem por longo. Pois
genuinamente, segundo minha visão, se Deus pudesse estar irado um tico, não haveríamos de ter nem vida, nem
lugar, nem ser. Pois tão verdadeiramente como temos nosso ser do poder sem fim de Deus, e da sabedoria sem fim, e
da bondade sem fim, assim verdadeiramente temos nosso
sustento no poder sem fim de Deus, na sabedoria sem fim

e na bondade sem fim. Pois embora sintamos em nós ira, contenda e confronto, ainda assim estamos todos misericordiosamente encerrados na suavidade de Deus e em Sua mansidão, em Sua benignidade e em Sua complacência.

Pois eu vi em completa segurança que toda nossa amizade sem fim, nosso lugar, nossa vida e nosso ser está em Deus. Pois essa mesma bondade sem fim que nos guarda quando pecamos, que não perecemos, essa mesma bondade sem fim continuamente barganha para nós uma paz contra a nossa ira e nosso cair contrariador, e nos faz ver nossa necessidade: com um temor verdadeiro, esforçadamente procurar junto a Deus ter perdão, com desejo, por graça, de nossa salvação. Pois não podemos ser beatificamente salvos até estarmos verdadeiramente em paz e em amor, pois isso é a nossa salvação. E embora nós, por ira e pela oposição que há em nós, estejamos agora em tribulação, doenças e dor, como recai à nossa cegueira e nossa fragilidade, ainda assim estamos seguramente salvos pela misericordiosa guarda de Deus, pois que não perecemos. Mas não estamos beatificamente salvos na posse de nosso gozo sem fim até que estejamos todos em paz e em amor, quer dizer, totalmente agradados com Deus e com todas as Suas obras e com todos os Seus julgamentos, e amando-nos e nos agradando conosco mesmos e com nossos iguais cristãos e com todos que Deus ama, como o amor gosta. E isso faz a bondade de Deus em nós.

Assim vi eu que Deus é a própria paz nossa, e Ele é o nosso depositário seguro quando nós mesmos estamos em discórdia, e Ele opera continuamente para nos trazer à paz sem fim. E assim, quando, por obra de misericórdia e graça, somos feitos mansos e suaves, então estamos totalmente salvos. De repente está a alma unida a Deus quando está realmente pacificada em si, pois n'Ele não se encontra ira. E assim eu vi: quando estamos em paz e em amor não achamos nenhuma oposição em nenhuma forma de obstáculo. E essa oposição que está agora em nós, Nosso Senhor Deus, de Sua bondade, a faz totalmente proveitosa para nós. Pois a oposição é causa de toda nossa tribulação e toda nossa dor. E Nosso Senhor Jesus as toma e manda-as acima para o céu, e então elas são tornadas mais doces e deleitáveis do que o coração pode pensar ou a língua dizer. E quando chegarmos lá havemos de encontrá-las prontas, todas tornadas em verdadeiro primor e honra sem fim. Assim, é Deus nosso chão estável, e há de ser nossa beatitude completa, e fazer-nos imutáveis como Ele é quando estivermos lá.

De como a alma escolhida nunca
esteve morta à vista de Deus e
de uma maravilha sobre o mesmo
e três coisas que fizeram-na ousar
pedir de Deus o entendimento delas.
Quinquagésimo capítulo.

E nesta vida mortal, misericórdia e perdão são o caminho
que mais nos conduz à graça. E pela tormenta e o sofrimento em que caímos de nossa parte estamos frequentemente mortos, conforme o julgamento do homem na terra. Mas à vista de Deus a alma que há de ser salva nunca
esteve morta nem nunca há de [estar].

Mas ainda aqui eu me aturdi e maravilhei com toda a
diligência de minha alma querendo dizer assim: "Bom Senhor, vejo que és muito verdadeiro e sei genuinamente que
pecamos gravemente e somos muito dignos de culpa. E eu
não posso nem deixar o conhecimento dessa verdade genuína, nem Te vejo mostrar para nós nenhum tipo de culpa. Como pode ser isso?". Pois eu sabia pelo ensinamento
comum da Santa Igreja e por meu próprio sentimento que
a culpa de nossos pecados continuamente pende sobre nós
do primeiro homem até o tempo em que subirmos ao céu.
Então era esta minha maravilha: que eu vi Nosso Senhor
Deus não mostrar mais culpa para nós do que se estivéssemos tão limpos e santos como são os anjos no céu.

E entre esses dois contrários minha razão estava grandemente sobrecarregada por minha cegueira e não conseguia ter descanso, por medo de que Sua abençoada
presença fosse passar da minha vista e eu ser deixada des-
conhecendo como Ele nos contempla em nosso pecado.
Pois ou me convinha ver em Deus que nosso pecado estava

todo desfeito, ou então me convinha ver em Deus como Ele vê, pelo que eu poderia verdadeiramente saber como me cabia ver o pecado e o modo de nossa culpa. Minha ansiedade continuava, contemplando-O continuamente. E eu não conseguia ter nenhuma paciência por grande medo e perplexidade pensando: "Se eu considerar isso assim, que não somos pecadores nem dignos de culpa, parece-me que hei de errar e falhar em saber dessa verdade autêntica. E se é verdade que somos pecadores e dignos de culpa, bom Senhor, como pode então ser que eu não posso ver essa verdade genuína em Ti, que és meu Deus, meu Fazedor, em quem desejo ver toda verdade?".

Pois três pontos me faziam ousada para perguntar. O primeiro é por ser uma coisa tão baixa, pois se fosse alta eu haveria de estar temerosa. O segundo é que é tão comum, pois se fosse especial e secreto, também eu haveria de estar temerosa. A terceira é que me era necessário saber — conforme eu pensava — se hei de viver aqui, para conhecer do bem e do mal, pelo que eu possa, por razão e por graça, mais separá-los à parte e amar a bondade e odiar o mal como a Santa Igreja ensina.

Gritei internamente com toda minha força, buscando em Deus ajuda significando assim: "Ah, Senhor Jesus, Rei de Beatitude, como posso eu ser serenada? Quem me há de dizer e me ensinar o que me é necessário saber, se eu não posso, nesta hora, ver isso em Ti?".

A resposta à dúvida anterior
por um maravilhoso exemplo
de um senhor e um servo;
e Deus estará esperando pois foram
quase vinte anos depois que ela
entendeu pela primeira vez este
exemplo; e como se entende que
Cristo Se senta à direita do Pai.
Quinquagésimo primeiro capítulo.

E então nosso cortês Senhor respondeu ao mostrar muito misteriosamente um maravilhoso exemplo de um senhor que tinha um servo. E me deu visão para meu entendimento de ambos. Visão essa que foi mostrada dupla no senhor. E a visão foi mostrada dupla no servo. A primeira parte foi mostrada espiritualmente em semelhança corporal. A segunda parte foi mostrada mais espiritualmente sem semelhança corporal.

Quanto à primeira, assim: Eu vi duas pessoas em semelhança corporal, quer dizer, um senhor e um servo, e nisso Deus me deu entendimento espiritual. O senhor senta-se solenemente em repouso e paz. O servo de pé diante de seu senhor reverentemente pronto a fazer a vontade de seu senhor. O senhor olha seu servo todo amorosa e docemente. E mansamente o envia a certo lugar para fazer sua vontade. O servo, não apenas ele vai, mas prontamente ele dispara e corre em grande pressa por amor de fazer a vontade de seu senhor. E logo ele cai em uma baixada e recebe um ferimento bem grande. E então ele geme e lamenta e vira e se contorce, mas ele não consegue levantar nem se ajudar por nenhum tipo de jeito.

E de tudo isso, o maior infortúnio em que o vi era a fal-

REVELAÇÕES SOBRE O AMOR DIVINO 213

ta de consolo, pois ele não conseguia virar sua face para olhar acima seu amoroso senhor, que estava dele bem próximo, em quem está todo conforto. Mas como um homem que estava todo fraco e insensato naquela hora, ele atentou a seu sentimento e permanência na dor. Dor na qual ele sofreu sete grandes penas.

A primeira foi a ferida dolorosa que ele recebeu em sua queda, que era para ele uma pena sensível.

A segunda era o peso de seu corpo.

A terceira era fraqueza que se seguia a essas duas.

A quarta era que ele estava cego em sua razão e abalado a tal ponto que quase tinha se esquecido de seu próprio amor.

A quinta era que ele não podia se levantar.

A sexta era a pena mais maravilhosa para mim e essa era que ele jazia só. Eu olhei tudo à volta e contemplei e nem longe nem perto nem alto nem baixo não vi para ele nenhuma ajuda.

A sétima era que o lugar em que ele jazia era grande, duro e opressivo.

Maravilhei-me: como esse servo pode tão mansamente suportar toda essa dor?

E contemplei com cuidado para saber se podia perceber nele algum defeito, ou se o senhor haveria de imputar a ele algum tipo de culpa. E genuinamente não havia nenhuma à vista. Pois só sua boa vontade e seu grande desejo eram a causa de sua queda. E ele estava tão disposto e tão bom interiormente quanto estava quando em pé diante de seu senhor, pronto a fazer sua vontade. E bem assim de modo continuado seu amoroso senhor bem ternamente o contemplava, e agora com dupla feição. Uma externa, bem mansa e suave, com grande dó e piedade: e esta era da primeira.[1] Outra, interior, mais espiritual, e esta era mostrada

---

1. Isto é, da primeira mostra em semelhança corporal a que Juliana alude no primeiro parágrafo. A segunda, de que falará

com uma condução do meu entendimento ao senhor, em que eu o vi regozijar-se altamente pelo honroso restaurar, e nobre, a que ele quer e há de trazer seu servo por sua abundante graça. E esta era daquela outra mostra. E agora meu entendimento foi de novo conduzido à primeira, mantendo ambas em mente.

Então disse esse cortês senhor em sua intenção: "Vê: vê meu amado servo, que dano e que angústia ele teve e recebeu a meu serviço por amor de mim. Sim, e por sua boa vontade! Não é razoável que eu recompense seu pavor e seu temor, sua ferida e sua mutilação, e toda sua dor? E não só isso, mas não recai sobre mim dar a ele um dom que seja melhor para ele e mais honroso do que sua própria saúde teria sido? E de outra forma me parece que não lhe teria feito nenhuma graça". E nisso uma mostra espiritual interior do significado do senhor desceu à minha alma, na qual eu vi que era necessário, dada sua grande bondade e sua própria honra, que seu honorável servo, que ele amava tanto, houvesse de ser altamente e beatificamente recompensado sem fim, acima de tudo o que ele pudesse ter se não tivesse caído. Sim, e a tal ponto que sua queda e toda sua dor que ele obteve por causa disso houvessem de ser tornadas em alta e transcendente honra e beatitude sem fim.

E nesse momento a mostra do exemplo evanesceu e nosso bom Senhor conduziu mais longe meu entendimento em visão e em mostra da revelação até o fim.

Mas, não obstante toda essa condução à frente, o maravilhamento do exemplo nunca foi embora de mim, pois pensava que me tinha sido dado por resposta a meu desejo. E ainda assim não consegui tirar dele total entendimento para minha serenidade naquele tempo. Pois no servo que foi mostrado como Adão, como hei de dizer, eu vi muitas propriedades diferentes que não podiam de nenhum jeito

---

pouco abaixo, refere-se, pois, à mostra mais espiritual sem semelhança corporal de que fala no mesmo lugar.

REVELAÇÕES SOBRE O AMOR DIVINO 215

ser dirigidas a Adão sozinho. E assim, naquela hora, fiquei muito em desconhecimento. Pois o entendimento completo desse maravilhoso exemplo não me foi dado naquele tempo, exemplo misterioso no qual os segredos da revelação ainda estão muito escondidos. E não obstante isso, eu vi e entendi que toda mostra é cheia de segredos.

E portanto me convém agora dizer três propriedades em que estou em parte serenada. A primeira é o início do ensinamento que eu entendi ali na mesma hora.

A segunda foi o aprendizado interior que eu entendi disso desde então.

A terceira é toda a inteira revelação, do início ao fim, que Nosso Senhor Deus, de Sua bondade, traz frequentes vezes livremente à vista do meu entendimento. E essas três são tão unidas, segundo meu entendimento, que eu não consigo nem posso apartá-las. E por essas três como uma, eu tive ensinamento, pelo que devo acreditar e confiar em Nosso Senhor Deus que, da mesma bondade a partir de que Ele mostrou e para o mesmo fim, bem assim da mesma bondade e para o mesmo fim Ele há de declarar a nós quando for Sua vontade.

Por[2] vinte anos depois do tempo da mostra, menos

---

2. O texto de Juliana, cujos manuscritos têm pouca ou nenhuma pontuação, diz: *For twenty yere after the tyme of the shewyng saue thre monthys I had techyng inwardly as I shall sey* (manuscrito P, segundo a edição de Colledge, que se repete com pequenas diferenças de ortografia no manuscrito S). Em sua edição adaptada para o inglês moderno, Grace Warrack lê de forma diferente: *For, twenty years after the time of the Shewing, save three months, I had teaching inwardly, as I shall tell*. Que poderia ser traduzido: "Pois vinte anos depois do tempo da mostra, menos três meses, eu tive ensinamento interiormente, como hei de dizer". A primeira lição, que acolho, pode significar que a revelação se deu ao longo de vinte anos de meditação sobre a mostra. A segunda, que o entendimento se deu depois de vinte anos, mas foi instantâneo.

três meses, eu tive ensinamento interiormente, como hei de dizer: "Cabe a ti atentar a todas as propriedades e as condições que foram mostradas no exemplo, embora penses que ele seja misterioso e indiferente para tua visão". Assenti de boa vontade com grande desejo, vendo interiormente, com cuidado, todos os pontos e as propriedades que foram mostradas ao mesmo tempo, tão longe quanto minha inteligência e meu entendimento serviriam. Iniciando minha contemplação no senhor e no servo: na maneira de se sentar do senhor e no lugar em que ele se sentava, e na cor de suas roupas e no tipo de forma, e sua feição fora e sua nobreza e sua bondade dentro; no modo de ficar do servo, e o lugar, onde e como; em sua maneira de vestir, a cor e a forma; e seu comportamento exterior; e em sua bondade interna e sua disposição.

O senhor que se senta solenemente em descanso e em paz eu entendi que ele é Deus. O servo de pé diante dele eu entendi que foi mostrado como Adão: quer dizer, um homem foi mostrado naquela hora, e sua queda, para fazer por meio disso ser entendido como Deus contempla todos os homens em sua queda. Pois à vista de Deus, todo homem é um homem e um homem é todo homem. Esse homem foi ferido em sua força e tornado bem fraco, e ele estava estupefato em seu entendimento pois foi desviado da contemplação de seu senhor. Mas sua vontade estava mantida inteira à vista de Deus. Por sua vontade eu vi Nosso Senhor louvar e aprovar, mas ele mesmo estava impedido e cegado do conhecimento de sua vontade. E isso é para ele grande sofrimento e pesado incômodo, pois ele nem vê claramente seu amoroso senhor, que é para ele todo manso e suave, nem vê verdadeiramente o que ele próprio é à vista de seu amoroso senhor. E bem soube eu: quando essas duas coisas são sábia e verdadeiramente vistas, havemos de obter descanso e paz. Aqui, em parte, e a totalidade, na beatitude no céu por Sua graça abundante. E esse foi um começo de ensinamento que eu vi na mesma hora,

REVELAÇÕES SOBRE O AMOR DIVINO   217

pelo qual posso chegar a saber de que maneira Ele contempla nosso pecado. E então eu vi que só a dor culpa e pune, e nosso cortês Senhor conforta e socorre. E sempre Ele está, para a alma, de cara boa, amando e ansiando por nos levar à Sua beatitude.

O lugar sobre o qual o senhor se sentava era simplesmente sobre a terra, estéril e deserta, solitário no sertão. Sua roupa era ampla e larga e toda elegante, como calha a um senhor. A cor da roupa era azul como lápis-lazúli,[3] muito sóbria e bela. Sua feição era misericordiosa. A cor de sua face era marrom-claro com compostura toda elegante. Seus olhos eram negros, muito brilhantes e belos, mostrando-se cheios de amável piedade e dentro deles um refúgio elevado, longo e largo e cheio de céus sem fim. E o amável olhar com que olhava seu servo continuamente — e nomeadamente na queda dele — pensei que podia derreter nosso coração por amor e parti-lo em dois de gozo.

Esse belo olhar mostrava uma mescla equilibrada que era maravilhoso contemplar. Uma, compaixão e piedade; outra, gozo e beatitude. O gozo e a beatitude passavam tão longe da compaixão e piedade quanto o céu está acima da terra. A compaixão era terrena e a beatitude, celestial. A compaixão e a piedade do Pai eram pela queda de

3. No teto de uma das capelas da catedral de Norwich havia uma imagem de Cristo em que Ele aparecia vestido de um manto azul (E. W. Tristram, *English Wall Painting of the Fourteenth Century*. Londres: Routledge & Kegan Paul, 1955, citado em nota na edição do manuscrito S feita por Georgia Ronan Crampton, *The Shewings of Julian of Norwich*, Medieval Institute Publications: Kalamazoo, 1994). A pedra lápis-lazúli, mercadoria de luxo importada da Ásia Central, era o principal pigmento azul usado nas obras de grande importância, como as representações de Jesus dentro de uma catedral na baixa Idade Média e na Renascença. A nobreza do material usado nas obras era parte importante da construção do significado da pintura, daí, possivelmente, a menção que Juliana faz da pedra.

Adão, que é Sua mais amada criatura. O gozo e a beatitude eram por causa da queda de Seu querido Filho, que é igual ao Pai.

A contemplação misericordiosa de sua amável feição encheu a terra toda e desceu com Adão até o inferno, piedade contínua com a qual Adão foi guardado de morte sem fim. E essa misericórdia e piedade moram com a humanidade até o tempo que subirmos para o céu.

Mas o homem está cegado nesta vida e portanto não consegue ver nosso Pai, Deus, como Ele é. E na hora em que Ele, de sua bondade, quer mostrar-Se ao homem, Ele Se mostra íntimo, como homem. Não obstante isso, eu vi genuinamente que devemos saber e acreditar que o Pai não é um homem. Mas seu sentar-se na terra estéril e deserta é para significar assim: Ele fez a alma do homem para ser Sua própria cidade e Seu lugar de morada, a qual é mais agradável a Ele do que todas as Suas obras. E na hora em que o homem caiu em sofrimento e dor ele não estava totalmente adequado para servir nesse nobre ofício. E portanto nosso doce Pai não quis arrumar para Si nenhum outro lugar senão sentar sobre a terra, esperando a humanidade que está misturada com a terra até o tempo em que por Sua graça Seu querido Filho tenha trazido de novo Sua cidade à nobre aparência com Seu árduo trabalho.

O azul da roupagem simboliza sua constância. O marrom da face, com o conveniente negrume dos olhos, era muito apto a mostrar Sua santa sobriedade. A amplidão da roupagem, que era brilhante, flamejando em torno, simbolizava que Ele tinha, encerrados em si, todos os céus e todo gozo e beatitude sem fim. E isso foi mostrado em um toque, onde eu digo que "meu entendimento foi conduzido ao senhor, em que eu o vi regozijar-se altamente pela honrosa restauração a que ele quer e há de trazer seu servo por sua graça abundante".

E ainda eu me maravilhava, contemplando o senhor e o servo acima ditos.

REVELAÇÕES SOBRE O AMOR DIVINO 219

Eu vi o senhor sentar-se solenemente e o servo de pé reverentemente diante de seu senhor — servo no qual está um duplo entendimento, um fora, outro dentro. Fora, ele estava vestido simplesmente, como um lavrador que estivesse pronto para o trabalho. E ele estava bem perto do senhor, nem mesmo diante dele mas parcialmente de lado, e isso do lado esquerdo. Sua roupa era uma túnica branca única, velha e cheia de defeitos, tingida com o suor de seu corpo, justa e curta, cerca de um palmo abaixo do joelho, rústica, parecendo como se fosse logo se estragar, pronta para ser rasgada e virar trapo. E nisso maravilhei-me grandemente pensando: "Isso agora é uma roupagem inadequada para o servo, que é tão altamente amado, ficar diante de tão honroso senhor!". E dentro, nele foi mostrado um chão de amor, amor esse que ele tinha pelo senhor que era o mesmo amor que o senhor tinha por ele.

A sabedoria do servo viu internamente que havia uma coisa a fazer que haveria de ser honrosa ao senhor. E o servo, por amor, não olhando para si mesmo nem para nada que pudesse recair sobre ele, apressadamente disparou e correu ao envio de seu senhor para fazer aquela coisa que era a sua vontade e sua honra. Pois parecia, por sua roupagem externa, que ele vinha sendo um trabalhador constante e um duro viajante de longa data. E pela visão interna que eu tinha tanto do senhor como do servo parecia que ele era novato, quer dizer, recém-começando a trabalhar, servo esse que nunca tinha sido enviado antes.

Havia um tesouro na terra que o senhor amava.[4] Eu me maravilhava e pensava o que poderia ser. E me foi respondido em meu entendimento: "É um alimento que é delicioso e agradável ao senhor". Pois eu vi o senhor sentado como um homem e não vi nem comida nem bebida com que servi-lo. Isso era uma maravilha. Outra maravi-

4. Mateus 13,44: "O Reino dos Céus é semelhante a tesouro escondido no campo".

lha era que esse solene senhor não tivesse nenhum servo senão esse, e a esse ele enviou.

Eu olhei, pensando que tipo de trabalho podia ser que o servo haveria de fazer. Então entendi que ele haveria de fazer a maior lavra e o mais duro trabalho que há. Ele havia de ser jardineiro:[5] cavar e escavar e sofrer e suar e virar a terra acima e abaixo e fuçar o fundo e aguar as plantas a tempo. E nisso ele haveria de continuar seu trabalho e fazer doces fluxos correr, e nobre e abundante fruto brotar, o qual ele haveria de levar diante de seu senhor e servi-lo com isso a seu gosto. E ele não haveria nunca de se voltar de novo até que tivesse preparado essa comida toda pronta como ele sabia que agradava o senhor, e que ele haveria de tomar essa comida com a bebida e carregar bem reverentemente diante do senhor. E todo esse tempo o senhor haveria de estar sentado no mesmo lugar, esperando o servo que ele enviou.

E ainda eu me maravilhava: de onde veio o servo? Pois eu vi no senhor que ele tinha dentro de si vida sem fim e todo o tipo de bondade, exceto o tesouro que estava na terra, e essa estava fundada dentro do senhor em profundi-

5. A dureza do trabalho de jardineiro lembra o texto de Gênesis 3,17-9 que relata como Deus amaldiçoou Adão depois que ele comeu do fruto da árvore do conhecimento do bem e do mal: "A terra será maldita na tua obra: tu tirarás dela o teu sustento com muitas fadigas todos os dias da tua vida. Ela te produzirá espinhos, e abrolhos: e tu terás por sustento as ervas da terra. Tu comerás o teu pão no suor do teu rosto, até que te tornes na terra, de que foste tomado". A primeira aparição de Jesus ressuscitado é, no Evangelho segundo João 20,14-5, a Maria Madalena, que o toma por um jardineiro. Há uma rica iconografia do episódio que veio a ser nomeado, mais tarde, *Noli me Tangere*, por causa do que Jesus diz a Madalena. Iluminuras da época de Juliana retratam Jesus, nesse episódio, exatamente com o tipo de túnica curta e justa que Juliana descreve.

REVELAÇÕES SOBRE O AMOR DIVINO   221

dade maravilhosa de amor sem fim. Mas não era toda para
glória até que esse servo tivesse preparado assim tão nobremente e trazido a ele, em si mesmo presente.[6] E fora do
senhor havia absolutamente nada senão sertão. E eu não
entendi tudo o que esse exemplo significava, e por isso eu
me maravilhava: de onde vem o servo?

No servo está compreendida a Segunda Pessoa da
Trindade, e no servo está compreendido Adão, quer dizer, todos os homens. E, portanto, quando eu digo "o
Filho", significa a Divindade, que é igual ao Pai, e quando eu digo "o servo", significa a humanidade de Cristo,
que é justo Adão. Pela proximidade do servo entende-se
o Filho e pelo ficar à esquerda entende-se Adão. O senhor é Deus Pai, o servo é o Filho Jesus Cristo, o Espírito Santo é amor igual que está n'Eles ambos. Quando
Adão caiu, o Filho de Deus caiu. Pela justa união que
fora feita no céu, o Filho de Deus não podia ser separado de Adão, pois por Adão eu entendo todo homem.
Adão caiu da vida para a morte, para o vale deste mundo miserável e, depois disso, para o inferno. O Filho de
Deus caiu com Adão no vale do ventre da Virgem, que
era a mais bela filha de Adão, e isso para escusar Adão
de culpa no céu e na terra, e poderosamente Ele o bus-
cou para tirar do inferno.

Pela sabedoria e bondade que havia no servo entende-
-se o Filho de Deus. Pela vestimenta pobre como de um
lavrador, em pé perto ao lado esquerdo, entende-se a humanidade e Adão, com todo o infortúnio e fraqueza que

6. O trecho é de difícil compreensão. Colledge, que edita o manuscrito P, supõe um erro de copista. Sigo, para esta frase, o
manuscrito S, mas, mesmo nele, não é claro o que significa *and
browte it aforn him, in hymself present*. Watson, que segue P,
acha que significa "trazido à sua (do senhor) presença". Colledge supõe uma ênfase, algo como "trazido à sua própria (do
senhor) presença".

se seguiram. Pois em tudo isso nosso bom Senhor mostrou Seu próprio Filho e Adão, mas um só homem. A virtude e a bondade que temos é de Jesus Cristo, a fraqueza e cegueira que temos é de Adão, ambos os quais foram mostrados no servo. E assim nosso bom Senhor Jesus tomou sobre Si toda a nossa culpa, e por isso nosso Pai não pode nem vai atribuir mais culpa a nós do que a Seu próprio Filho querido, Jesus Cristo.

Assim estava o servo, antes de sua vinda à terra, de pé diante do Pai à disposição, até o tempo em que quisesse mandá-lo a fazer o honroso feito pelo qual a humanidade foi levada de novo ao céu. Quer dizer, não obstante ser Ele Deus, igual ao Pai quanto à Divindade, mas no propósito previsto — que Ele seria homem para salvar o homem ao cumprir a vontade de Seu Pai — assim Ele estava de pé diante de Seu Pai como um servo, tomando de boa vontade sobre Si toda a nossa carga. E então Ele disparou todo pronto à vontade do Pai, e logo caiu bem baixo no ventre da Virgem, sem ter consideração por Si mesmo nem para Suas duras penas.

A túnica branca é sua carne. Única porque não havia nada entre a Divindade e a humanidade. A estreitura é pobreza. O velho é de Adão usar. O defeito é o suor dos trabalhos de Adão. O curto mostra o lavrador servil. E assim eu vi o Filho de pé dizendo em Sua intenção: "Vê, meu querido Pai, estou diante de Ti com a túnica de Adão, todo pronto a disparar e correr. Eu quereria estar na terra para fazer Tua honra, quando for Tua vontade enviar-me. Quanto tempo hei de desejar?". Bem genuinamente sabe o Filho quando é a vontade do Pai, e quanto tempo Ele há de desejar, quer dizer, no que tange à Divindade, pois Ele é a sabedoria do Pai. Por onde esse significado foi mostrado entendendo-se a humanidade de Cristo. Pois toda a humanidade que há de ser salva pela doce encarnação e a beata Paixão de Cristo, toda ela é a humanidade de Cristo. Pois Ele é a cabeça e somos Seus membros, aos quais membros

REVELAÇÕES SOBRE O AMOR DIVINO   223

o dia e a hora são desconhecidos quando toda dor passageira e sofrimento hão de ter fim e o gozo e a beatitude duradouros hão de ser preenchidos. Dia e hora esses que, ver, toda a companhia do céu anseia e deseja. E todos os que estão sob o céu que hão de ir para lá, seu caminho é por ansiar e desejar, desejar e ansiar esses que foram mostrados no servo em pé diante do senhor, ou então assim: no Filho diante do Pai com a túnica de Adão. Pois o anseio e o desejo de toda a humanidade que há de ser salva apareceu em Jesus, pois Jesus é todos os que hão de ser salvos e todos os que hão de ser salvos são Jesus, e toda a caridade de Deus, com obediência, mansidão e paciência e virtudes que cabem a nós.

Também nesse maravilhoso exemplo tenho ensinamento dentro de mim, como se fosse o início de um ABC, pelo que posso ter algum entendimento da intenção de Nosso Senhor. Pois os segredos da revelação estão escondidos ali, não obstante toda a mostra ser cheia de segredos.

O Pai estar sentado representa a Divindade, quer dizer, por mostra de descanso e paz, pois na Divindade não pode haver trabalho. E que Ele Se mostre como senhor representa nossa humanidade. Estar o servo em pé representa trabalho, e ao lado, e na esquerda, representa que ele não é totalmente digno nem de estar bem em frente ao senhor. Sua disparada era a Divindade, e a corrida era a humanidade, pois a Divindade dispara do Pai para dentro do ventre da Virgem, caindo na tomada da nossa natureza. E nessa queda Ele recebeu grande ferida. A ferida que Ele recebeu foi nossa carne, na qual de repente Ele tinha sensação de dores mortais.

Por isso de ele estar em pé temeroso diante do senhor, e nem ereto, representa que sua roupa não era decente para estar ereto em frente ao senhor. Nem isso poderia ou haveria de ser sua função enquanto fosse um lavrador, nem também poderia ele sentar-se com o senhor em descanso e paz até que tivesse ganhado sua paz justamente com seu árduo trabalho. E pelo lado esquerdo: que o Pai deixou[7] voluntariamente Seu próprio Filho na humanidade para sofrer toda a dor do homem sem poupá-Lo.

Por isso de sua túnica estar no ponto de ser rasgada em trapos, entendem-se as varas e os açoites, os espinhos e os pregos, puxando e arrastando, rasgando Sua tenra carne. Como eu vi em alguma parte, a carne estava esfolada da caveira, caindo em pedaços até a hora em que o sangramento parou. E então começou a secar de novo, colando-se ao osso.

E pelo virar-se e contorcer-se, gemer e lamentar é entendido que Ele nunca pode Se erguer Todo-poderoso desde aquele momento em que caiu dentro do ventre da Virgem até que Seu corpo seja golpeado e morto, entregando Ele a alma nas mãos do Pai com toda a humanidade por quem Ele foi enviado.

E, nesse ponto, Ele começou pela primeira vez a mostrar Sua força, pois então foi ao inferno. E quando estava lá, então Ele ergueu a grande raiz de dentro da profundeza profunda, a qual com justiça estava atada a Ele em alto céu. O corpo jaz no túmulo até a manhã de Páscoa e desde aquele tempo Ele não jaz nunca mais. Pois havia com justiça findado o virar-se e contorcer-se, o gemer e lamentar.

E nossa carne suja e mortal que o Filho de Deus tomou sobre Si — que era a túnica velha de Adão, justa, rústica e curta — então foi feita por nosso Salvador bela, nova, branca e brilhante e de limpeza sem fim, ampla e longa, mais bela e mais rica do que a roupa que eu vi no Pai. Pois aquela roupa era azul e a roupa de Cristo é agora de uma mescla bonita que é tão maravilhosa que eu não consigo descrever, pois é toda muito honrosa.

Agora não Se senta o Senhor na terra no sertão, mas senta-Se em Sua sede rica e nobre que Ele fez no céu muito

---

7. Jogo de palavras entre *left*, "esquerda", e *left*, "deixou".

REVELAÇÕES SOBRE O AMOR DIVINO   225

do Seu agrado. Agora não fica o Filho em pé diante do
Pai como um servo diante do senhor, tímido, vestido sem
adornos, parcialmente nu, mas Ele fica ereto diante do Pai,
ricamente vestido em beatífica largueza, com uma coroa
sobre a Sua cabeça, de preciosa riqueza. Pois foi mostrado que "nós somos Sua coroa", coroa essa que é o gozo
do Pai, a honra do Filho e o agrado do Espírito Santo, e,
sem fim, beatitude maravilhosa para todos os que estão
no céu. Agora não fica em pé o Filho diante do Pai à esquerda como um lavrador, mas senta-Se Ele à direita em
descanso e paz sem fim. Mas não significa que o Filho Se
senta à direita ao lado como um homem se senta ao lado
de outro nesta vida, pois não há um sentar-se assim, na
minha visão, na Trindade. Mas Ele Se senta à mão direita
do Pai, quer dizer, bem na mais alta nobreza do gozo do
Pai. Agora está o esposo, Filho de Deus, em paz com Sua
amada esposa, que é a bela Virgem de gozo sem fim. Agora
Se senta o Filho, verdadeiro Deus e verdadeiro homem, em
Sua cidade em descanso e paz, que Seu Pai preparou para
Ele a partir de um propósito sem fim, e o Pai no Filho e o
Espírito Santo no Pai e no Filho.

Deus Se regozija de que Ele é nosso
Pai, Mãe e Cônjuge, e como
os escolhidos têm aqui uma mistura
de bem e dor, mas Deus está conosco
de três maneiras e como podemos
evitar o pecado, mas nunca
tão perfeitamente quanto no céu.
Quinquagésimo segundo capítulo.

E assim eu vi que Deus Se regozija que Ele é nosso Pai, e
Deus Se regozija que Ele é nossa Mãe, e Deus Se regozija que Ele é nosso vero esposo, e nossa alma, Sua amada mulher. E Cristo Se regozija que Ele é nosso irmão,
e Cristo Se regozija que Ele é nosso Salvador. Esses são
cinco gozos, conforme entendo, em que Ele quer que nos
regozijemos louvando-O, agradecendo-O, amando-O e
bendizendo-O sem fim.

Todos os que havemos de ser salvos, pelo tempo desta vida, temos em nós uma mescla maravilhosa de ambos: bem e dor. Temos em nós Nosso Senhor Jesus Cristo
Se erguendo, e temos em nós a miséria e o malefício de
Adão caindo. Morrendo através de Cristo, somos guardados permanentemente, e por Seu gracioso toque somos
erguidos em confiança segura de salvação. E pela queda
de Adão somos tão quebrados em nosso sentir de diversas
maneiras por pecado e por variadas dores, nas quais nos
fazemos escuros e tão cegos, que dificilmente conseguimos
ter algum conforto. Mas em nossa intenção esperamos por
Deus, e fielmente confiamos ter misericórdia e graça. E
essa é a própria operação d'Ele em nós e, de Sua bondade,
abre o olho de nosso entendimento através do qual temos
visão, às vezes mais, às vezes menos, segundo o que Deus

REVELAÇÕES SOBRE O AMOR DIVINO

nos dá habilidade para tomar. E ora estamos erguidos n'Aquele um, e ora suporta-se que caiamos no outro.

E assim é essa mescla tão maravilhosa em nós, que dificilmente sabemos de nós e de nossos iguais cristãos de que jeito estamos, pela maravilhosidade desse sentimento vário, senão com cada assentimento com que assentimos a Deus quando O sentimos, genuinamente querendo estar com Ele com todo nosso coração, com toda nossa alma, e com toda nossa força. E então odiamos e desprezamos nossa má condução e tudo o que pode ser ocasião de pecado, espiritual e corporal. E ainda mesmo assim quando essa doçura está escondida caímos de novo em cegueira e tão em dor e tribulação, de diversas maneiras. Mas então é este o nosso conforto: que sabemos em nossa fé que pela virtude de Cristo, que é nosso guardião, nunca assentimos àquilo. Mas nos queixamos ali e aguentamos em pena e dor, suplicando por aquele tempo em que Ele Se mostra de novo a nós. E assim ficamos nessa mescla todos os dias de nossa vida.

Mas Ele quer que confiemos que Ele está permanentemente conosco e isso de três maneiras. Ele está conosco no céu, vero homem em Sua própria pessoa, puxando-nos para cima e isso foi mostrado na sede espiritual. E Ele está conosco na terra, conduzindo-nos, e isso foi mostrado na terceira, em que eu vi Deus em um ponto. E Ele está conosco em nossa alma, morando, governando e cuidando de nós sem fim e isso foi mostrado na décima sexta, como hei de dizer.

E assim no servo foi mostrada a cegueira e o malefício da queda de Adão. E no servo foi mostrada a sabedoria e a bondade do Filho de Deus. E no senhor foi mostrada a compaixão e a piedade da dor de Adão. E no senhor foi mostrada a alta nobreza e a honra sem fim a que a humanidade chega pela virtude da Paixão e da Morte de seu querido Filho. E, portanto, poderosamente Ele Se regozija na queda d'Ele pelo alto erguimento e completude de beatitude a que a humanidade chegou, ultrapassando o que haveríamos de ter se Ele não tivesse caído. E assim ao ver essa transcendente nobreza foi meu entendimento conduzido a Deus ao mesmo tempo que eu vi o servo cair. E assim temos agora matéria para lamentar, pois nosso pecado é causa das dores de Cristo. E temos permanente matéria de gozo, pois amor sem fim O fez sofrer.

E, portanto, a criatura que vê e sente a operação de amor pela graça não odeia senão o pecado. Pois de toda coisa, segundo minha visão, amor e ódio são os mais duros e mais imensuráveis contrários. E não obstante tudo isso, eu vi e entendi na intenção de Nosso Senhor que não podemos nesta vida nos guardar do pecado totalmente santos em total pureza como haveremos de estar no céu. Mas podemos bem, por graça, nos guardar dos pecados que haveriam de nos conduzir a pena sem fim, como a Santa Igreja nos ensina, e evitar o venial[1] razoavelmente até onde vai nossa força. E se, por nossa cegueira e nossa miséria, alguma vez caímos, que nos ergamos prontamente, conhecendo o doce toque da graça, e voluntariamente emendando-nos com base no ensinamento da Santa Igreja, segundo o pecado for grave, e vamos em frente com Deus em amor. E nem de um lado cair baixo demais, inclinando ao desespero, nem, de outro lado, ser descuidado demais como se não déssemos importância, mas desnudadamente conheçamos nossa fraqueza, sabendo que não podemos aguentar um piscar de olhos senão por guarda da graça, e reverentemente aderir a Deus, n'Ele, só, confiando. Pois de outro jeito é o olhar de Deus, e de outro jeito é o olhar do homem.

1. Segundo o *Catecismo da Igreja católica*: "Comete-se um pecado venial quando, em matéria leve, não se observa a medida prescrita pela lei moral ou quando, em matéria grave, se desobedece à lei moral, mas sem pleno conhecimento ou sem total consentimento" (n. 1863).

Pois cabe ao homem mansamente acusar a si mesmo, e cabe à bondade própria de Nosso Senhor Deus cortesmente escusar o homem. E essas são duas partes que foram mostradas na dupla feição com que o senhor olha a queda de seu amado servo. Uma foi mostrada externamente, toda mansa e suave, com grande dó e piedade, e outra, de interno amor sem fim. E bem assim quer nosso bom Senhor que nos acusemos, voluntária e genuinamente, vendo e conhecendo nossa queda e todos os danos que vêm com isso, vendo e sabendo que não podemos nunca repará-la, e com isso, que voluntária e verdadeiramente vejamos e conheçamos Seu amor permanente que Ele tem por nós, e Sua abundante misericórdia. E assim graciosamente ver e conhecer, ambos juntos, é a mansa acusação que Nosso Senhor pede de nós e que Ele próprio opera, onde ela existe.

E essa é a parte mais baixa da vida do homem, e foi mostrada na feição exterior, em cuja mostra eu vi duas partes. Uma é a lastimável queda do homem, a outra é a honrosa satisfação que Nosso Senhor fez pelo homem. A outra feição foi mostrada interiormente e essa era mais alta e toda uma. Pois a vida e a virtude que temos na parte mais baixa vêm da mais alta, e desce a nós do natural amor de si, por graça. Entre esta e a outra há exatamente nada pois é tudo um amor, abençoado amor esse que tem em nós agora dupla operação. Pois na parte mais baixa são dores e paixões, lamentos e piedades, misericórdias e perdões e outros tais, que são proveitosos. Mas na parte mais alta não há nenhum desses, mas um só alto amor e maravilhoso gozo, gozo maravilhoso esse em que todas as penas são totalmente restauradas.

E nisso, não só nosso bom Senhor mostrou nossa escusação, mas também a honrosa nobreza a que Ele nos há de levar, tornando toda nossa culpa em honra sem fim.

A delicadeza de Deus não atribui
culpa a Seus escolhidos, pois nesses
há uma vontade divina que nunca
assente ao pecado, pois convém
à retidão de Deus estar tão atado
a esses que haja uma substância mantida
que nunca é separada d'Ele.
Quinquagésimo terceiro capítulo.

E assim eu vi que Ele quer que saibamos: Ele não toma
mais pesadamente a queda de qualquer criatura que há
de ser salva do que toma a queda de Adão, que sabemos:
foi amado sem fim e seguramente guardado no tempo em
toda sua necessidade e agora está beatamente restaurado
em altos e transcendentes gozos. Pois Nosso Senhor Deus
é tão bom, tão gentil e tão cortês que Ele não pode nunca
atribuir defeito àquele em quem Ele há de ser sempre bendito e louvado.

E nisso que eu agora disse foi meu desejo em parte
respondido, e meu grande medo algo tranquilizado pela
amável, graciosa mostra de Nosso Senhor Deus. Mostra
na qual eu vi e entendi muito seguramente que em cada
alma que há de ser salva está uma vontade divina que
nunca assentiu ao pecado, nem nunca há de. Vontade essa
que é tão boa que não pode nunca querer o mal, mas,
sempre mais, continuamente quer o bem e obra o bem à
vista de Deus. Portanto Nosso Senhor quer que saibamos
na fé e na crença e nomeadamente e verdadeiramente: temos todos essa abençoada vontade inteira e segura em
Nosso Senhor Jesus Cristo. Pois cada natureza com que o
céu há de ser preenchido, necessariamente precisa, (a partir) da retidão de Deus, ser tão atada e unida a Ele, que

REVELAÇÕES SOBRE O AMOR DIVINO

com isso é mantida uma substância que não pode nem nunca há de ser separada d'Ele, e isso através de Sua própria boa vontade em Seu propósito previdente sem fim.

E não obstante esse reto atar e esse unir sem fim, ainda assim a redenção e a recompra da humanidade é necessária e em tudo vantajosa e é feita com a mesma intenção e o mesmo fim que a Santa Igreja em nossa fé nos ensina. Pois eu vi que Deus nunca começa a amar a humanidade. Pois bem a mesma coisa que a humanidade há de ser em bênção sem fim, cumprindo o gozo de Deus quanto a suas obras, bem assim a mesma coisa a humanidade foi na previsão de Deus conhecida e amada desde o sem começo em Sua reta intenção.

E pela intenção sem fim e assentimento e o total acordo de toda a Trindade, a Pessoa intermediária quis ser fundamento e cabeça dessa bela espécie, de quem nós todos viemos, em quem estamos todos encerrados, a quem havemos todos de ir, achando n'Ele nosso completo céu em gozo permanente pelo propósito previdente de toda a abençoada Trindade desde o sem começo.

Pois antes de nos fazer Ele nos amou, e quando fomos feitos nós O amamos. E isso é um amor feito da natural, substancial bondade do Espírito Santo, poderoso em razão do poder do Pai, e sábio em mente, da sabedoria do Filho. E assim é a alma do homem feita por Deus e no mesmo ponto atada a Deus.

E assim entendi que a alma do homem é feita de nada, quer dizer, ela é feita, mas de nada que seja feito, assim: quando Deus houve de criar o corpo do homem, Ele tomou do limo da terra, que é uma matéria modelada e juntada de todas as coisas corporais, e disso Ele fez o corpo do homem. Mas para a feitura da alma do homem Ele tomou exatamente nada, mas fê-la. E assim a espécie está feita unida retamente ao Fazedor que é espécie substancial não feita, isto é, Deus. E por isso é que não pode nem há de haver nada entre Deus e a alma do homem. E nesse amor sem fim a alma do homem é mantida inteira, como significa e mostra toda a matéria da revelação, amor sem fim esse em que somos conduzidos e mantidos por Deus, e nunca havemos de estar perdidos. Pois Ele quer que saibamos que nossa alma é uma vida, vida essa que, de Sua bondade e de Sua graça, há de durar sem fim no céu, amando-O, agradecendo-O e louvando-O.

E bem a mesma coisa que havemos de ser sem fim, a mesma coisa éramos, entesourados em Deus e escondidos, conhecidos e amados desde o sem começo. Pelo que Ele quer que saibamos: a coisa mais nobre que Ele já fez é a humanidade, e a mais completa substância e a mais alta virtude é a abençoada alma de Cristo. E além disso, Ele quer que saibamos: Seu amado Filho estava preciosamente amarrado a Ele no fazer. Amarra essa que é tão sutil e tão poderosa que é unificada em Deus, união essa em que ela é feita infinitamente santa. Além disso, Ele quer que saibamos: todas as almas que hão de ser salvas sem fim no céu são amarradas nessa amarra e unidas nessa união e feitas santas nessa santidade.

Devemos nos regozijar que Deus
habita em nossa alma e nossa alma
em Deus, de modo que entre Deus
e nossa alma não há nada, mas é como
se fosse tudo Deus; e como a fé
é o fundamento de toda virtude
em nossa alma pelo Espírito Santo.
Quinquagésimo quarto capítulo.

E pelo grande amor sem fim que Deus tem por toda a humanidade, Ele não faz separação em amor entre a abençoada alma de Cristo e a última alma que há de ser salva. Pois é muito fácil acreditar e confiar que a habitação da abençoada alma de Cristo é a mais alta na Divindade gloriosa. E genuinamente, como entendi na intenção de Nosso Senhor, onde a alma abençoada de Cristo está, lá está a substância de todas as almas que hão de ser salvas por Cristo. Altamente devemos nos regozijar que Deus habita em nossa alma, e muito altamente devemos nos regozijar que nossa alma habita em Deus.[1]

Nossa alma está feita para ser a habitação de Deus e a habitação de nossa alma é Deus, que é não feito. E alto entendimento é ver internamente e saber que Deus, que é nosso Fazedor, habita em nossa alma. E um mais alto entendimento é, e mais, internamente ver e saber que nossa alma, que é feita, habita em Deus em substância, substância pela qual, por Deus, somos o que somos.

1. Tema da mística medieval inglesa já presente em Richard Rollo, que escreve em sua *Exposicio*: "*Unde et in hoc nostrum consistit gaudium, cum deus in nobis habitat, ut nos in eo vivamus*".

E não vi diferença entre Deus e nossa substância, mas é como se fosse tudo Deus. E ainda assim meu entendimento pegou que nossa substância está em Deus, quer dizer, que Deus é Deus e nossa substância é uma criatura em Deus.[2] Pois a todo-poderosa Verdade da Trindade é nosso Pai, pois Ele nos fez e nos conserva n'Ele. E a profunda sabedoria da Trindade é nossa Mãe,[3] em quem estamos todos encerrados. E a alta bondade da Trindade é Nosso Senhor, e n'Ele estamos encerrados e Ele em nós. Estamos encerrados no Pai, e estamos encerrados no Filho, e estamos encerrados no Espírito Santo. E o Pai está encerrado em nós, o Filho está encerrado em nós, e o Espírito Santo está encerrado em nós: todo o Poder, toda a Sabedoria e toda a Bondade, um Deus, um Senhor.

E nossa fé é uma virtude que vem de nossa substância natural para a nossa alma sensível pelo Espírito Santo. Virtude essa na qual todas as nossas virtudes chegam a nós. Pois sem essa nenhum homem pode receber virtudes. Pois ela não é nada senão um reto entendimento com crença confiante e confiança segura de nosso ser de que estamos em Deus e Ele em nós, o que não vemos.[4] E essa virtude, com todas as outras que Deus ordenou para nós vindo com essa, opera em nós grandes coisas. Pois Cristo

2. Ao assinalar com clareza que a alma é feita, e que a união da alma com Deus faz com que seja "como se" tudo fosse Deus, Juliana escapa da acusação de autoteísmo, pela qual foram condenados Ruysbroeck e Marguerite de la Porette. O que Ruysbroeck chamava de *scintilla* da alma, a "fagulha", era, para ele, assim como para Marguerite de la Porette, um ser incriado, condição que a ortodoxia do catolicismo só atribui a Deus.
3. Sabedoria 7,10-2; Eclesiástico 24,24-5; João 14,6.
4. Cf. Hebreus 11,1: "A fé é a substância das coisas que se esperam, argumento das que não se veem".

misericordiosamente está operando em nós e nós graciosamente em acordo com Ele através do dom da virtude do Espírito Santo. Essa operação faz com que sejamos crianças de Cristo e cristãos no viver.

Cristo é nosso caminho, conduzindo-
-nos e apresentando-nos ao Pai;
e, imediatamente, assim
que a alma é infusa no corpo,
misericórdia e graça operam.
E como a Segunda Pessoa
tomou nossa sensualidade para
nos livrar da dupla morte.
Quinquagésimo quinto capítulo.

E assim Cristo é nosso caminho, conduzindo-nos seguramente em Suas leis, e Cristo em Seu corpo poderosamente
nos carrega ao céu acima. Pois eu vi que Cristo, tendo em
Si todos nós que havemos de ser salvos por Ele, honrosamente presenteia Seu Pai nos céus conosco. Presente esse
que Seu Pai todo agradecido recebe e cortesmente o dá
a Seu Filho Jesus Cristo. Presente esse e obra que é gozo
para o Pai e beatitude para o Filho e gosto para o Espírito
Santo. E de todas as coisas que nos cabem, é a mais do
gosto de Nosso Senhor que gozemos nesse gozo, que está
na bendita Trindade de nossa salvação. E isso foi visto na
nona mostra, onde se fala mais dessa matéria.[1]

E não obstante todo nosso sentimento, dor ou bem,
Deus quer que entendamos e acreditemos que estamos
mais verdadeiramente no céu do que na terra. Nossa fé
vem do natural amor de nossa alma e da clara luz de nossa razão e da firme consciência que temos de Deus logo
que somos feitos. E na hora em que nossa alma é soprada
em nosso corpo, no qual nos tornamos sensíveis, tão na
mesma hora misericórdia e graça começam a operar, tendo

1. Capítulos 22 e 23.

REVELAÇÕES SOBRE O AMOR DIVINO 237

de nós cura e guarda, com piedade e amor. Operação na qual o Espírito Santo forma em nossa fé a esperança de que havemos de ir de novo para o alto acima, para nossa substância, para a virtude de Cristo, crescidos e completos através do Espírito Santo.

Assim entendi que a sensualidade está fundada em natureza, em misericórdia e em graça, fundamento esse que nos habilita a receber dons que conduzem a vida sem fim. Pois eu vi muito seguramente que nossa substância está em Deus. E também eu vi que em nossa sensualidade Deus está. Pois no mesmo ponto em que nossa alma se torna sensível, no mesmo ponto está a cidade de Deus, ordenada para Ele desde o sem começo, sede[2] à qual Ele vem e nunca há de abandonar. Pois Deus nunca está fora da alma, na qual Ele há de morar beatificamente sem fim. E isso foi dito na décima sexta mostra, onde se diz: "O lugar que Jesus toma em nossa alma Ele não há nunca de abandonar".

E todos os dons que Deus pode dar à criatura Ele deu a Seu Filho Jesus por nós. Dons esses que Ele, habitando em nós, encerrou em Si até o tempo em que formos crescidos e maduros, nossa alma com nosso corpo e nosso corpo com nossa alma, cada um deles recebendo ajuda do outro até que sejamos levados à estatura conforme a natureza opera. Então, com fundamento na natureza, com operação de misericórdia, o Espírito Santo graciosamente inspira em nós dons que conduzem à vida sem fim. E assim foi meu entendimento conduzido por Deus para ver n'Ele e saber, entender e conhecer, que nossa alma é feita

2. Traduzo *se*, que consta do manuscrito S, forma da palavra *seat* do inglês contemporâneo e que tem o significado de "local em que alguém se senta", donde "trono". Entendido assim, há, talvez, uma alusão à sé de um bispo, igreja principal de sua jurisdição e que abriga seu trono ou cátedra, que também significa "cadeira", e de onde vem a palavra "catedral". O manuscrito P repete, neste ponto, a palavra *citte* (cidade).

uma trindade, como a não feita bendita Trindade, conhecida e amada desde sem começo, e, na feitura, unida a seu Fazedor, como foi dito antes. Essa visão foi toda doce e maravilhosa de contemplar, pacífica e tranquila, segura e deleitável. E para a honrosa união que é feita por Deus entre a alma e o corpo é necessário que a humanidade seja restaurada da dupla morte. Restauração essa que não podia ser até o tempo em que a Segunda Pessoa da Trindade tivesse tomado a parte mais baixa da humanidade, a quem essa mais alta foi unida logo na feitura. A parte mais alta sempre esteve em paz com Deus, em gozo e beatitude completos. A parte mais baixa, que é a sensualidade, sofreu pela salvação da humanidade. E essas duas partes foram vistas e sentidas na oitava mostra,[3] na qual meu corpo foi enchido do sentimento e intenção da Paixão de Cristo e Sua morte. E além disso, com isso, havia um sentimento sutil e uma visão interna secreta da parte alta que foi mostrada ao mesmo tempo, onde eu não pude, apesar da proposta do intermediário, olhar para o céu. E isso foi por aquela poderosa contemplação da vida interior, vida interior essa que é a substância alta, aquela preciosa alma, que está fruindo sem fim na Divindade.

3. Capítulos 17 a 20.

É mais fácil conhecer Deus
do que nossa alma, pois Deus é para
nós mais próximo do que esta e,
portanto, se queremos ter conhecimento
dela, devemos buscar a Deus;
e Ele quer que desejemos ter
conhecimento de natureza,
misericórdia e graça.
Quinquagésimo sexto capítulo.

E assim eu vi muito seguramente que é mais apto para
nós e mais fácil chegar ao conhecimento de Deus do que
conhecer nossa própria alma. Pois nossa alma está tão
profundamente fundada em Deus, e tão infinitamente
entesourada, que não podemos chegar ao conhecimento
dela até que tenhamos, antes, conhecimento de Deus,
que é o Fazedor a quem ela está unida. Mas, não obstante, eu vi que temos naturalmente abundante desejo
de sábia e confiadamente conhecer nossa própria alma.
Por isso somos ensinados a buscá-la onde ela está e isso
é Deus. E assim, pela graciosa condução do Espírito
Santo, havemos de conhecer ambos em um só. Quer sejamos dirigidos a conhecer Deus ou nossa alma, é tanto
bom quanto verdadeiro. Deus está mais próximo de nós
do que nossa própria alma, pois Ele é o fundamento em
quem nossa alma fica e Ele é o meio que mantém a substância e a sensualidade juntas de modo que elas nunca
hão de se separar. Pois nossa alma senta-se em Deus em
vero repouso e nossa alma fica em Deus em força segura
e nossa alma está naturalmente enraizada em Deus em
amor sem fim.

E, portanto, se queremos ter conhecimento de nossa

alma, e comunhão e conversação com ela, convém procurar em Nosso Senhor Deus, em quem ela está encerrada.

E desse encerramento eu vi e entendi mais na décima sexta mostra, como hei de dizer. E quanto ao que concerne à nossa substância: ela pode ser corretamente chamada de nossa alma. E quanto ao que concerne a nossa sensualidade: ela pode ser corretamente chamada de nossa alma. E isso é pela união que ela tem em Deus. A honrosa cidade em que Nosso Senhor Se senta é nossa sensualidade, na qual Ele está encerrado. E nossa natural substância está encerrada em Jesus com a bendita alma de Cristo sentada em paz na Divindade.

E eu vi muito seguramente que é absolutamente necessário ser o que havemos de ser em anseio e em penitência, até o tempo em que tivermos sido conduzidos tão profundamente para Deus que verdadeira e confiadamente conheçamos nossa própria alma. E genuinamente eu vi que a essa alta profundidade nosso bom Senhor Ele próprio nos conduz, no mesmo amor em que nos fez e no mesmo amor com que nos comprou, por misericórdia e graça, através da virtude de Sua bendita Paixão.

E não obstante tudo isso, podemos nunca chegar ao total conhecimento de Deus até que conheçamos primeiro claramente nossa própria alma. Pois até que ela esteja em pleno poder, não podemos ser plenamente santos, e isto é: que nossa sensualidade, pela virtude da Paixão de Cristo, seja trazida acima para a substância, com todos os proveitos de nossa tribulação que Nosso Senhor há de nos fazer ganhar por misericórdia e graça.

Tive em parte toque,[1] e está fundado em natureza,

1. "Toque" traduz *touch*. Em nota de rodapé de sua edição, Colledge e Walsh escrevem: "A palavra é técnica, pertencendo ao vocabulário dos sentidos espirituais, e frequentemente empregada por Juliana para significar que ela está sendo afetada

REVELAÇÕES SOBRE O AMOR DIVINO   241

quer dizer, nossa razão está fundada em Deus, que é natureza substancial. Dessa substancial natureza, misericórdia e graça brotam e se espraiam para nós, operando todas as coisas em preenchimento de nosso gozo. Esses são nossos fundamentos, nos quais temos nosso ser, nosso crescimento e nossa completude. Pois em natureza temos nossa vida e nosso ser, e em misericórdia e graça temos nosso crescimento e nossa completude. São três propriedades em uma bondade. E onde essa uma opera, operam nas coisas que agora nos cabem. Deus quer que entendamos, desejando com todo nosso coração e toda nossa força ter conhecimento delas, sempre mais e mais, até o tempo em que formos completos. Pois totalmente sabê-las e claramente vê-las não é nada senão gozo e beatitude sem fim que havemos de ter no céu, os quais Deus quer que comecemos aqui a saber de Seu amor.

Pois apenas por nossa razão não podemos ter proveito, mas só se tivermos equilibrados intenção e amor. Nem unicamente em nosso fundamento natural que temos em Deus podemos ser salvos, mas só se tivermos, vindas do mesmo fundamento, misericórdia e graça. Pois dessas três operações todas juntas recebemos todos os nossos bens, dos quais os primeiros são bens de natureza. Pois já na

---

e movida diretamente pelo Espírito Santo para experimentar a realidade de Deus de um modo acima da compreensão intelectual, mas que acompanha e sustenta alguma forma de visão interna". O primeiro uso da palavra nesse sentido teria sido por Walter Hilton (c. 1340-96) místico inglês anterior a Juliana em seu livro *Escada da perfeição*. De resto, o uso de *touch* no sentido de "faculdade ou capacidade da mente análoga ou assemelhada ao sentido do tato; percepção ou sentimento mental ou moral (*OED*, v.)" é atestado em inglês mesmo fora do ambiente místico. O dicionário *Caldas Aulete* registra o uso, em português, de "toque" no sentido de "inspiração": "Foi um toque de Deus; deu-me um toque no coração".

nossa feitura Deus nos deu tanto e tão grande bem quanto podíamos receber unicamente em nosso espírito, mas Seu presciente propósito em Sua sabedoria sem fim queria que fôssemos duplos.

Em nossa substância somos
completos; em nossa sensualidade
falhamos, a qual Deus restaura
por misericórdia e graça.
E como nossa natureza que
é a parte mais alta é atada a Deus
na feitura e Deus, Jesus, é atado
à nossa natureza na parte
mais baixa ao tomar nossa carne.
E da fé brotam outras virtudes;
e Maria é nossa Mãe.[1]
Quinquagésimo sétimo capítulo.

E quanto à nossa substância, Ele nos fez tão nobres e tão
ricos que nós sempre executamos Sua vontade e Sua honra. Aí onde eu digo "nós", significa o homem que há de
ser salvo. Pois genuinamente eu vi que somos o que Ele
ama, e fazemos o que Ele gosta perenemente sem nenhuma pausa. E dessa grande riqueza e dessa alta nobreza,
virtudes à medida vêm à nossa alma, no momento em
que ela é amarrada a nosso corpo em cuja amarra somos
feitos sensuais. E assim em nossa substância somos com-

---

1. As palavras *Moder* e *Moderhede* ("mãe" e "maternidade"
em inglês médio) que aparecem nos capítulos 57 e 58 são escritas com a inicial em maiúscula no manuscrito S. Sigo Ronan Crampton que, em sua edição, repetiu a prática observando que "o efeito visual é bem marcante, já que os pronomes
masculinos para Deus não estão em maiúscula". Nesta edição,
porém, sigo a tradição do português de escrever os pronomes
masculinos para Deus em maiúsculas.

pletos e, em nossa sensualidade, falhamos, falha essa
que Deus quer restaurar e preencher por obra de misericórdia e graça, abundantemente fluindo para nós de Sua
própria natural bondade. E assim essa natural bondade
faz com que misericórdia e graça operem em nós, e a
natural bondade que temos d'Ele nos habilita a receber a
operação da misericórdia e graça.

Eu vi que nossa natureza é, em Deus, inteira, na qual
Ele faz variedades, fluindo d'Ele, para operar Sua vontade, de quem Ele guarda a natureza, e a misericórdia e
a graça restauram e completam. E dessas, nenhuma há
de perecer. Pois nossa natureza, que é a parte mais alta,
é atada a Deus na feitura, e Deus é atado a nossa natureza, que é a parte mais baixa, ao tomar a nossa carne.
E assim, em Cristo nossas duas naturezas são unidas.
Pois a Trindade é compreendida em Cristo, em quem
nossa parte mais alta está fundada e enraizada. E nossa
parte mais baixa, a Segunda Pessoa tomou, natureza a
qual primeiro a Ele foi atribuída. Pois eu vi muito seguramente que todas as obras que Deus fez, ou há de
alguma vez fazer, eram plenamente conhecidas por Ele
e vistas antes, desde o sem começo. E por amor Ele fez
a humanidade, e pelo mesmo amor Ele próprio haveria
de Se tornar homem.

O próximo bem que recebemos é nossa fé, na qual
nosso lucrar começa. E ela vem da alta riqueza de nossa
substância natural para nossa alma sensual, e está fundada em nós e nós nela, através da natural bondade de
Deus pela obra de misericórdia e graça. E daí vêm todos
os outros bens pelos quais somos conduzidos e salvos. Pois
os mandamentos de Deus vêm daí, nos quais devemos ter
duas maneiras de entender. Uma é que devemos entender e
saber quais são as coisas que Ele pede, amá-las e guardá-
-las. Outra é que devemos saber as coisas que Ele impede,
odiá-las e recusá-las. Pois nessas duas está todo o nosso
trabalho compreendido. Também em nossa fé vêm os sete

sacramentos,[2] cada um seguindo o outro em ordem como Deus ordenou-os para nós. E todas as formas de virtude. Pois as mesmas virtudes que recebemos de nossa substância, dadas a nós em natureza pela bondade de Deus, as mesmas virtudes, pelo operar da misericórdia, são dadas a nós em graça, através do Espírito Santo renovadas. Virtudes e dons esses que estão entesourados para nós em Jesus Cristo. Pois ao mesmo tempo que Deus atou-O a nosso corpo no ventre da Virgem, Ele tomou nossa alma sensual. Tomar esse no qual, Ele a nós todos tendo encerrado em Si, uniu-a à nossa substância, unir esse no qual Ele foi homem perfeito. Pois Cristo, tendo atado a Si todo homem que há de ser salvo, é perfeito homem.

Assim Nossa Senhora é nossa Mãe, em quem nós todos estamos encerrados, e dela somos nascidos em Cristo. Pois ela que é Mãe de nosso Salvador é Mãe de todos os que hão de ser salvos em nosso Salvador. E nosso Salvador é nossa vera Mãe, em quem somos sem fim nascidos e nunca havemos de sair d'Ele. Abundante, completa e docemente foi isso mostrado e fala-se disso primeiro onde se diz: "Estamos todos encerrados n'Ele". E Ele está encerrado em nós e isso é dito na décima sexta mostra, onde Ele diz: "Ele Se senta em nossa alma". Pois é de Seu gosto reinar em nosso entendimento beatificamente, e sentar-Se em nossa alma tranquilamente, e morar em nossa alma infinitamente, trabalhando-nos todos para Ele. Trabalho no qual Ele quer que sejamos Seus ajudantes, dando a Ele toda a nossa intenção, aprendendo Suas leis, guardando Seu ensinamento, desejando que tudo seja feito como Ele faz, confiadamente confiando n'Ele. Pois genuinamente eu vi que nossa substância está em Deus.

---

2. Isto é, batismo, crisma, confissão, eucaristia, casamento, ordenação religiosa, extrema-unção.

Deus nunca esteve descontente
com Sua mulher escolhida,
e das três propriedades da
Trindade: paternidade, maternidade
e senhorio. E como nossa substância
está em toda Pessoa, mas
nossa sensualidade está só em Cristo.
Quinquagésimo oitavo capítulo.

Deus, a beatífica Trindade, que é ser permanente, assim como é sem fim desde o sem início, assim também estava em
Seu propósito sem fim fazer a humanidade, essa bela natureza que foi primeiro atribuída a Seu próprio Filho, a Segunda
Pessoa. E quando Ele quis, por total acordo de toda a Trindade, Ele nos fez a todos de uma vez. E em nossa feitura Ele
atou e uniu-nos a Si próprio, união pela qual somos mantidos tão limpos e nobres como fomos feitos. Pela virtude
de cada preciosa união amamos nosso Fazedor e gostamos
d'Ele, louvâ-mo-Lo e agradecemos a Ele e sempre gozamos
d'Ele. E essa é a obra que é operada continuamente em cada
alma que há de ser salva, que é a vontade divina, como dito
antes. E, assim, em nossa feitura, Deus Todo-poderoso é naturalmente nosso Pai, e Deus Todo Sabedoria é naturalmente nossa mãe, com o amor e a bondade do Espírito Santo,
os quais são todos um Deus, um Senhor. E no amarrar e no
unir Ele é nosso vero fiel Esposo, e nós Sua amada mulher e
Sua bela Virgem, mulher essa com a qual Ele nunca esteve
descontente. Pois Ele diz: "Eu te amo e tu Me amas, e nosso
amor nunca há de ser partido em dois".
　　Contemplei a obra de toda a abençoada Trindade, contemplação na qual eu vi e entendi estas três propriedades:
a propriedade da paternidade, e a propriedade da Materni-

REVELAÇÕES SOBRE O AMOR DIVINO 247

dade, e a propriedade do senhorio em um Deus. Em nosso Pai Todo-poderoso temos nossa manutenção e nossa beatitude, quanto ao que concerne à nossa natural substância, que é para nós por nossa feitura desde o sem começo. E na segunda pessoa, em engenho e sabedoria, temos nossa manutenção, quanto ao que concerne à nossa sensualidade, nossa restauração e nossa salvação. Pois Ele é nossa Mãe, Irmão e Salvador. E em nosso bom Senhor o Espírito Santo, temos nossa recompensa e nossa colheita por nosso viver e nosso trabalho, e infinitamente ultrapassando tudo o que desejamos em Sua maravilhosa cortesia de Sua alta e abundante graça.

Pois toda a nossa vida é em três: na primeira temos nosso ser, e na segunda temos nosso crescimento, e na terceira temos nossa completude. A primeira é natureza, a segunda é misericórdia, a terceira é graça. Quanto à primeira: eu vi e entendi que o alto poder da Trindade é Nosso Pai, e a profunda sabedoria da Trindade é nossa Mãe, e o grande amor da Trindade é Nosso Senhor. E todos esses temos nós em natureza e na nossa feitura substancial. E além disso eu vi que a Segunda Pessoa, que é nossa Mãe substancialmente, a mesma querida Pessoa tornou-se agora nossa Mãe sensual. Pois somos duplos pela feitura de Deus: quer dizer, substanciais e sensuais. Nossa substância é a parte mais alta, que temos em Nosso Pai Todo-poderoso. E a Segunda Pessoa da Trindade é nossa Mãe em natureza em nossa feitura substancial, em quem estamos fundados e enraizados, e Ele é nossa Mãe por misericórdia ao tomar nossa sensualidade.

E, assim, nossa Mãe está para nós de diversas maneiras trabalhando, em quem nossas partes são mantidas não apartadas. Pois em nossa Mãe Cristo lucramos e crescemos, e em misericórdia Ele reforma-nos e restaura-nos, e pela virtude de Sua Paixão, Sua morte e Seu erguimento une-nos à nossa substância. Assim trabalha nossa Mãe em misericórdia para todas as Suas crianças amadas que Lhe são maleáveis e obedientes. E a graça trabalha com a misericórdia e nomeadamente em duas propriedades, como foi mostrado, trabalho esse que cabe à Terceira Pessoa, o Espírito Santo: Ele trabalha recompensando e dando. Recompensar é grande dom de confiança que o Senhor faz àqueles que trabalharam, e dar é uma obra cortês que Ele faz livremente por graça, preenchendo e ultrapassando tudo que é merecido pelas criaturas.

Assim, em Nosso Pai Todo-poderoso temos nosso ser. E em nossa Mãe, por misericórdia, temos nossa reforma e nossa restauração, em quem nossas partes são unidas e tudo é feito homem perfeito. E por colher e dar em graça pelo Espírito Santo somos completados. E nossa substância está em Nosso Pai, Deus Todo-poderoso, e nossa substância está em Nossa Mãe, Deus Todo Sabedoria, e nossa substância está em Nosso Senhor o Espírito Santo, Todo Bondade. Pois nossa substância está inteira em cada Pessoa da Trindade, que é um Deus. E nossa sensualidade está só na Segunda Pessoa, Cristo Jesus, em quem estão o Pai e o Espírito Santo. E n'Ele e por Ele somos poderosamente tirados do inferno e para fora da miséria na terra e honrosamente levados para cima ao céu e beatificamente unidos a nossa substância, crescidos em riqueza e nobremente por todas as virtudes de Cristo, e pela graça e obra do Espírito Santo.

Maldade torna-se beatitude
por misericórdia e graça
nos escolhidos, pois a propriedade
de Deus é fazer o bem contra o mal
por Jesus nossa Mãe em graça natural,
e a mais alta alma em virtude
é a mais dócil, fundamento do qual
temos outras virtudes.
Quinquagésimo nono capítulo.

E toda essa beatitude temos por misericórdia e graça, modo de beatitude esse que nunca poderíamos ter tido e conhecido se essa propriedade de bondade que é Deus não tivesse sido contrariada, pelo que temos essa beatitude. Pois foi tolerado a maldade se levantar contra essa bondade, e a bondade da misericórdia e graça opôs-se em face da maldade e tornou tudo em bondade e honra para todos os que hão de ser salvos. Pois é essa propriedade em Deus, o qual faz o bem contra o mal. Assim, Jesus Cristo, que faz o bem contra o mal, é nossa vera Mãe: temos nosso ser d'Ele, onde começa o fundamento da Maternidade, com toda a doce guarda de amor que segue sem fim.

Tão verdadeiramente quanto Deus é nosso Pai, assim verdadeiramente é Deus nossa Mãe. E isso mostrou Ele em tudo e nomeadamente nestas doces palavras onde disse: "Eu aquilo sou: o poder e a bondade da Paternidade. Eu aquilo sou: a sabedoria e a gentileza da Maternidade. Eu aquilo sou: a luz e a graça que é toda amor abençoado. Eu aquilo sou: a Trindade. Eu aquilo sou: a Unidade. Eu aquilo sou: a alta e soberana bondade de todo tipo de coisa. Eu aquilo sou que te faz amar. Eu aquilo sou que te faz ansiar. Eu aquilo sou: o cumprimento de todos os desejos verdadeiros". Pois ali a alma é a mais alta, mais nobre e mais honrosa, onde ela é a mais baixa, mais mansa e mais doce. E desse fundamento substancial temos todas as virtudes em nossa sensualidade por dom de natureza e pelo ajudar e avançar de misericórdia e graça, sem as quais não podemos lucrar.

Nosso alto Pai, Deus Todo-poderoso, que é o Ser, Ele nos conheceu e nos amou desde antes de qualquer tempo. Conhecimento pelo qual, em Sua toda maravilhosa profunda caridade, pelo previdente infinito conselho de toda a abençoada Trindade, Ele quis que a Segunda Pessoa houvesse de se tornar nossa Mãe, nosso irmão e nosso Salvador. De onde se segue que, tão verdadeiramente quanto Deus é nosso Pai, assim verdadeiramente Deus é nossa Mãe. Nosso Pai quer, nossa Mãe faz, nosso bom Senhor o Espírito Santo confirma. E por isso cabe a nós amar nosso Deus em quem temos nosso ser, agradecendo a Ele reverentemente e louvando por nossa feitura, com força suplicando à nossa Mãe de misericórdia e piedade, e a Nosso Senhor o Espírito Santo por ajuda e graça. Pois nesses três está toda a nossa vida: natureza, misericórdia e graça, de onde temos mansidão, doçura, paciência e piedade. E ódio ao pecado e à maldade, pois pertence propriamente às virtudes odiar o pecado e a maldade.

E, assim, é Jesus nossa vera Mãe em natureza por nossa primeira feitura e Ele é nossa vera Mãe em graça por tomar nossa natureza feita. Todo o belo trabalho e o doce gentil ofício da querida Maternidade é propriedade da Segunda Pessoa. Pois n'Ele nós temos essa boa vontade, íntegra e segura sem fim, tanto em natureza como em graça, por Sua própria particular bondade.

Entendi três maneiras de contemplações de Maternidade em Deus. A primeira é fundamento de nossa feitura em natureza. A segunda é a tomada de nossa natureza, e aí começa a Maternidade da graça. A terceira é a Maternidade em obra, e daí vem um derramamento através da mesma graça, de extensão e largura, de altura e de profundidade sem fim. E tudo é um único amor.

Como somos comprados[1] de novo
e estendidos à frente pela misericórdia
e graça de nossa doce, gentil
e sempre amante Mãe, Jesus,
e das propriedades da maternidade.
Mas Jesus é nossa vera Mãe,
não alimentando-nos com leite,
mas com Ele mesmo, abrindo
Seu lado para nós e desafiando todo
o nosso amor.
Sexagésimo capítulo.

Mas agora me é oportuno dizer um pouco mais desse estender à frente conforme entendi na intenção de Nosso Senhor: como somos trazidos de volta, pela Maternidade de misericórdia e graça, ao nosso estado natural, aquele onde fomos feitos pela maternidade de amor gentil, amor gentil esse que nunca nos deixa.

Nossa Mãe gentil, nossa graciosa Mãe, pois que Ele quis, Todo Santo, tornar-Se Nossa Mãe em toda coisa, Ele tomou

---

1. O manuscrito S traz, no título que lhe é exclusivo e no corpo do texto, o verbo *bowte*. O texto de P traz *brought*. Tanto "comprou" quanto "trouxe", traduções possíveis das duas variantes, fazem sentido tanto no contexto da ortodoxia cristã quanto no estilo de Juliana, que acentua, em várias passagens, a ideia de que a Paixão e Morte de Jesus foram o preço que Ele pagou por nossa redenção, palavra que, aliás, vem do latim e significa "comprar de volta". Traduzi *bowte* do título que só aparece no manuscrito S e *brought* do texto do manuscrito P para manter algo da flutuação que não incomodou a tradição manuscrita da obra.

REVELAÇÕES SOBRE O AMOR DIVINO 253

o fundamento desse trabalho bem baixa e bem mansamente no ventre da Virgem. E isso mostrou Ele na primeira, onde trouxe aquela mansa Virgem diante dos olhos de meu entendimento na estatura simples em que ela estava quando concebeu, quer dizer, nosso alto Deus, a sabedoria soberana de tudo, nesse lugar baixo Ele Se arranjou e Se ordenou bem pronto em nossa pobre carne, Ele próprio a fazer o serviço e o ofício de Maternidade em toda coisa.

O serviço da Mãe é o mais próximo, mais pronto e mais seguro. Mais próximo, pois é o mais natural. Mais pronto, pois é o mais de amor. E mais seguro, porque é o mais de confiança. Esse ofício não pode nem poderia nunca ninguém ter feito inteiro se não só Ele.

Sabemos que todas as nossas mães nos parem para a dor e para morrer. Ah, o que é isso? Mas nossa vera Mãe, Jesus, Ele só nos pare para o gozo e para viver sem fim. Bendito seja Ele! Assim Ele nos sustenta dentro d'Ele em amor e esteve em trabalho até a completude do tempo que Ele queria sofrer as mais agudas contrações[2] e as mais pesadas dores que jamais haviam sido ou haverão alguma vez de ser, e morrer ao final. E quando Ele o fez e assim pariu-nos para a beatitude, ainda não pôde tudo isso dar satisfação a Seu maravilhoso amor. E isso mostrou Ele nestas altas, transcendentes palavras de amor: "Se eu pudesse sofrer mais, eu quereria sofrer mais". Ele não pode mais morrer, mas Ele não quis parar de trabalhar. Por isso convém a Ele nos alimentar, pois o querido amor da Maternidade fê-lo desviar-se para nós. Mãe pode dar à sua criança sugar seu leite, mas nossa preciosa Mãe, Jesus, Ele pode nos alimentar com Ele mesmo, e o faz

2. Juliana usa *throwes*, forma do inglês médio do norte da Inglaterra para *throe*, termo de origem obscura que significava "dor", especialmente dores espasmódicas, e era comumente usado para se referir às dores do parto, o que vem a calhar neste trecho. Daí, contrações.

muito cortesmente e muito ternamente com o abençoado sacramento que é preciosa comida da verdadeira vida.[3] E com todos os doces sacramentos Ele nos sustenta muito misericordiosamente e graciosamente. E assim entendeu Ele nestas benditas palavras quando disse: "Eu aquilo sou que a Santa Igreja te prega e te ensina". Quer dizer: "Toda a saúde e a vida dos sacramentos, toda a virtude e a graça de minha palavra, toda a bondade que está ordenada na Santa Igreja para ti. Eu aquilo Sou".

A mãe pode deitar a criança ternamente em seu seio, mas nossa terna Mãe, Jesus, Ele pode intimamente nos conduzir a Seu abençoado seio pelo Seu doce lado aberto e mostrar-nos lá parte da Divindade e dos gozos do Céu, com segurança espiritual de beatitude sem fim. E isso mostrou Ele na décima, dando o mesmo entendimento nesta doce palavra onde diz: "Vê: quanto eu te amei", contemplando dentro de Seu abençoado lado, regozijando-se.

Esta bela, amável palavra "Mãe" é ela tão doce e tão gentil em si mesma que ela não pode ser dita de ninguém nem a ninguém senão d'Ele e a Ele que é a vera Mãe da vida e de todos. À propriedade da Maternidade cabe natural amor, sabedoria e conhecimento e isso é Deus. Pois, embora seja de tal forma que nosso parto corporal não seja senão pouco, baixo e simples em vista de nosso parto espiritual, ainda assim é Ele que o faz nas criaturas pelas quais é feito.

A gentil, amorosa mãe que imagina e conhece a necessidade de sua criança, ela a mantém muito ternamente, como a natureza e a condição da maternidade querem. E sempre, conforme ela cresce em idade e estatura, a mãe muda seu trabalho, mas não seu amor. E quando está crescida de mais idade, ela suporta que seja castigada para quebrar os vícios, para fazer a criança receber virtudes e graça. Esse trabalho, com tudo que é belo e bom, Nosso Senhor faz naquele por quem é feito.

3. Isto é, a eucaristia.

Assim Ele é nossa Mãe em natureza pelo trabalho da graça na parte mais baixa, por amor da mais alta. E Ele quer que o saibamos, pois Ele quer todo o nosso amor atado a Ele. E nisso eu vi que toda a nossa obrigação, que devemos, por mandamento de Deus, à paternidade e maternidade,[4] é cumprida em confiante amor a Deus, amor abençoado esse que Cristo opera em nós. E isso foi mostrado em tudo, e nomeadamente nas altas abundantes palavras onde Ele diz: "Eu sou aquilo que amas".

4. Juliana refere-se ao quarto mandamento: "Honrar pai e mãe".

Jesus usa mais ternura no nosso
parto espiritual. Embora tolere
nossa queda sabendo de nossa miséria,
Ele apressadamente nos restitui
não rompendo Seu amor por nossa
transgressão, pois Ele não pode
tolerar que Sua criança pereça.
Pois Ele quer que tenhamos a propriedade
de uma criança fugindo para
Ele em nossa necessidade.
Sexagésimo primeiro capítulo.

E em nosso parto espiritual Ele usa mais ternura em guardar, sem qualquer comparação, por tanto quanto nossa alma é de mais preço à Sua vista. Ele acende nosso entendimento, Ele prepara nossos caminhos, Ele tranquiliza nossa consciência, Ele conforta nossa alma, Ele alivia nosso coração e nos dá, em parte, saber e amar em Sua abençoada Divindade — com graciosa intenção em Sua doce Humanidade e em Sua abençoada Paixão, com cortês maravilhamento em Sua alta e transcendente bondade — e nos faz amar tudo o que Ele ama por Seu amor e ser bem pagos com Ele e com Suas obras. E quando caímos, rapidamente Ele nos ergue através de Seu chamado amável e de Seu toque gracioso. E quando estamos fortificados por Seu doce obrar, então de boa vontade O escolhemos, por Sua doce graça, para ser Seus servos e Seus amantes, durando sem fim.

E mesmo assim, depois disso, Ele tolera alguns de nós cair mais dura e mais gravemente do que jamais tínhamos feito antes, como pensamos. E então imaginamos nós, que

REVELAÇÕES SOBRE O AMOR DIVINO

não somos totalmente sábios, que tudo foi nada, aquilo que começamos. Mas não é assim. Pois é preciso que caiamos, e é preciso que vejamos isso.

Pois se não caíssemos, não haveríamos de saber quão fracos e quão miseráveis somos por nós mesmos. Nem também haveríamos de tão completamente conhecer o maravilhoso amor de nosso Fazedor. Pois havemos de verdadeiramente ver no céu sem fim que pecamos gravemente nesta vida. E não obstante isso, havemos de verdadeiramente ver que nunca fomos feridos em Seu amor, nem nunca fomos de menor preço à Sua vista. E pela prova[1] dessa queda havemos de ter um alto e maravilhoso conhecimento de amor em Deus sem fim. Pois duro e maravilhoso é esse amor que não pode nem quer ser quebrado por transgressão. E isso é um entendimento de grande proveito.[2] Outro é a baixeza e mansidão que havemos de conseguir pela visão de nossa queda. Pois por isso havemos de ser erguidos altamente ao céu, erguimento ao qual nunca poderíamos ter vindo sem essa mansidão. E portanto é necessário que vejamos e, se não virmos, embora caiamos, não há de aproveitar-nos. E comumente, primeiro caímos e em seguida vemos, e ambos são da misericórdia de Deus.

A Mãe pode tolerar algumas vezes a criança cair e estar inquieta de diversas maneiras para o próprio proveito dela, mas nunca pode tolerar que algum tipo de perigo chegue à sua criança, por amor. E embora nossa mãe terrena possa suportar que sua criança pereça, nossa Mãe celeste, Jesus, nunca pode tolerar a nós, que somos Suas crianças, pere-

1. O termo usado por Juliana, *assey*, cuja forma moderna é *essay*, se referia nos romances de cavalaria à "prova" pela qual o cavaleiro tinha que passar para cumprir seu destino.
2. Ou "para nosso próprio proveito" dependendo de considerar o termo *one* como o numeral "um", usado como adjetivo, ou como o adjetivo *own*. Watson lê o numeral; Warrack, o adjetivo. Colledge e Watson comentam as duas possibilidades.

cer. Pois Ele é Todo-poderoso, todo Sabedoria e todo Amor e assim ninguém é, senão Ele. Bendito seja Ele.

Mas frequentes vezes, quando nossa queda e nossa miséria nos são mostradas, ficamos tão dolorosamente amedrontados e tão grandemente envergonhados de nós mesmos que a custo imaginamos onde é que poderemos nos segurar. Mas então não quer nossa cortês Mãe que fujamos. Para Ele não há nada mais detestável, mas Ele quer que usemos a condição de uma criança. Pois quando está inquieta e amedrontada, ela corre apressadamente para a mãe. E, se não pode fazer mais nada, ela grita pela mãe por ajuda com toda a sua força. Assim quer Ele que façamos como a criança dócil, dizendo assim: "Minha gentil Mãe, minha graciosa Mãe, minha querida Mãe, tem piedade de mim. Eu me fiz sujo e desigual a Ti, e eu não posso nem consigo consertar isso senão com Tua ajuda e graça". E se não nos sentimos então tranquilizados em seguida, estejamos seguros de que Ele usa a condição de uma sábia Mãe. Pois se Ele vê que é de mais proveito para nós lamentar e chorar, Ele tolera isso com compaixão e piedade até o melhor momento, por amor. E Ele quer então que usemos a propriedade de uma criança, que sempre mais naturalmente confia no amor da mãe, no bem e na dor.

E Ele quer que nos levemos poderosamente à fé da Santa Igreja e achemos lá nossa querida Mãe em consolação e confiante entendimento com toda a comunidade abençoada. Pois uma única singular pessoa pode frequentes vezes ser quebrada, como parece a ela mesma, mas o corpo todo da Santa Igreja nunca foi quebrado nem nunca há de ser, sem fim.

E, portanto, uma coisa segura é, uma boa e graciosa coisa, querer mansa e poderosamente ser atado e unido à nossa Mãe, a Santa Igreja, que é Cristo Jesus. Pois o fluxo de misericórdia que é Seu precioso sangue e a preciosa água é abundante para nos deixar claros e limpos. As abençoadas chagas de nosso Salvador estão abertas e go-

REVELAÇÕES SOBRE O AMOR DIVINO

zam no salvar-nos. As doces, graciosas mãos de nossa Mãe estão prontas e diligentes em torno de nós.

Pois Ele, em toda essa obra, usa o próprio ofício de uma gentil nutriz que não tem outra coisa a fazer senão se ver às voltas com a salvação de sua criança. É Seu ofício salvar-nos, e Sua honra fazê-lo, e é Sua vontade que o saibamos. Pois Ele quer que O amemos docemente e confiemos n'Ele mansa e fortemente. E isso mostrou Ele nestas graciosas palavras: "Eu te guardo muito seguramente".

O amor de Deus nunca tolera
que Seus escolhidos percam tempo,
pois todo o trabalho deles é tornado
em gozo sem fim; e como somos
todos ligados a Deus por natureza
e por graça. Pois toda natureza
está no homem e não necessitamos
buscar fora para conhecer diversas
naturezas, mas na Santa Igreja.
Sexagésimo segundo capítulo.

Pois, nesse tempo, Ele mostrou nossa fragilidade e nossa queda, nossas quebras e nossos nadas, nossos desprezos e nossos exílios e toda a nossa dor. Tanto quanto eu pensei que poderia ocorrer nesta vida. E com isso Ele mostrou Seu beato poder, Sua abençoada sabedoria, Seu abençoado amor: que Ele nos guarda nesse tempo tão ternamente e tão docemente para Sua honra e tão seguramente para nossa salvação quanto Ele faz quando estamos na maior consolação e conforto, e daí nos ergue espiritualmente e alto para o céu e torna tudo em honra Sua e em nosso gozo sem fim. Por Seu precioso amor, Ele nunca tolera que percamos tempo.

E tudo isso é da natural bondade de Deus, pela obra da graça. Deus é natureza em Seu ser, quer dizer, aquela bondade que é uma natureza, é Deus. Ele é o fundamento, Ele é a substância, Ele é a mesma coisa que é natureza. E Ele é o verdadeiro Pai e a verdadeira Mãe das naturezas. E todas as naturezas que Ele fez fluir de Si para operar Sua vontade hão de ser restauradas e levadas de novo a Ele pela salvação do homem pelo obrar da graça. Pois todas as naturezas que Ele pôs em diversas criaturas em parte, no homem está tudo inteiro em plenitude e em virtude, em beleza e em bondade, em realeza e em nobreza, em toda forma de solenidade, de preciosidade e honra.[1]

Aqui podemos nós ver que somos todos ligados a Deus por natureza e somos ligados a Deus por graça. Aqui podemos nós ver que não nos é necessário procurar longe para conhecer diversas naturezas, mas na Santa Igreja, no seio de nossa Mãe, quer dizer, em nossa própria alma onde mora Nosso Senhor. E lá havemos de achar tudo. Agora, em fé e em entendimento, e, depois, verdadeiramente n'Ele mesmo, claramente, em beatitude. Mas nenhum homem nem mulher tome isto singularmente para si mesmo, pois não é assim, é geral. Pois é nossa preciosa Mãe Cristo, e para Ele foi esta bela natureza preparada, para a honra e nobreza da feitura do homem, e para o gozo e beatitude da salvação do homem, bem como Ele viu, imaginou e soube desde o sem começo.

---

1. "Natural", "natureza" e "naturezas" traduzem, todas, a mesma palavra inglesa: *kind*. Em outros trechos *kind* foi traduzida também como "gentil". Esta última palavra portuguesa guarda com *kind* um parentesco: gentileza, da mesma raiz de *generatio*, "geração", em latim é o tipo de comportamento que se espera de alguém bem-nascido. A raiz *gen-* presente na palavra atesta a mesma ideia que se aplica em *kind*, do inglês, cujo primeiro sentido é o de espécie natural, aquilo com que se nasce.

O pecado é mais penoso do que
o inferno, e mais vil, e fere mais
a natureza, mas a graça salva
a natureza e destrói o pecado.
As crianças de Jesus ainda não
estão nascidas por inteiro, as quais
não passam da estatura de infância
vivendo em fraqueza até que cheguem
ao céu onde os gozos são sempre
novos começando sem fim.
Sexagésimo terceiro capítulo.

Aqui podemos nós ver que temos verdadeiramente por natureza de odiar o pecado, e temos verdadeiramente por graça de odiar o pecado. Pois a natureza é toda boa e bela em si, e a graça é enviada para salvar a natureza, e manter a natureza, e destruir o pecado, e trazer de novo a bela natureza ao ponto abençoado de onde ela veio — isto é, Deus — com mais nobreza e honra, pelo obrar virtuoso da graça. Pois há de ser visto diante de Deus por todos os Seus santos, em gozo sem fim, que a natureza foi provada no fogo da tribulação e com isso não se achou falta nem defeito. Assim, estão natureza e graça em acordo, pois a graça é Deus e a natureza não feita é Deus. Ele é dois em maneira de operar, e um em amor, e nenhuma delas opera sem a outra, nem podem ser separadas.

E quando nós, pela misericórdia de Deus e com sua ajuda, estamos em acordo com a natureza e a graça, havemos de ver verdadeiramente que o pecado é pior, mais vil e mais cheio de dor do que o inferno, sem qualquer comparação, pois é contrário à nossa bela natureza. Pois tão genuinamente quanto o pecado é impuro, tão genuinamente o pecado é inatural e, assim, uma coisa horrível de ver para a alma amante, que há de ser toda bela e fulgurante à vista de Deus, como natureza e graça ensinam.

Mas não sejamos temerosos disso (senão o tanto que o medo pode nos aproveitar), mas lamentemos para nossa querida Mãe. E Ele há de nos aspergir inteiros em Seu precioso sangue e fazer nossa alma toda macia e toda suave e sanar-nos inteiramente belos pela passagem do tempo, exatamente como é mais honroso para Ele e gozo para nós sem fim.

E esse doce, belo trabalho Ele não há de cessar nem terminar até que todas as Suas queridas crianças estejam gestadas e paridas. E isso mostra Ele onde deu entendimento da sede espiritual, isto é, a ânsia de amor que há de durar até o dia do julgamento.

Assim, em nossa verdadeira Mãe Jesus nossa vida está fundada na previdente sabedoria d'Ele mesmo desde o sem começo, com o alto poder do Pai e a soberana bondade do Espírito Santo. E no tomar nossa natureza Ele nos avivou e em Seu abençoado morrer sobre a cruz Ele nos gestou para a vida sem fim. E desde esse tempo, e agora, e sempre há de gestar, até o dia do julgamento. Ele nos alimenta e cuida de nós, bem como a alta, soberana natureza da Maternidade quer e como a natural necessidade da infância pede.

Bela e doce é nossa Mãe celestial à vista de nossa alma. Preciosas e amáveis são as graciosas crianças à vista de nossa Mãe celestial, com suavidade e mansidão e todas as belas virtudes que pertencem às crianças por natureza. Pois naturalmente a criança não desespera do amor da Mãe, naturalmente a criança não conta consigo, naturalmente a criança ama a Mãe e cada uma das outras. Essas são belas virtudes, com todas as outras que são semelhantes, com as quais nossa Mãe celestial está servida e agradada.

E não entendi nenhuma estatura mais alta nesta vida do que a infância, em fraqueza e falta de poder e de pensamento até o tempo em que nossa graciosa Mãe nos tenha elevado para a beatitude do Pai. E lá se há de fazer verdadeiramente sabida para nós Sua intenção nas doces palavras onde Ele diz: "Tudo há de estar bem, e hás de ver por ti mesma que todo tipo de coisa há de estar bem". E então há de a beatitude de nossa Maternidade em Cristo ser nova para começar nos gozos de nosso Pai Deus, novo começo esse que há de durar, novo começo sem fim.

Assim entendi que todas as Suas abençoadas crianças que saíram d'Ele por natureza hão de ser levadas de novo para dentro d'Ele por graça.

A décima quinta revelação é como
foi mostrado etc. A ausência
de Deus nesta vida é nossa inteira
grande pena, à parte outro trabalho,
mas havemos de repentinamente
ser tirados de toda pena,
tendo Jesus por nossa Mãe;
e nossa espera paciente é grandemente
agradável a Deus. E Deus quer que
tomemos nosso desconforto levemente,
por amor, julgando-nos sempre
a ponto de sermos livrados.
Sexagésimo quarto capítulo.

Antes desse tempo eu tinha grande anseio e desejo do
dom de Deus de ser livrada deste mundo e desta vida.
Pois frequentes vezes contemplei a dor que é aqui e o bem
e abençoado que é estar lá. E se não tivesse havido pena
nesta vida senão a ausência de Nosso Senhor, pensei alguma vez que seria mais do que eu poderia aguentar. E
isso me fez lamentar e ativamente ansiar. E também, por
minha própria miséria, preguiça e cansaço, que não me
dava gosto viver e trabalhar como me cabia fazer.

E a tudo isso, nosso cortês Senhor respondeu para conforto e paciência, e disse estas palavras: "De repente hás
de ser tirada de toda a tua pena, de toda a tua doença, de
todo o teu desconforto e de toda a tua dor. E hás de vir acima e hás de me ter como tua paga, e hás de ser enchida de
gozo e beatitude. E hás de nunca mais ter nenhum tipo de
pena, nenhum tipo de doença, nenhum tipo de desgosto,

nenhuma falta de vontade, mas sempre gozo e beatitude sem fim. O que, então, te haveria de pesar sofrer enquanto isso, desde que é minha vontade e minha honra?".

E nessa palavra "De repente hás de ser tirada", eu vi que Deus recompensa o homem pela paciência que ele tem em esperar a vontade de Deus, e por seu tempo, e que ao homem cabe sua paciência pelo tempo de seu viver, por desconhecimento de seu tempo de passar. Isso é um grande lucro, pois se um homem conhecesse seu tempo, ele haveria de não ter paciência ao longo desse tempo. E também Deus quer que, enquanto a alma está no corpo, pareça-lhe que está sempre a ponto de ser tomada. Pois toda esta vida e esse anseio que temos aqui não são senão um ponto, e quando formos tirados da pena para a beatitude, então a pena será nada.

E nesse momento eu vi um corpo jazendo na terra, corpo esse mostrado pesado e temível e sem molde e forma como se fosse um brejo de lama fedida. E de repente desse corpo brotou uma criatura toda bela, uma pequena criança, toda moldada e formada, ágil e vivaz e mais branca do que um lírio, que subiu planando, afiada para o céu. O brejo do corpo simbolizava a grande miséria de nossa carne mortal, e a pequenez da criança simbolizava a limpeza e a pureza de nossa alma. E eu pensei: "Com esse corpo não fica nenhuma beleza dessa criança, nem nessa criança mora nenhuma feiura do corpo. É totalmente abençoado o homem ser tirado da pena, mais do que a pena do homem. Pois se a pena fosse tirada de nós ela poderia voltar. Portanto isto é um conforto soberano e um abençoado contemplar em uma alma ansiosa: que havemos de ser tirados da pena". Pois nessa promessa eu vi uma maravilhosa compaixão que Nosso Senhor tem conosco por nossa dor e uma promessa cortês de puro livramento.

Pois Ele quer que estejamos confortados no gozo transcendente. E isso Ele mostrou nestas palavras: "E hás de vir para cima, e hás de me ter por tua paga, e hás de estar cheia de gozo e beatitude". É a vontade de Deus que apontemos nosso pensamento para esse abençoado contemplar tão frequentemente quanto podemos e por tanto tempo nos manter ali com Sua graça. Pois essa é uma contemplação abençoada para a alma que é conduzida por Deus e muito completamente para Sua honra pelo tempo que dura.

E quando caímos de volta em nós mesmos, por peso e cegueira espirituais, e sentimento de penas espirituais e corporais, por nossa fragilidade, é a vontade de Deus que saibamos que Ele não nos esqueceu. E isso significa Ele nestas palavras e diz para nosso conforto: "E hás de nunca mais ter pena de nenhum tipo, nem nenhum tipo de doença, nenhum tipo de desgosto, nenhuma falta de vontade, mas sempre gozo e beatitude sem fim. O que então haveria de te pesar sofrer um pouco desde que é minha vontade e minha honra?". É a vontade de Deus que tomemos Suas promessas e Seu confortar-nos tão largamente e tão poderosamente quanto possamos tomá-los. E também Ele quer que tomemos nossas esperas e nossos desconfortos tão levemente quanto possamos tomá-los, e considerá-los nada. Pois quanto mais levemente os tomarmos e quanto menos preço pusermos neles, por amor, menos pena haveremos de ter ao senti-los e mais agradecimento e paga havemos de ter por eles.

Aquele que escolhe Deus por
amor com reverente mansidão
está seguro de ser salvo,
reverente mansidão essa que
vê maravilhosamente
grande o Senhor e maravilhosamente
pequena a própria pessoa.
E é a vontade de Deus que não
temamos nada, senão Ele, pois
o poder de nosso inimigo foi
tomado na mão de nosso Amigo.
E portanto tudo o que Deus
faz há de ser de grande gosto para nós.
Sexagésimo quinto capítulo.

E assim entendi que qualquer homem ou mulher que, com vontade, escolhe Deus em sua vida por amor, ele pode estar seguro de que é amado sem fim, com amor infinito que opera nele aquela graça. Pois Ele quer que guardemos isso confiadamente: que estamos tão seguros em esperança da beatitude do céu enquanto estamos aqui quanto havemos de estar em segurança quando estivermos lá. E quanto mais gosto e gozo tomarmos nessa segurança, com reverência e mansidão, mais agrada a Ele.

Pois, como foi mostrado, essa reverência que tenho em mente é um santo e cortês temor de Nosso Senhor, à qual a mansidão está atada, e essa é que a criatura vê o Senhor maravilhosamente grande e a si mesma maravilhosamente pequena. Pois essas virtudes são tidas sem fim para os amados de Deus, e agora podem ser vistas e sentidas em

REVELAÇÕES SOBRE O AMOR DIVINO   269

certa medida pela graciosa presença de Nosso Senhor, quando são. Presença essa que em todas as coisas é a mais desejada, pois ela opera aquela maravilhosa segurança em fé verdadeira e esperança segura por grandeza de caridade em temor que é doce e deleitável. É a vontade de Deus que eu me veja muito ligada a Ele em amor como se Ele tivesse feito por mim tudo o que Ele fez. E assim deveria toda alma pensar em vista de seu Amante, quer dizer, a caridade de Deus faz em nós tal unidade que, quando ela é verdadeiramente vista, nenhum homem pode separar-se dos outros. E, assim, deve pensar cada alma que Deus fez por ele tudo o que fez.

E isso mostrou Ele para nos fazer amá-Lo e gostar d'Ele e não temer nada senão a Ele. Pois é Sua vontade que saibamos que todo o poder de nosso inimigo está trancado nas mãos de nosso Amigo. E, portanto, a alma que sabe seguramente isso, ele[1] não há de temer senão a Ele que ele ama. Todos os outros temores, ele os põe entre as paixões e doenças físicas e imaginações. E portanto, ainda que estejamos em tão grande pena, dor e inquietação que não possamos pensar nada senão naquilo em que estamos ou no que sentimos, tão logo possamos, passemos levemente por isso e consideremos como nada.

E por quê? Porque Deus quer ser conhecido. Pois se O conhecemos e amamos e reverentemente O tememos, havemos de ter paciência e estar em grande repouso e há de ser um grande gosto para nós tudo o que Ele faz. E isso mostrou Nosso Senhor nestas palavras: "O que há de te pesar sofrer por enquanto, vendo que é minha vontade e minha honra?".

Agora te falei de quinze mostras, como Deus concedeu ministrá-las à minha mente, renovada por iluminações e

1. Juliana, como em outras passagens, chama a alma de "ele" quando, de acordo com um uso comum no inglês médio, o sentido é o de pessoa e não o de alma por oposição a corpo.

retoques, eu espero, do mesmo Espírito que mostrou-as todas. Das quais quinze mostras as primeiras começaram de manhã cedo, cerca de quatro horas, e duraram — mostradas em processo, tudo bela e sobriamente, cada uma seguindo-se à outra — até nonas[2] do dia ou depois.

2. *None*, no original, pode significar *noon*, "meio-dia", ou *nones*, "nonas". O primeiro termo indicaria a hora civil em que Jesus foi suspenso na cruz. O segundo é o nome da hora canônica rezada às três da tarde, hora em que Jesus morreu.

A décima sexta revelação etc.
E é conclusão e confirmação
de todas as quinze. E da fragilidade
dela e manhã em desconforto
e fala leviana depois de
grande conforto de Jesus, dizendo
que ela tinha delirado, o que,
sendo sua doença grave,
eu suponho que não foi senão
pecado venial. Mas o diabo depois
disso teve grande poder de vexá-la
até perto da morte.
Sexagésimo sexto capítulo.

E depois disso o bom Senhor mostrou a décima sexta revelação na noite seguinte, como hei de dizer depois. Décima sexta revelação essa que era a conclusão e a confirmação de todas as quinze. Mas antes me é necessário dizer-te do que concerne à minha fraqueza, miséria e cegueira. Eu disse no início, onde se diz: "E nisso repentinamente toda minha pena foi tirada de mim". Pena essa de que não tive nem sofrimento nem desconforto por tanto tempo quanto as quinze mostras demoraram a ser mostradas. E no fim tudo estava encerrado, e não vi mais nada e logo senti que deveria viver mais tempo. E logo minha doença voltou: primeiro na minha cabeça, com um som e um barulho e de repente todo o meu corpo estava cheio de doença como estava antes, e eu estava tão árida e seca como se nunca tivesse tido senão um pequeno conforto, e como uma miserável lamentei e me debati por sentir minhas penas corporais e por falta de conforto espiritual e corporal.

Então veio a mim uma pessoa religiosa[1] e perguntou como eu ia e eu disse: "Eu delirei hoje". E ele riu alto e sinceramente. E eu disse: "A cruz que esteve diante do meu rosto, pensei que ela tivesse sangrado muito". E com essa palavra a pessoa com quem eu falava ficou toda séria e maravilhou-se e logo eu estava dolorosamente envergonhada e assustada com meu descuido. E pensei: "Este homem leva a sério a menor palavra que eu possa dizer, ele que não viu nada disso".

E quando eu vi que ele levava tão a sério e com tão grande reverência, fiquei muito envergonhada e queria ter sido absolvida. Mas eu não podia dizer isso a nenhum padre, pois pensava: "Como haverá um padre de acreditar em mim? Eu não acreditei em Nosso Senhor Deus".

Isso eu acreditei genuinamente no tempo em que eu O vi e então era minha vontade e minha intenção sempre fazer isso sem fim. Mas como uma louca deixei isso passar da minha mente.

Ai, ai de mim, miserável. Isso foi um grande pecado e uma grande indelicadeza, que eu, por loucura de sentir uma pequena pena corporal, tão insensatamente deixei por aquele tempo o conforto de toda essa abençoada mostra de Nosso Senhor Deus.

Aqui podes ver o que eu sou por mim mesma; mas aí não quis nosso cortês Senhor me deixar. E eu deitei-me calma até a noite, confiando em Sua misericórdia, e então comecei a dormir.[2]

E no meu sono, no começo, pensei que o inimigo se instalou em minha garganta, pondo à frente um rosto bem perto da minha face como um homem jovem e era

1. Ver nota 73 do "Relato curto".
2. Tudo o que vem a seguir, até o fim do capítulo, constitui o capítulo 67 do manuscrito P. Sigo S.

REVELAÇÕES SOBRE O AMOR DIVINO 273

longo e espantosamente magro. Nunca vi nenhum assim. A cor era vermelha, como a de telha quando está recém-cozida, com pontos pretos nela, como sardas, mais escuras do que a telha.[3] O cabelo dele era vermelho como ferrugem, não aparado na frente, com mexas pendendo das têmporas. Ele sorria para mim com um olhar maldoso. Mostrava-me dentes brancos, mas tanto que eu os achava mais feios. Corpo e mãos ele não tinha formados, mas com suas patas ele me segurou pela garganta e queria me estrangular, mas não pôde.

Essa horrível mostra foi feita dormindo e nenhuma outra foi assim. E em todo esse tempo confiei ser salva e preservada pela misericórdia de Deus. E nosso cortês Senhor deu-me a graça de acordar e eu mal tinha minha vida. As pessoas que estavam comigo me observavam e molhavam minhas têmporas, e meu coração começou a se confortar. E logo um pouco de fumaça veio pela porta com grande calor e um fedor horrível. E então eu disse: "*Benedicite Dominus*! Está tudo em fogo aqui?". E eu imaginava que tivesse sido um fogo corporal que nos haveria de queimar todos até à morte. Perguntei a eles que estavam comigo se eles sentiam algum fedor. Eles disseram: "Não". Não sentiam nada. Eu disse: "Bendito

3. Grace Warrack, em sua edição, traz a seguinte nota, que traduzo: "Personificações contemporâneas da peste às vezes eram pintadas com pontos semelhantes a pequenas marcas ou feridas verticais; mais raramente um demônio era manchado dessa forma, ou mesmo um Cristo sofredor. Julgando por relatos de sintomas, a própria peste poderia ter sido a fonte do detalhe nesta única visão não em vigília de Juliana. Para a peste bubônica, o sintoma inicial era uma pústula enegrecida, seguida de hemorragia subcutânea que formava os bulbos roxos. [...] Juliana teria seis ou sete anos quando a peste chegou a Norwich, em janeiro de 1349. Ela durou até a primavera de 1350. A mortalidade foi extraordinária. [...] Estimativas variam entre um terço e cinquenta por cento da população".

seja Deus!". Pois então soube bem que era o inimigo que tinha vindo para me atormentar.

E logo retomei o que Nosso Senhor tinha me mostrado no mesmo dia, com toda a fé da Santa Igreja — pois eu via ambas como uma — e fugi para lá como para meu conforto. E logo tudo se esvaiu e fui levada a grande repouso e paz, sem doença de corpo ou medo na consciência.

Da honrosa vista da alma,
que foi criada tão nobremente
que não pode haver um melhor
ente feito, na qual a Trindade
goza perenemente; e a alma não
pode ter descanso em nada
senão Deus, que Se senta dentro
dela governando todas as coisas.
Sexagésimo sétimo capítulo.

E então nosso bom Senhor abriu meu olho espiritual e mostrou-me minha alma no meio do meu coração. Eu via a alma tão grande como se fosse uma cidadela sem fim, e também como se fosse um reino abençoado, e pelas condições que eu vi ali entendi que é uma cidade digna. No meio dessa cidade senta-Se Nosso Senhor Jesus, verdadeiro Deus e verdadeiro homem: uma bela pessoa de grande estatura, o mais alto bispo, o mais solene rei, o mais honroso senhor. E eu O vi vestido solenemente em honras. Ele Se senta na alma bem ereto em paz e repouso, e Ele governa e cuida do céu, da terra e de tudo o que há. A humanidade com a Divindade senta-se em paz. A Divindade governa e cuida sem nenhum instrumento ou atividade. E a alma está toda ocupada pela bendita Divindade, isto é, poder soberano, sabedoria soberana e bondade soberana. O lugar que Jesus toma em nossa alma Ele nunca há de remover, sem fim, na minha visão, pois em nós está Sua casa mais íntima e Sua morada sem fim. E nisso Ele mostrou o gosto que tem na feitura da alma do homem. Pois tão bem quanto o Pai pode fazer uma criatura, e tão bem quanto o Filho sabe fazer uma criatura, tão bem quis o Espírito Santo que a alma do homem fosse feita. E assim foi realizado. E, portanto, a bendita Trindade regozija-se sem fim na feitura da alma do homem, pois Ele viu sem começo o que haveria de Lhe dar gosto sem fim.

Toda coisa que Ele fez mostra Seu senhorio, conforme o entendimento foi dado ao mesmo tempo pelo exemplo da criatura que é conduzida a ver grande nobreza e reinos pertencentes a um senhor. E quando viu toda a nobreza abaixo, então, maravilhando-se, foi guiada a buscar acima aquele lugar alto em que o Senhor mora, sabendo pela razão que Sua morada fica no mais precioso lugar. E assim entendi genuinamente que nossa alma não pode nunca ter repouso em coisa que está abaixo dela. E quando ela vai acima de todas as criaturas para dentro de si mesma, ainda assim não pode demorar na contemplação de si mesma, mas toda a contemplação é beatificamente posta em Deus, que é o Fazedor, morando ali. Pois na alma do homem está Sua verdadeira morada. E a mais alta luz e o mais brilhante esplendor da cidade é o glorioso amor de Nosso Senhor Deus, segundo minha visão. E o que pode nos fazer deliciar-nos em Deus mais do que ver n'Ele que Ele se delicia em nós, a mais alta de todas as Suas obras? Pois eu vi na mesma mostra que, se a beata Trindade pudesse ter feito a alma do homem algo melhor, algo mais bela, algo mais nobre do que foi feita, Ele não haveria de estar todo satisfeito com a feitura da alma do homem. Mas como Ele fez a alma do homem tão bela, tão boa, tão preciosa quanto podia fazê-la — uma criatura — por isso a beata Trindade está toda agradada sem fim na feitura da alma do homem. E Ele quer que nossos corações sejam poderosamente erguidos acima das profundezas da terra e todos os vãos sofrimentos e deliciemo-nos n'Ele.

De genuinamente saber que
foi Jesus que mostrou tudo isso,
e não era delírio; e como devemos
ter confiança segura em toda
nossa tribulação de que não havemos
de ser vencidos.
Sexagésimo oitavo capítulo.

Essa foi uma visão deleitável e uma repousante mostra que
é sem fim. E a contemplação disso enquanto estamos aqui
é muito agradável para Deus e um grande avanço para nós.

E a alma que assim contempla faz-se como Ele que é
contemplado, e une-se em repouso e em paz por Sua graça.
E esse é um gozo singular e beatitude para mim: que eu O
vi sentado, pois a segurança em que Se sentava mostrou
morada sem fim.

E quando eu tinha contemplado isso atentamente,
então mostrou nosso bom Senhor palavras muito man-
sas, sem voz e sem abertura dos lábios, exatamente como
Ele havia feito antes, e disse muito docemente: "Saiba
agora bem, não foi delírio o que viste hoje. Mas aceita,
e acredita, e mantém-te nisso, e conforta-te com isso, e
confia-te a isso, e não hás de ser vencida". Essas últimas
palavras foram ditas para aprender com toda a segurança que foi Nosso Senhor Jesus que me mostrou tudo. E
bem como na primeira palavra que nosso bom Senhor
mostrou, entendendo Sua bendita Paixão — "Com isto
está o inimigo vencido" — bem assim Ele disse na última
palavra com toda a verdadeira segurança entendendo nós
todos: "Tu não hás de ser vencida". E todo esse aprendizado e esse conforto verdadeiro é geral para todos os
meus iguais cristãos, como está dito antes, e assim é a
vontade de Deus.

E essa palavra "Tu não hás de ser vencida" foi dita muito agudamente e muito poderosamente para segurança e conforto contra todas as tribulações que podem vir. Ele não disse "Tu não hás de ser atormentada, tu não hás de ter trabalhos, tu não hás de estar inquieta", mas Ele disse "Tu não hás de ser vencida". Deus quer que tomemos tento a essa palavra, e que sejamos sempre poderosos em confiança segura, no bem e na dor. Pois Ele nos ama e gosta de nós, e assim quer Ele que O amemos e gostemos d'Ele e poderosamente confiemos n'Ele, e tudo há de estar bem. E logo depois, tudo estava encerrado, e nada mais vi.

Da segunda longa tentação
do diabo para desesperar;
mas ela poderosamente confiou
em Deus e na fé da Santa Igreja,
recitando a Paixão de Cristo
pela qual foi livrada.
Sexagésimo nono capítulo.

Depois disso, o inimigo veio de novo com seu calor e seu fedor e me deixou toda azafamada. O fedor era tão ruim e tão penoso, e o calor corporal também temível e trabalhoso. Eu também ouvia um tagarelar como se fosse de dois corpos e ambos, no meu pensamento, tagarelando ao mesmo tempo, como se eles tivessem uma parlamentação com grandes negócios. E tudo era um murmúrio suave, e eu não entendia o que eles diziam.

E tudo isso era para me desviar ao desespero, conforme pensei, parecendo-me que eles faziam troça de rezar rezas que são ditas barulhentamente com a voz, faltando a intenção devota e a sábia diligência, as quais devemos a Deus em nossas orações. E nosso bom Senhor deu-me poderosamente graça para confiar n'Ele, e para confortar minha alma com fala corporal, como eu haveria de ter feito para outra pessoa que estivesse assoberbada. Pensei que essa azáfama não pode ser comparada a nenhuma azáfama corporal.

Meu olho corporal eu dispus na mesma cruz ali onde eu vira em conforto antes desse momento, minha língua, com discurso da Paixão de Cristo e recitando a fé da Santa Igreja, e meu coração, a atar a Deus com toda a confiança e força que havia em mim.

E pensei comigo dizendo: "Tens agora grande azáfama para te manter na fé, pois isso não deves aceitar de teus inimigos. Quisesses tu agora desde este momento para sempre estar tão empenhada para te guardar do pecado, seria uma boa e suprema ocupação". Pois pensei genuinamente: "Estivesse eu livre do pecado, estaria toda segura de todos os diabos do inferno e inimigos de minha alma".

E assim Ele me ocupou toda aquela noite e na manhã até cerca da hora prima.[1] E logo eles tinham ido e passado, e não deixaram nada senão o fedor, e isso durou ainda um pouco. E eu o desprezei e assim fui livrada dele pela virtude da Paixão de Cristo. Pois "com isso o inimigo está vencido", como Nosso Senhor Jesus Cristo disse antes.

1. Isto é, a hora em que nasce o sol.

Em toda tribulação devemos
ser firmes na fé, confiando
poderosamente em Deus.
Pois se nossa fé não tiver inimizade
ela não há de merecer nenhuma
paga; e como todas essas mostras
estão na fé.
Septuagésimo capítulo.

Em toda essa abençoada mostra nosso bom Senhor deu entendimento de que a visão havia de passar,[1] mostra abençoada essa que a fé guarda com Sua própria boa vontade e Sua graça. Pois Ele não deixou comigo nem sinal nem penhor pelo qual eu pudesse saber.[2]

Mas Ele deixou comigo Sua própria abençoada palavra em entendimento verdadeiro, pedindo-me muito poderosamente que eu houvesse de acreditar, e assim faço. Bendito seja Ele! Acredito que Ele é nosso Salvador que a mostrou e que é na fé que Ele a mostrou. E portanto acredito, sempre me regozijando. E a isso sou obrigada por toda Sua própria intenção, com as palavras que seguem:

1. Outros místicos contemporâneos de Juliana, como santa Brígida da Suécia (1303-73) e santa Catarina de Siena (1347--80), tiveram visões durante anos.
2. Santa Catarina de Alexandria (mártir do início do século IV) em sua visão tornou-se noiva de Jesus e recebeu como penhor uma aliança. O mesmo episódio se repete com santa Catarina de Siena, que, no entanto, recebeu uma aliança que apenas ela via, ainda que durante o resto de sua vida. São Francisco de Assis (c. 1181-1226) recebeu as chagas de Cristo como prova da autenticidade de suas visões.

"Mantém-te nela, e conforta-te com ela, e confia nela".
Assim estou eu obrigada a guardá-la em minha fé. Pois no
mesmo dia em que foi mostrada, na hora em que passou,
como uma miserável eu a abandonei e abertamente disse
que tinha delirado.

Então Nosso Senhor Jesus, de Sua misericórdia, não
quis deixá-la perecer, mas Ele mostrou-a toda novamente dentro da minha alma, com mais completude, com a
abençoada luz de Seu precioso amor, dizendo estas palavras muito poderosamente e muito mansamente: "Sabe
agora bem: não foi delírio o que tu viste neste dia" —
como se Ele tivesse dito: "Porque a visão passou de ti, tu
a perdeste. Não soubeste ou não conseguiste guardá-la.
Mas sabe agora: quer dizer, agora tu a vês". Isso foi dito
não unicamente para o próprio momento, mas também
para estabelecer sobre isso o fundamento da minha fé,
onde Ele diz logo a seguir: "Mas aceita-a, e acredita, e
mantém-te nela, e conforta-te com ela, e confia nela, e tu
não hás de ser vencida".

Nessas seis palavras que seguem, onde Ele diz "aceita-
-a", sua intenção é atá-la fielmente em nosso coração. Pois
Ele quer que more conosco em fé até o fim de nossa vida,
e, depois, em completude de gozo, querendo que sempre
tenhamos confiança segura de Suas promessas beatíficas,
conhecendo Sua bondade. Pois nossa fé é contrariada de
diversas maneiras por nossa própria cegueira e nossos inimigos espirituais, dentro e fora. E portanto nosso precioso
Amante ajuda-nos com luz espiritual e verdadeiro ensinamento de diversas maneiras dentro e fora, pelo que podemos conhecê-Lo.

E, portanto, seja qual for a maneira pela qual nos en-
sine, Ele quer que O percebamos sabiamente, que O re-
cebamos docemente e nos mantenhamos n'Ele fielmente.
Pois acima da fé não há bondade preservada nesta vida,
conforme minha visão, e abaixo da fé não há saúde da
alma. Mas na fé, lá quer Nosso Senhor que nos mante-

nhamos. Pois temos, por Sua bondade e Sua própria obra, que nos manter na fé. E, por Seu sofrimento, através de inimizade espiritual, somos testados na fé e nos fazemos poderosos. Pois se nossa fé não tivesse inimizade ela não haveria de merecer paga, conforme o entendimento que eu tenho da intenção do Senhor.

Jesus quer nossa alma em semblante
alegre para Ele, pois Seu semblante
é para nós desfastiado e amável;
e como Ele nos mostra três modos
de semblante: de Paixão, compaixão
e semblante beatífico.
Septuagésimo primeiro capítulo.

Alegre e contente e doce é o beatífico, amável semblante de
Nosso Senhor para nossa alma. Pois Ele nos olha sempre
vivendo em ânsia de amor, e Ele quer que nossa alma tenha
um bom semblante para Ele, para dar-Lhe Sua paga. E,
assim, espero, com Sua graça, que Ele tenha juntado, e haja
de juntar mais, o semblante externo com o interno e fazer-
-nos todos um com Ele e cada um de nós com o outro em
verdadeiro, permanente gozo que é Jesus.

Tenho em mente três maneiras de semblante de Nosso
Senhor. A primeira é o semblante da Paixão, como Ele
mostrou, quando estava conosco nesta vida, morrendo. E
embora essa contemplação seja lamentosa e aflitiva, ainda
assim é alegre e desfastiada, pois Ele é Deus. A segunda
maneira de semblante é piedade, dó e compaixão, e essa,
mostra Ele a todos os Seus amantes, com a segurança de
guardar, que têm necessidade de Sua misericórdia. A terceira é o semblante beatífico como Ele há de ser sem fim
e esse foi o mais frequentemente mostrado e o que durou
mais tempo.

E, assim, no tempo de nossa pena e dor, Ele nos mostra o semblante de Sua Paixão e cruz, ajudando-nos a carregá-la por Sua própria abençoada Virtude. E no tempo
de nosso pecar Ele nos mostra o semblante de dó e piedade, poderosamente guardando-nos e defendendo-nos
contra todos os nossos inimigos. E esses dois são os sem-

blantes comuns que Ele nos mostra nesta vida, mesclando com eles o terceiro, e esse é o Seu semblante beatífico, semelhante em parte a como há de ser no céu. E isso é por gracioso toque de doce iluminação de vida espiritual, pelo que somos mantidos em segura fé, esperança e caridade, com contrição e devoção e também com contemplação e todas as maneiras de consolação verdadeira e doces confortos. O semblante beatífico de Nosso Senhor trabalha em nós por graça.

Pecado nas almas escolhidas é mortal
por algum tempo, mas elas não
podem estar mortas à vista
de Deus; e como temos aqui matéria
para gozo e lamento e isso por nossa
cegueira e peso da carne; e do mais
confortador semblante de Deus;
e por que essas mostras foram feitas.
Septuagésimo segundo capítulo.

Mas agora me convém falar de que maneira eu vi pecado mortal nas criaturas que não hão de morrer por pecado, mas viver no gozo de Deus sem fim.

Eu vi que dois contrários não hão de estar juntos em um lugar. Os mais contrários que existem são a mais alta bênção e a mais funda pena. A mais alta bênção que há é ter Deus em claridade de luz sem fim, a Ele veramente vendo, a Ele docemente sentindo, a Ele todo pacífico tendo em plenitude de gozo. E assim era o beatífico semblante de Nosso Senhor Deus mostrado em parte. Mostra na qual eu vi que o pecado é o mais contrário, a tal ponto que, enquanto estivermos misturados com qualquer parte de pecado, nunca havemos de ver claramente o beatífico semblante de Deus.

E quanto mais horrível e mais grave nosso pecado for, mais fundo estaremos por esse tempo longe dessa visão beatífica. E portanto parece-nos frequentes vezes como se estivéssemos em perigo de morte e numa parte do inferno, pelo sofrimento e a pena que é o pecado para nós. E assim estamos mortos, pelo momento, da própria visão de nossa vida beatífica.

Mas em tudo isso eu vi genuinamente que não estamos mortos à vista de Deus, nem Ele Se afasta nunca de nós.

Mas Ele não há nunca de ter Sua bênção completa em nós até que tenhamos nossa bênção completa n'Ele, verdadeiramente vendo Seu belo, beatífico semblante. Pois somos ordenados a isso por natureza e chegamos lá por graça. Assim eu vi como o pecado é mortal por um tempo curto para as abençoadas criaturas de vida sem fim. E quanto mais claramente a alma vê o semblante beatífico por graça de amar, mais ela quer ver completamente, quer dizer, em Sua própria aparência. Pois, não obstante Nosso Senhor Deus morar agora em nós, e estar aqui conosco, e nos abraçar e nos aproximar por terno amor, de modo que não pode nunca nos deixar, e está mais próximo de nós do que língua pode falar ou coração pode pensar, ainda assim podemos nós nunca cessar de lamentar nem de chorar, nem de buscar, nem de ansiar até quando O virmos claro em Seu semblante beatífico, pois nessa preciosa visão não pode dor ficar nem bem falhar.

E nisso eu vi matéria de deleite e matéria de lamento. Matéria de deleite que Nosso Senhor, nosso Fazedor, está tão perto de nós e nós d'Ele por segurança de guarda por Sua grande bondade. Matéria de lamento pois nosso olho espiritual é tão cego, e estamos tão afundados com o peso de nossa carne mortal e escuridão do pecado que não podemos ver Nosso Senhor Deus claramente em Seu belo semblante beatífico. Não, e por causa dessa escuridão, mal podemos crer e confiar em Seu grande amor e na certeza de nossa guarda. E por isso é que eu digo, não podemos nunca cessar de lamentar nem de chorar.

Esse chorar entende-se não todo em derramar de lágrimas por nosso olho corporal, mas também para entendimento mais espiritual. Pois o natural desejo de nossa alma é tão grande e tão imensurável que se nos fosse dado para nosso consolo e nosso conforto toda a nobreza que Deus fez no céu e na terra e não víssemos o belo, beatífico semblante d'Ele, ainda assim não haveríamos nunca de cessar de lamentar nem de chorar espiritualmente, quer dizer, de ansiar penosamente, até que víssemos veramente o belo semblante beatífico de nosso Fazedor. E se estivéssemos em toda a pena que coração possa pensar ou língua possa falar, e pudéssemos nesse momento ver Seu belo, beatífico semblante, toda essa pena não nos haveria de pesar.

Assim é essa visão fim de toda maneira de pena para as almas amantes, e completude de toda maneira de gozo e beatitude. E isso mostrou Ele nas altas, maravilhosas palavras onde Ele diz: "Eu aquilo sou que é o mais alto, Eu aquilo sou que tu amas, Eu aquilo sou que é tudo".

Cabe a nós ter três maneiras de conhecer. A primeira é que conheçamos Nosso Senhor Deus. A segunda é que conheçamos a nós mesmos, o que somos por Ele em natureza e em graça. A terceira é que saibamos humildemente o que somos quanto ao nosso pecado e quanto a nossa fraqueza. E por essas três foi toda essa mostra feita, segundo meu entendimento.

Essas revelações foram mostradas
em três modos. E de duas doenças
espirituais de que Deus quer que
nos emendemos, lembrando
Sua Paixão, sabendo também que
Ele é todo amor, pois Ele quer
que tenhamos segurança e gosto
no amor, não tomando peso irrazoável
por nossos pecados passados.
Septuagésimo terceiro capítulo.

Todo esse ensinamento abençoado de Nosso Senhor Deus
foi mostrado em três partes, quer dizer, por visão corporal,
e por palavra formada em meu entendimento, e por visão
espiritual. Quanto à visão corporal, eu disse como vi, tão
confiavelmente quanto posso. E quanto às palavras, eu as
disse bem como Nosso Senhor as mostrou a mim. E quanto à visão espiritual, eu disse algum tanto, mas posso nunca dizer. E portanto dessa visão espiritual estou instigada a
dizer mais, conforme Deus quiser me dar a graça.

Deus mostrou duas maneiras de doença que temos.
Uma é impaciência ou preguiça,[1] pois suportamos nosso

---

1. A equivalência inesperada de *onpatience* (impaciência) e
slaith, que o *Promptorium Parvulorum* traduz para o latim "*pi-
gricia, accidia*", é fruto de uma longa reflexão de ascetas cristãos. O sentido teológico da palavra, registrado, por exemplo, no
Houaiss, é: "abulia espiritual quanto ao exercício das virtudes,
esp. no que respeita ao culto e à comunicação com Deus". Desde
os padres do deserto, homens e mulheres que se retiraram para
regiões desabitadas do entorno de Alexandria, no Egito, e da
Palestina nos primeiros séculos do cristianismo, a impaciência

trabalho e nossa pena pesadamente. A outra é desespero ou medo duvidador como hei de dizer depois. Ele mostrou o pecado de modo geral, em que todos estão abarcados, mas, em especial, Ele não mostrou nenhum senão esses dois. E esses dois são os que mais nos atrapalham e atormentam, segundo o que Nosso Senhor me mostrou, dos quais Ele quer que estejamos emendados. Falo de homens e mulheres tais que por amor de Deus odeiam o pecado e se dispõem a fazer a vontade de Deus. Então, por nossa cegueira espiritual e pesadume corporal, somos mais inclinados a esses. E portanto é a vontade de Deus que eles sejam conhecidos e então havemos de recusá-los como fazemos com os outros pecados.

E para ajuda contra isso, muito mansamente Nosso Senhor mostrou a paciência que Ele teve em Sua dura Paixão, e também o gozo e o gosto que Ele teve dessa Paixão por amor. E isso Ele mostrou em exemplo que deveríamos alegre e levemente suportar nossas penas, pois isso é grande agrado para Ele e proveito sem fim para nós e a causa por que somos atrapalhados por eles é por desconhecimento do amor. Embora as três Pessoas da bendita Trindade sejam todas iguais em si, a alma tem mais entendimento no amor. Sim, e Ele quer em todas as coisas que tenhamos nossa contemplação e nosso gozo no amor. E desse conhecimento somos os mais cegos. Pois alguns de nós acreditam que Deus é Todo-poderoso e pode fazer tudo, e que Ele é todo Sabedoria e consegue fazer tudo. Mas que Ele é todo amor e quer fazer tudo, aí paramos.

E esse desconhecimento é que mais obsta os amantes de Deus, segundo minha visão. Pois quando começamos a

exacerbada pelo enclausuramento, manifestada como um frenesi ou como sonolência excessiva, foi sempre considerada um dos maiores obstáculos para a vocação do anacoreta. O tema é comum em textos de místicos e em iluminuras da Inglaterra do tempo de Juliana.

odiar o pecado, e emendar-nos pelas ordenações da Santa Igreja, ainda assim fica um medo que nos obsta pela contemplação de nós mesmos e de nosso pecado cometido antes, e alguns de nós por nossos pecados de todo dia. Pois não mantemos nossas alianças nem guardamos a nossa limpeza em que Nosso Senhor nos pôs, mas caímos muitas vezes em tanta miséria que é uma vergonha dizer. E a contemplação disso nos faz tão arrependidos e tão pesados que dificilmente conseguimos ver qualquer conforto.

E esse medo tomamos às vezes por humildade, mas é uma imunda cegueira e uma fraqueza. E não podemos desprezá-lo, assim como fazemos com outros pecados que conhecemos, pois vem do inimigo e é contrário à verdade.

Pois de todas as propriedades da beata Trindade, é a vontade de Deus que tenhamos a maior segurança e gosto no amor. Pois o amor torna o poder e a sabedoria muito mansos para nós. Pois assim como pela cortesia de Deus Ele esquece nosso pecado depois do momento em que nos arrependemos, assim também quer Ele que esqueçamos nosso pecado no que concerne ao peso irrazoável e nosso medo duvidador.

Há quatro maneiras de medo,
mas o medo reverente é uma
amável verdade que nunca
está sem amor manso; e ainda assim
não são ambos um só; e como
devemos rezar a Deus pelo mesmo.
Septuagésimo quarto capítulo.

Pois entendi quatro maneiras de medos. Um é medo de susto que vem a um homem repentinamente pela fragilidade. Esse medo faz bem, pois ajuda a purgar o homem, como o faz a doença corporal ou outro penar que não é pecado. Pois todas as penas tais ajudam o homem se elas forem tomadas pacientemente.

O segundo é o medo de pena, pelo qual o homem é instigado e acordado do sono do pecado. Pois o homem que dorme pesado no pecado, ele não é capaz, por esse tempo, de receber o suave conforto do Espírito Santo até obter esse medo do penar da morte corporal e de inimigos espirituais. E esse medo o instiga a buscar conforto e misericórdia de Deus. E assim esse medo o ajuda, como um portal de entrada, e o habilita a ter contrição pelo bem-aventurado toque do Espírito Santo.

O terceiro é o medo duvidador. Medo duvidador, na medida em que nos arrasta ao desespero, Deus o quer tornado em nós em amor pelo confiante conhecimento de amor, quer dizer, que o amargor da dúvida se torne em doçura de amor natural por graça. Pois não pode nunca agradar Nosso Senhor que Seus servos duvidem de Sua bondade.

O quarto é o medo reverente. Pois não há medo que totalmente agrade a Deus em nós senão o medo reverente e esse é todo doce e suave, pois quanto mais se o tem, me-

REVELAÇÕES SOBRE O AMOR DIVINO   293

nos se o sente, por doçura de amor. Amor e medo são irmãos e eles estão enraizados em nós pela bondade de nosso
Fazedor, e eles nunca hão de ser tirados de nós, sem fim.
Temos, por natureza, amar, e temos, por graça, amar. E
temos por natureza temer, e temos, por graça, temer. Cabe
ao Senhorio e à Paternidade ser temido, e cabe à Bondade
ser amada. E cabe a nós, que somos Seus servos e Suas
crianças, temê-Lo pelo senhorio e paternidade, como cabe
a nós amá-Lo pela bondade. E, ainda assim, esse medo
reverente e amor são não ambos um, mas são dois em propriedade e obra, e nenhum deles pode ser tido sem o outro.
E portanto estou segura: aquele que ama, ele teme, embora
ele o sinta pouco.

Todos os outros temores que não o temor reverente, que
é proveitoso para nós, embora venham com as cores da
santidade, eles não são tão confiáveis. E por aqui podem
eles ser distinguidos: aquele medo que nos faz apressadamente fugir de tudo o que não é bom e cair no seio de
Nosso Senhor, como a criança no peito da mãe, com toda
a nossa intenção e toda a nossa mente, conhecendo nossa
fraqueza e nossa grande necessidade, conhecendo Sua perene bondade e beatífico amor, só buscando n'Ele a salvação,
aderindo com confiança segura, esse medo que nos leva a
esse trabalho é natural e da graça e bom e confiável. E tudo
o que é contrário a isso, ou é erro ou está mesclado a erro.

Então é este o remédio: conhecer ambos e recusar o falso. Pois a propriedade natural do medo que temos nesta
vida pelo gracioso operar do Espírito Santo, a mesma há de
ser no céu diante de Deus, gentil, cortês e todo deleitável.
E assim havemos, em amor, de estar em casa e próximos
de Deus e havemos de, no temor, ser gentis e corteses para
com Deus e ambos em uma só maneira, como iguais.

Desejemos então nós, de Nosso Senhor Deus, temê-Lo
reverentemente e amá-Lo mansamente e confiar n'Ele poderosamente. Pois quando O tememos reverentemente e
O amamos mansamente, nossa confiança nunca é em vão.

Pois quanto mais confiamos e mais poderosamente, mais agradamos e honramos Nosso Senhor em quem confiamos. E se nos falta esse medo reverente e amor humilde, o que Deus proíba, nossa confiança há de ser logo desgovernada nesse momento. E portanto nos é necessário mansamente suplicar a Nosso Senhor da graça que possamos ter esse medo reverente e manso amor por presente Seu, em coração e em obra, pois sem isso nenhum homem pode agradar a Deus.

É-nos necessário amor, anseio
e piedade; e de três maneiras de ansiar
por Deus que há em nós; e como
no dia do juízo o gozo dos beatos
há de ser aumentado, vendo
verdadeiramente a causa de todas
as coisas que Deus fez, tremendo
temerosamente e agradecendo pelo gozo,
admirando a grandeza de Deus
e a pequenez de tudo o que é feito.
Septuagésimo quinto capítulo.

Eu vi que Deus pode fazer tudo o que nos é necessário. E
estes três que hei de dizer nos são necessários: amor, anseio
e piedade. Piedade no amor nos mantém na hora de nossa
necessidade, e ansiar no mesmo amor nos leva para o céu.
Pois a sede de Deus é a de ter os homens em geral com Ele,
sede na qual Ele atraiu Suas santas almas que estão agora
em beatitude. E assim, tendo Seus membros vivos, sempre
Ele atrai e bebe, e ainda assim Ele tem sede e anseia.

Eu vi três maneiras de ansiar em Deus, e todas para
um único fim, das quais temos as mesmas em nós, e pela
mesma virtude e para o mesmo fim.

A primeira é que Ele anseia por nos ensinar a conhecê-
-Lo e amá-Lo sempre mais e mais, como é conveniente e
vantajoso para nós.

A segunda é que Ele anseia ter-nos no alto em beatitude,
como as almas estão quando são tiradas da pena para o céu.

A terceira é encher-nos de beatitude, e isso há de ser
cumprido no último dia, para durar para sempre. Pois eu
vi, como é sabido em nossa fé, que, então, a pena e o so-

frimento hão de ser findos para todos os que hão de ser salvos. E não só havemos de receber a mesma beatitude que as almas antes tiveram no céu, mas também havemos de receber uma nova, que há de fluir abundantemente de Deus para nós e encher-nos. E esses são os bens que Ele ordenou dar-nos desde o sem começo.

Esses bens estão entesourados e escondidos n'Ele. Pois, até aquele tempo, a criatura não é poderosa para, nem digna de, recebê-los. Nisso havemos de ver verdadeiramente a causa de todos os feitos que Deus fez. E, mais, havemos de ver a causa de todas as coisas que Ele sofreu. E a beatitude e a completude hão de ser tão profundas e tão altas que, por espanto e maravilha, todas as criaturas hão de ter de Deus medo tão reverente, ultrapassando aquele que foi visto e sentido antes, que os pilares do céu hão de tremer e se abalar.

Mas essa maneira de tremor e temor não há de ter nenhuma maneira de pena. Mas cabe à digna majestade de Deus ser assim contemplada por Suas criaturas: temerosamente tremendo e se abalando por mansidão de gozo, maravilhando-se sem fim pela grandeza de Deus, o Fazedor, e da pequenez de tudo o que foi feito. Pois a contemplação disso faz a criatura maravilhosamente mansa e suave.

Pelo que Deus quer, e também cabe a nós, tanto por natureza quanto por graça, querer ter conhecimento disso, desejando a visão e a obra. Pois nos conduz pelo caminho reto e nos mantém na vida verdadeira e nos une a Deus. E tão bom quanto Deus é, tão grande Ele é. E tanto quanto cabe à Sua Divindade ser amada, tanto cabe à Sua grandeza ser temida. Pois esse medo reverente é a bela cortesia que há no céu diante da face de Deus. E tanto quanto Ele há de ser conhecido e amado, ultrapassando o que Ele é agora, no mesmo tanto Ele há de ser temido, ultrapassando o que Ele é agora. Por onde é necessário que seja que todo o céu, toda a terra hão de tremer e ser abalados quando os pilares tremerem e forem abalados.

Uma alma amante odeia o pecado
mais pela vileza do que por toda
a pena do inferno; e como a contemplação
do pecado de outro homem, salvo
se for com compaixão, impede
a contemplação de Deus;
e o diabo, ao pôr em lembrança
a nossa miséria, impediria a mesma
coisa; e da nossa preguiça.
Septuagésimo sexto capítulo.

Não falo senão pouco desse medo reverente, pois espero que
ele possa ser visto nessa matéria dita antes. Mas, bem sei eu,
Nosso Senhor não me mostrou nenhuma alma senão aquelas
que O temem.[1] Pois, bem sei eu, a alma que confiadamente aceita o ensinamento do Espírito Santo, ela odeia mais o
pecado pela vileza e pela horribilidade, do que ela faz por
toda a pena que há no inferno. Pois a alma que contempla
a gentileza de Nosso Senhor Jesus odeia não o inferno, mas
o pecado, segundo minha visão. E portanto é a vontade de
Deus que conheçamos o pecado e supliquemos assiduamente e trabalhemos voluntariamente e busquemos ensinamento
mansamente, para que não caiamos cegamente naquilo, e se
cairmos, que nos ergamos prontamente. Pois é a maior pena
que a alma pode ter virar-se de Deus em qualquer momento
por pecado. A alma que quer estar em repouso quando o pecado de outro homem vem à mente deve fugir como da pena
do inferno buscando em Deus o remédio para ajuda contra
isso. Pois a contemplação do pecado de outro homem faz

1. A Juliana não foi dado ver almas condenadas para admoesta-
ção, ao contrário de outros místicos.

como se fosse uma densa neblina diante do olho da alma e não podemos por aquele tempo ver a beleza de Deus, se não pudermos contemplá-lo com contrição com ele, com compaixão por ele, e com santo desejo de Deus para ele. Pois, sem isso, incomoda-se e atormenta-se a alma que os contempla. Pois isso eu entendi na mostra da compaixão.

Na beatífica mostra de Nosso Senhor tive entendimento de dois contrários. Um é a maior sabedoria que qualquer criatura pode fazer nesta vida. O outro é a maior loucura. A maior sabedoria é a criatura fazer conforme a vontade e os conselhos de seu mais alto soberano amigo. Esse amigo bendito é Jesus, e é Sua vontade e conselho que nos seguram com Ele, e atam-nos intimamente com Ele sempre mais, qualquer que seja o estado[2] em que estejamos.

Mas pela mutabilidade em que estamos, em nós mesmos, caímos frequentemente no pecado. Então temos isso pelo desviar de nosso inimigo e por nossa própria loucura e cegueira. Pois eles dizem assim: "Tu sabes bem que és um miserável, um pecador e também infiel, pois não guardaste tua aliança. Prometeste frequentes vezes a Nosso Senhor que haverias de fazer melhor e imediatamente caíste no mesmo, nomeadamente na preguiça e na perda de tempo". Pois esse é o começo do pecado, segundo minha visão, e nomeadamente para as criaturas que se deram a servir Nosso Senhor com contemplação interior de Sua beatífica bondade. E isso nos faz temer aparecer diante de nosso cortês Senhor. Então é nosso inimigo que quer nos pôr para trás com seu falso medo de nossa miséria, pela pena com que nos ameaça. Pois é sua intenção tirar da mente a bela beatífica contemplação de nosso perene amigo.

---

2. Estado na vida, isto é, se a pessoa é religiosa, leiga, casada, viúva etc.

Da inimizade do maligno,[1]
que perde mais com nosso levantamento
do que ganha com nossa queda e,
por isso, é escarnecido. E como o flagelo
de Deus deveria ser suportado
com a mente em Sua Paixão,
pois isso é especialmente recompensado
acima da penitência por nós, escolhidos.
E precisamos doer, mas o cortês
Deus é nosso líder, guarda e beatitude.
Septuagésimo sétimo capítulo.

Nosso bom Senhor mostrou a inimizade do maligno, pelo que entendi que tudo que é contrário a amor e paz é do maligno e da parte dele. E temos, por nossa fraqueza e nossa loucura, [que] cair, e temos, por misericórdia e graça do Espírito Santo, [que] nos levantar a mais gozo. E se

1. "Maligno" traduz *fend* (*fiend*, em inglês moderno). A expressão usada por Juliana, *enmite of the fend*, combina duas palavras do mesmo campo semântico e a tradução mais literal deveria ser "inimizade do inimigo". Juliana segue uma prática que data do início do inglês médio e influencia a estilística inglesa até hoje, a saber, a de combinar um termo de origem francesa, mais elegante, já que o francês era a língua da corte no século XI, com o mesmo termo ou outro relacionado de origem anglo--saxã, compreensível para a maior parte das pessoas. Neste caso *enmite*, que vem do francês, e *fend*, do anglo-saxão. Para mapear a diferença entre as palavras no original, não traduzi *fend* por "inimigo". O sentido primeiro do termo seria "aquele que odeia". Optei por "maligno" porque, assim como *fend*, designa por antonomásia o diabo.

nosso inimigo ganha de nós por nossa queda, pois é de seu gosto, ele perde múltiplas vezes mais em nosso levantar por caridade e mansidão. E esse glorioso levantar é para ele tão grande sofrimento e pena, pelo ódio que ele tem por nossa alma, que ele queima continuamente de inveja. E todo esse sofrimento que ele nos faria ter há de se voltar para ele. E por isso é que Nosso Senhor escarnece dele e mostrou que ele deve ser escarnecido e isso me fez rir fortemente.

Então é esse o remédio: que admitamos nossa miséria e fujamos para Nosso Senhor. Pois sempre, quanto mais baixo[2] estivermos, mais vantajoso é para nós tocá-Lo.[3] E dizemos então assim em nossa intenção: "Eu sei bem que mereci pena, mas Nosso Senhor é Todo-poderoso e pode me punir poderosamente, e Ele é todo Sabedoria e pode me punir habilmente, e Ele é todo Bondade e me ama ternamente".

E nessa contemplação é vantajoso para nós ficar, pois é uma muito amável mansidão de uma alma pecadora, fabricada pela misericórdia e graça do Espírito Santo, quando queremos voluntariamente e alegremente receber a flagelação e o castigo que Nosso Senhor Ele mesmo quer nos dar. E há de ser muito terno e muito tranquilo se quisermos unicamente ter-nos por pagos com Ele e com todas as Suas obras.

Pois essa penitência que o homem toma sobre si mesmo não me foi mostrada, quer dizer, ela não me foi mos-

2. O manuscrito S traz *mor nedier* e o P traz *more nedyr*. A primeira lição poderia ser traduzida como: "quanto mais necessitados", a segunda foi a que adotei.
3. O manuscrito S traz *neyghen*, "aproximar", em vez de *touch*, "tocar". Se Juliana escreveu mesmo "tocar" ela podia ter em mente a passagem do Evangelho de Mateus 9, 21 em que a hemorroíssa diz consigo mesma: "Se eu apenas tocar a franja de sua veste ficarei curada".

REVELAÇÕES SOBRE O AMOR DIVINO   301

trada especificamente. Mas foi mostrada especialmente e com semblante muito amável que deveríamos mansa e pacientemente suportar e sofrer a penitência que Deus mesmo nos dá com a mente em Sua abençoada Paixão.

Pois quando temos em mente Sua abençoada Paixão com piedade e amor, então sofremos com Ele como fizeram Seus amigos que a viram. E isso foi mostrado na décima terceira, perto do começo, onde Ele fala de piedade. Pois Ele diz: "Não te acuses excessivamente, julgando que tua tribulação e tua dor são todas teu defeito, pois não quero que estejas pesada nem sofrida indiscriminadamente. Pois eu te digo: como quer que ajas, hás de ter dor. E portanto quero que sabiamente conheças tua penitência em que estás continuamente e que mansamente a aceites como tua penitência. E então hás de ver que todo esse viver é lucrativa penitência".

Este lugar é prisão, esta vida é penitência e do remédio Ele quer que gozemos.

O remédio é que Nosso Senhor está conosco, guardando-nos e conduzindo-nos à plenitude de gozo.

Pois isto é um gozo sem fim na intenção de Nosso Senhor: que Ele, que há de ser nossa bênção quando estivermos lá, Ele é nosso mantenedor enquanto estamos aqui, nosso caminho e nosso céu em amor verdadeiro e confiança segura. E disso Ele deu entendimento em tudo e nomeadamente ao mostrar Sua Paixão, onde Ele me fez poderosamente escolhê-Lo para meu céu.

Corramos para Nosso Senhor e havemos de ser confortados. Toquêmo-Lo e estaremos limpos. Colemo-nos a Ele e havemos de estar seguros e salvos de toda maneira de perigos. Pois nosso cortês Senhor quer que sejamos tão de casa com Ele quanto coração pode pensar ou alma pode desejar. Mas estejamos atentos para que não aceitemos tão imprudentemente essa intimidade a ponto de deixar a cortesia. Pois Nosso Senhor Ele mesmo é soberana intimidade e quanto de casa Ele é, tão cortês Ele é. Pois Ele é muito cortês. E as abençoadas criaturas que hão de estar no céu com Ele, sem fim, Ele quer tê-las como Ele mesmo em todas as coisas. E ser como Nosso Senhor perfeitamente é nossa vera salvação e nossa completa beatitude. E se não sabemos agora como havemos de fazer tudo isso, desejemos de Nosso Senhor e Ele há de nos ensinar, pois é de Seu próprio gosto e Sua honra. Bendito seja Ele.

Nosso Senhor quer que conheçamos
quatro maneiras de bondade que
Ele nos faz; e como precisamos
da luz da graça para conhecer nosso
pecado e fraqueza, pois não somos nada
por nós mesmos senão miséria e não
podemos saber a horribilidade do pecado
como ela é. E como nosso inimigo
quereria que não houvéssemos nunca
de conhecer nosso pecado até
o último dia, pelo que somos muito
obrigados a Deus que o mostra agora.
Septuagésimo oitavo capítulo.

Nosso Senhor, de Sua misericórdia, mostrou-nos nosso pecado e nossa fraqueza pela doce, graciosa luz d'Ele mesmo.
Pois nosso pecado é tão sujo e tão horrível que Ele, de sua
cortesia, não no-lo quis mostrar senão pela luz de Sua misericórdia.

De quatro coisas é Sua vontade que tenhamos conhecimento.

A primeira é que Ele é o fundamento, de quem temos
toda a nossa vida e nosso ser.

A segunda é que Ele nos guarda poderosamente no
tempo em que estamos em nosso pecado em meio a nossos inimigos que caem todos sobre nós. E tanto em mais
perigo por nós lhes darmos ocasião para isso e não co-
nhecermos nossa própria necessidade.

A terceira é quão cortesmente Ele nos guarda e nos faz
saber que nos perdemos.

A quarta é quão constante Ele permanece conosco e

não muda o semblante, pois Ele quer que nos voltemos e nos unamos a Ele em amor como Ele é para conosco.

E assim, por gracioso saber podemos ver nosso pecado, proveitosamente, sem desespero, pois genuinamente precisamos vê-lo, e pela visão devemos nos tornar envergonhados de nós mesmos e quebrados no que tange a nosso orgulho e nossa presunção.

Pois nos convém verdadeiramente ver que, nós próprios, nós somos exatamente nada, senão pecado e miséria. E assim, pela visão do menos que Nosso Senhor nos mostra, o mais é gasto,[1] que não vemos, pois Ele, de Sua cortesia, mede a visão para nós, pois é tão suja e tão horrível que não haveríamos de aguentar vê-la como ela é. E, assim, por esse manso saber, através de contrição e graça, havemos de ser quebrados de toda coisa que não é Nosso Senhor e então há nosso Salvador bendito de perfeitamente curar-nos e nos unir a Ele.

Essa quebra e essa cura Nosso Senhor intenta para o homem geral, pois aquele que é o mais elevado e mais próximo de Deus, ele pode, comigo, ver a si mesmo pecador e necessitado. E eu que sou a última e mais baixa daqueles que hão de ser salvos, eu posso ser confortada com ele que é o mais elevado. Assim nos tem Nosso Senhor unidos em caridade. Quando Ele me mostrou que eu havia de pecar, e, pelo gozo que eu tinha em contemplá-Lo, não

---

1. Hilton, na *Escada da perfeição* (II, cap. 38, ver introdução), faz uma glosa a Hebreus 12,29, "Porque o nosso Deus é um fogo consumidor", em que usa o mesmo verbo *wasten* que Juliana emprega neste trecho: *Oure lord is fir wastende... God is luf and charite, for as fiire wasteth al bodily thing that may be wasted, right so the luf of god brennith and wastith al synne out of the soule and makith it clene.* (Nosso Deus é fogo que gasta... Deus é amor e caridade, pois, como o fogo gasta toda coisa corporal que pode ser gasta, bem assim o amor do Senhor queima e gasta todo o pecado da alma e a torna limpa.)

REVELAÇÕES SOBRE O AMOR DIVINO

atentei prontamente a essa mostra, nosso cortês Senhor esperou ali, e não queria ensinar-me além, até que me deu graça e vontade para entender. E aqui aprendi: embora estejamos erguidos alto na contemplação por dom especial de Nosso Senhor, ainda assim nos é necessário, com isso, ter conhecimento e visão de nosso pecado e nossa fraqueza. Pois sem esse conhecimento não podemos ter verdadeira mansidão e sem isso não podemos ser salvos. E também eu vi que não podemos ter esse conhecimento por nós mesmos, nem por todos os nossos inimigos espirituais, pois eles não nos querem tanto bem. Pois se fosse pela vontade deles, nunca haveríamos de ver até nosso dia final. Então estamos muito obrigados a Deus, que Ele quis Ele próprio, por amor, mostrar-nos em tempo de misericórdia e graça.

Somos ensinados sobre nossos
pecados não os de nossos vizinhos,
senão para ajuda deles; e Deus quer
que saibamos: qualquer desvio
que tivermos contrário a essa mostra
vem do inimigo. Pois conhecendo
o grande amor de Deus não deveríamos
ser mais imprudentes para cair e,
se cairmos, devemos apressadamente
levantar senão estaremos sendo muito
desnaturados para com Deus.
Septuagésimo nono capítulo.

Também tive nisso mais entendimento: no que Ele me
mostrou que eu havia de penar tomei simplesmente para a
minha própria pessoa singular, pois eu não estava guiada
de outro modo naquele momento. Mas pelo alto, gracioso
conforto de Nosso Senhor que se seguiu depois, eu vi que
Sua intenção era para o homem em geral, quer dizer, todo
homem que é pecador e há de ser até o último dia, homem
do qual sou um membro, como espero, pela misericórdia
de Deus. Pois o abençoado conforto que eu vi é grande o
bastante para todos nós. E lá fui ensinada que haveria de
ver meu próprio pecado e não o de outro homem, senão se
pudesse ser para conforto ou ajuda de meu igual cristão. E
também na mesma mostra lá eu vi que havia de pecar, lá
fui ensinada a ser temerosa e insegura de mim mesma, pois
não sei como hei de cair, nem sei eu a medida e a grandeza
de meu pecado. Pois isso eu quis saber, temerosa, e nisso não tive resposta. Também nosso cortês Senhor, nesse
mesmo momento, Ele mostrou todo seguramente e todo

REVELAÇÕES SOBRE O AMOR DIVINO

poderosamente a infinitude e imutabilidade de Seu amor. E também, por Sua grande bondade e Sua graça guardadas internamente, que o amor d'Ele e de nossas almas nunca hão de ser separados em dois, sem fim. E assim, no medo, tenho matéria de mansidão que me salva da presunção, e na abençoada mostra de amor tenho matéria de verdadeiro conforto e gozo, que me salva do desespero.

Toda essa mostra íntima de nosso cortês Senhor, ela é uma amável lição e um gracioso ensinamento d'Ele próprio para conforto de nossas almas. Pois Ele quer que saibamos, pela doçura do íntimo amor d'Ele: tudo o que vemos ou sentimos, dentro ou fora, que seja contrário a isso, é do inimigo, e não de Deus. Conforme assim: se formos desviados para ser mais descuidados de nosso viver, ou de guardar nosso coração, por causa de termos conhecimento desse amor abundante, então nos é necessário ter cuidado com esse desvio. Se vem, não é confiável, e devemos grandemente odiá-lo, pois não tem semelhança com a vontade de Deus. E quando caímos por fraqueza ou cegueira, então nosso cortês Senhor, tocando-nos, guia-nos e nos guarda. E então quer Ele que vejamos nossa miséria e mansamente seja ela reconhecida. Mas Ele não quer que nos demoremos aí, nem quer Ele que nos ocupemos grandemente acerca de nossa acusação, nem Ele quer que fiquemos miseráveis demais em nós mesmos. Mas Ele quer que nós apressadamente nos inclinemos para Ele, pois Ele está de pé totalmente só e espera-nos continuamente, apiedadamente e lamentando, até que chegamos. E Ele tem pressa de nos ter para Ele, pois somos Seu gozo e Sua delícia e Ele é nossa salvação e nossa vida.

Lá onde digo "Ele fica de pé totalmente só" deixo de falar na abençoada companhia no céu e falo de Seu ofício e Seu trabalho aqui na terra, segundo a condição da mostra.

> Por três coisas Deus é honrado
> e nós, salvos; e como nosso saber
> agora não é senão ABC.
> E o doce Jesus faz tudo, ficando
> e lamentando conosco, mas quando
> estamos em pecado, Cristo lamenta
> sozinho. Então cabe a nós por
> gentileza e reverência nos apressar
> para voltar-nos de novo para Ele.
> Octogésimo capítulo.

Por três coisas o homem fica em pé nesta vida, três coisas pelas quais Deus é honrado e avançamos, somos guardados e salvos. A primeira é o uso da razão natural do homem. A segunda é o ensinamento comum da Santa Igreja. A terceira é a graciosa operação interna do Espírito Santo. E essas três são todas de um só Deus. Deus é o fundamento de nossa razão natural, e Deus é o ensinamento da Santa Igreja, e Deus é o Espírito Santo. E todas são dons distintos, pelos quais Ele quer que tenhamos grande consideração, e nos conformemos a eles. Pois eles operam em nós continuamente, todos juntos.

E essas são grandes coisas, de cuja grandeza Ele quer que tenhamos conhecimento aqui, como se fosse um ABC, quer dizer, que possamos ter um pequeno conhecimento do qual havemos de ter a plenitude no céu. E isso é para nos fazer avançar.

Sabemos em nossa fé que só Deus tomou nossa natureza, e ninguém senão Ele. E além disso que só Cristo fez todas as grandes obras que pertencem à nossa salvação e ninguém senão Ele. E exatamente assim só Ele faz agora no último fim. Quer dizer, Ele mora aqui em nós e nos

REVELAÇÕES SOBRE O AMOR DIVINO 309

governa e toma conta de nós nesta vida, e nos leva à Sua beatitude. E assim há de fazer Ele enquanto houver alguma alma na terra que haja de ir para o céu. E a tal ponto que, se não houvesse nenhuma alma tal na terra senão uma, Ele haveria de estar com ela sozinho até que a tivesse levado para Sua beatitude.

Acredito e entendo o ministério dos santos anjos, como dizem os clérigos, mas não me foi mostrado. Pois Ele próprio é o mais próximo e o mais manso, o mais alto e o mais baixo, e faz tudo. E não unicamente tudo de que precisamos, mas também Ele faz tudo o que é honroso para nosso gozo no céu. E onde eu digo "Ele nos espera ao nosso lado, com pena e lamentando", significa todo o sentimento confiável que temos em nós, em contrição e compaixão, e toda a piedade e lamento por não estarmos unidos a Nosso Senhor. E, na medida em que nos é vantajoso, é Cristo em nós. E embora alguns de nós sintamos raramente, nunca passa em Cristo, até o tempo que Ele nos tiver levado todos para fora de nossa dor. Pois o amor não suporta estar alguma vez sem dó.

E em qualquer momento em que caímos e tiramos nossa mente d'Ele e da guarda de nossa própria alma, então suporta Cristo sozinho toda a nossa carga. E assim fica Ele em pé, sentindo dó e lamentando. Então cabe a nós por reverência e gentileza nos voltarmos apressadamente para Nosso Senhor e não O deixar sozinho. Aqui Ele está sozinho com todos nós, quer dizer, só por nós Ele está aqui. E em qualquer momento que eu for uma estranha para Ele pelo pecado, desespero ou preguiça, então deixei meu Senhor em pé sozinho, na medida em que Ele está em mim. E assim se dá com todos nós que somos pecadores. Mas, embora seja de tal modo que fazemos isso frequentes vezes, Sua bondade nunca tolera que estejamos sozinhos, mas perenemente Ele está conosco e ternamente Ele nos desculpa, e sempre nos preserva de culpa a Seus olhos.

Essa abençoada mulher viu
Deus de diversas maneiras,
mas ela não O viu tomar nenhum
lugar de repouso senão a alma
do homem. E Ele quer que
gozemos mais em Seu amor do que
soframos por cair frequentemente,
lembrando a perene recompensa
e vivendo alegremente em penitência;
e por que Deus tolera o pecado.
Octogésimo primeiro capítulo.

Nosso bom Senhor mostrou-Se à Sua criatura de diversas maneiras tanto no céu quanto na terra. Mas eu não O vi tomar lugar senão na alma do homem. Ele Se mostrou na terra, onde eu disse: "Eu vi Deus em um ponto". E de outra maneira Ele Se mostrou na terra assim como se fosse uma peregrinação, quer dizer, Ele está aqui conosco conduzindo-nos e há de estar até quando Ele tenha nos levado todos para Sua beatitude no céu. Ele Se mostrou diversas vezes reinando, como foi dito antes, mas principalmente na alma do homem. Ele tomou ali Seu lugar de repouso e Sua honrosa cidade, sé honrosa da qual Ele nunca há de Se levantar nem retirar, sem fim. Maravilhoso e solene é o lugar onde o Senhor mora, e portanto Ele quer que prontamente atentemos a Seu gracioso toque, mais gozando em Seu inteiro amor do que sofrendo em nossas constantes quedas.

Pois é a maior honra para Ele, de qualquer coisa que podemos fazer, viver alegre e desfastiadamente por Seu amor em nossa penitência. Pois Ele nos contempla tão ternamente que Ele vê toda a nossa vida aqui como penitência, pois o natural anseio em nós por Ele é uma penitência perene em nós, penitência essa que Ele opera em nós, e misericordiosamente Ele nos ajuda a carregá-la. Pois Seu amor O faz ansiar, Sua sabedoria e Sua verdade com Sua justiça O fazem tolerar-nos aqui e, dessa maneira, Ele quer vê-la em nós.

Pois essa é nossa natural penitência e a mais alta, na minha visão. Pois essa penitência nunca vem de nós, até aquele tempo em que estivermos completos, quando tivermos a Ele como nossa paga. E portanto Ele quer que ponhamos nosso coração na passagem, quer dizer, da pena que sentimos para a beatitude em que confiamos.

Deus olha o lamento da alma com piedade e não com culpa, e ainda assim não fazemos nada senão pecar, no que somos mantidos em consolo e temor. Pois Ele quer que nos voltemos para Ele, prontamente aderindo a Seu amor, vendo que Ele é o nosso remédio. E assim devemos amar em anseio e em gozo e o que quer que seja contrário a isso não é de Deus, mas do inimigo. Octogésimo segundo capítulo.

Mas aqui mostrou nosso cortês Senhor o lamento e o luto de nossa alma querendo dizer assim "Eu bem sei que queres viver por meu amor, desfastiada e alegremente suportando toda a penitência que possa vir a ti. Mas, na medida em que não vives sem pecado, por isso estás pesada e sofredora. E se conseguisses viver sem pecado, quererias suportar por meu amor toda a dor, toda a tribulação e doença que pudesse vir a ti. E é genuíno. Mas não fiques agravada demais com o pecado que caiu sobre ti contra tua vontade".

E aqui entendi que o Senhor olha o servo com piedade e não com culpa, pois esta vida passageira não pede para ser vivida toda sem culpa e pecado. Ele nos ama infinitamente e pecamos costumeiramente e Ele mostrou isso com toda a mansidão.

E então soframos e lamentemos discretamente, voltando-nos para Ele para a contemplação de Sua misericórdia, aderindo a Seu amor e à Sua bondade, vendo que Ele é nos-

REVELAÇÕES SOBRE O AMOR DIVINO 313

so remédio, sabendo que não fazemos nada senão pecar. E assim, pela mansidão que obtemos à vista de nosso pecado, fielmente conhecendo Seu amor perene, agradecendo a Ele e louvando-O, nós O agradamos. "Eu te amo e tu me amas, e nosso amor nunca há de ser separado em dois, e para teu proveito eu sofro." E tudo isso foi mostrado em entendimento espiritual, vendo essa abençoada palavra: "Eu te guardo em toda segurança".

E pelo grande desejo que eu vi em nosso bendito Senhor que havemos de viver dessa maneira, quer dizer, em anseio e gozo, como toda essa lição de amor mostrou, aí entendi que tudo o que é contrário a isso não é d'Ele, mas é da inimizade. E Ele quer que o saibamos pela doce, graciosa luz de Seu amor gentil. Se algum vivente há na terra que é continuamente guardado de cair, não sei, pois isso não me foi mostrado. Mas isto foi mostrado: que caindo e levantando somos sempre preciosamente guardados em um só amor. Pois na contemplação de Deus não caímos, e na contemplação de nós mesmos não ficamos em pé. E ambas essas são genuínas, segundo minha visão, mas a contemplação de Nosso Senhor Deus é verdade genuína mais alta.

Então somos muito obrigados a Ele, pois que Ele quer nesta vida nos mostrar essa alta verdade genuína. E eu entendi: enquanto estamos nesta vida é muito vantajoso para nós que vejamos ambas essas como uma. Pois a contemplação mais alta nos guarda em consolo espiritual e gozo verdadeiro, confiável em Deus. A outra, isto é, a contemplação mais baixa, guarda-nos em temor e nos faz envergonhados de nós mesmos. Mas nosso bom Senhor quer sempre que nos mantenhamos muito mais na contemplação do mais alto e não deixemos a contemplação do mais baixo, até o momento em que formos levados para cima, onde haveremos de ter Nosso Senhor Jesus por nossa paga, e ser preenchidos de gozo e beatitude sem fim.

De três propriedades em Deus:
Vida, Amor e Luz; e que nossa razão
está em Deus, conformando-se;
é o mais alto dom, e como nossa
fé é uma luz vinda do Pai
medida para nós, e, nesta noite,
conduzindo-nos. E do fim de nossa dor:
de repente nosso olho há de
ser aberto em plena luz e claridade
de visão que é nosso Fazedor,
Pai e Espírito Santo em Jesus
nosso Salvador.
Octogésimo terceiro capítulo.

Tive, em parte, toque, visão e sentimento de três propriedades de Deus nas quais a força e o efeito de toda a revelação se apoiam. E foram vistas em todas as mostras e mais
propriamente na décima segunda, onde se diz várias vezes:
"Eu aquilo sou". As propriedades são estas: vida, amor e
luz. Na vida há maravilhosa intimidade, em amor há gentil
cortesia e na luz natureza sem fim.[1] Essas três propriedades
foram vistas em uma única bondade, bondade à qual minha razão quereria estar unida e colada com todas as suas
forças. Contemplei com medo reverente e maravilhando-
-me altamente na visão e no sentimento do doce acordo,
que nossa razão está em Deus, entendendo que é o mais
alto dom que recebemos, e é fundado na natureza.
   Nossa fé é uma luz vindo naturalmente de nosso dia
sem fim que é Nosso Pai, Deus; luz na qual nossa Mãe,

1. Isto é, Ser eterno.

Cristo, e nosso bom Senhor, o Espírito Santo, nos conduzem nesta vida passageira. Essa luz é medida com discernimento, ficando a nosso lado conforme precisamos na noite.

A luz é a causa de nossa vida, a noite é a causa de nossa pena e de toda nossa dor, dor na qual merecemos paga sem fim e agradecimento de Deus. Pois nós, com misericórdia e graça, voluntariamente conhecemos e cremos na nossa luz, indo a ela sabiamente e poderosamente. E no fim da dor, de repente nosso olho há de ser aberto e em claridade de visão nossa luz há de ser plena, luz essa que é Deus, nosso Fazedor, Pai e Espírito Santo em Cristo Jesus, nosso Salvador. Assim eu vi e entendi que nossa fé é nossa luz em nossa noite, luz essa que é Deus, nosso dia infinito.

A Caridade é a luz que não é tão pequena mas que é necessária com trabalho para merecer o infinitamente honroso agradecimento de Deus. Pois fé e esperança nos conduzem à caridade, o que se dá de três maneiras. Octogésimo quarto capítulo.

A luz é caridade, e a medição dessa luz é feita vantajosamente para nós pela Sabedoria de Deus. Pois nem a luz é tão grande que possamos ver claramente nosso beatífico dia, nem é toda fechada para nós, mas é uma tal luz na qual podemos viver meritoriamente com trabalho, merecendo o honroso agradecimento de Deus. E isso foi visto na sexta mostra, onde Ele diz: "Eu te agradeço por teu serviço e teu trabalho".

Assim, a caridade nos mantém na fé e na esperança, e fé e esperança nos conduzem à caridade. E no fim, tudo há de ser caridade.

Tive três maneiras de entendimentos dessa luz de caridade. A primeira é caridade não feita, a segunda é caridade feita, a terceira é caridade dada. Caridade não feita é Deus, caridade feita é nossa alma em Deus, caridade dada é virtude. E esse é um gracioso dom de obra, em que amamos Deus por Ele mesmo, e a nós mesmos em Deus, e todos que Deus ama, por Deus.

Deus amou Seus escolhidos desde
o sem começo e Ele nunca tolera
que se firam, pelo que Sua beatitude
pudesse ser diminuída; e como
segredos agora escondidos no céu
hão de ser sabidos, pelo que havemos
de bendizer Nosso Senhor que tudo
está tão bem-ordenado.
Octogésimo quinto capítulo.

E nessa visão maravilhei-me altamente. Pois não obstante
nosso viver simples e nossa cegueira aqui, ainda assim
infinitamente nosso cortês Senhor nos olha, regozijando-
-Se nessa operação. E, de todas as coisas, aquela em que
mais podemos agradá-Lo é sabiamente e confiadamente
acreditar e regozijar com Ele e n'Ele. Pois tão verdadeiramente quanto deveríamos estar em beatitude em Deus sem
fim, louvando-O e agradecendo, assim tão verdadeiramente fomos na previsão de Deus amados e conhecidos em Seu
propósito infinito desde o sem começo, amor não começado, no qual Ele nos fez. No mesmo amor Ele nos guarda, e
nunca tolera que sejamos feridos, pelo que nossa beatitude
pudesse ser diminuída. E portanto, quando a sentença for
dada e formos todos levados para cima, então havemos nós
de claramente ver em Deus os segredos que agora estão
escondidos de nós. E então não há nenhum de nós de ser
levado a dizer: "Senhor, se tivesse sido assim, teria sido
bom". Mas havemos todos de dizer a uma voz: "Senhor,
bendito sê Tu, pois é assim e é bom. E agora vemos verdadeiramente que toda coisa é feita conforme Tua ordenação
antes de qualquer coisa ser feita".

O bom Deus mostrou que este livro
devia ser realizado de modo
diferente do que no primeiro escrito.
E por Seu obrar Ele quer que assim
supliquemos, agradecendo a Ele,
confiando e regozijando-nos n'Ele.
E como Ele fez essa mostra
porque Ele quer que a conheçamos,
conhecimento esse no qual Ele quer
dar a graça para amá-Lo. Pois quinze
anos depois foi respondido que a causa
de toda essa mostra foi amor,
que Jesus possa nos conceder. Amém.
Octogésimo sexto capítulo.

Este livro foi começado por dom de Deus e Sua graça, mas
ainda não realizado, segundo minha visão. Por caridade
supliquemos todos juntos, com o obrar de Deus: agradecendo, confiando, regozijando. Pois assim quer Nosso Senhor que Lhe seja suplicado, pelo entendimento que recebi
em toda a Sua própria intenção, e nas doces palavras onde
Ele disse com toda a alegria: "Eu sou o fundamento de tua
busca". Pois verdadeiramente eu vi e entendi na intenção
de Nosso Senhor que Ele a mostrou a mim pois Ele a quer
conhecida mais do que é. Conhecimento no qual Ele quer
nos dar graça para amá-Lo e aderir a Ele. Pois Ele contempla Seu tesouro celestial com tão grande amor na terra
que Ele quer nos dar mais luz e consolo em gozo celestial,
atraindo nosso coração do sofrimento e da escuridão em
que estamos.

REVELAÇÕES SOBRE O AMOR DIVINO   319

E do momento em que foi mostrada, desejei frequentes vezes saber qual era a intenção de Nosso Senhor. E quinze anos depois, e mais, me foi respondido em entendimento espiritual, dizendo assim: "Quê? Queres saber a intenção de teu Senhor nesta coisa? Sabes bem: amor. Foi essa intenção. Quem ta mostrou? Amor. O que ele te mostrou? Amor. Para que mostrou-te Ele? Para amor. Mantém-te aí e hás de saber mais do mesmo. Mas não hás nunca de saber aí outra coisa, sem fim". Assim fui eu ensinada que amor é a intenção de Nosso Senhor. E eu vi muito seguramente nisso e em tudo que antes de nosso Deus nos fazer, Ele nos amou, amor esse que nunca foi saciado, nem há de ser. E nesse amor Ele fez todas as Suas obras, e nesse amor Ele fez todas as coisas vantajosas para nós. E nesse amor nossa vida é perene. Em nossa feitura tivemos começo, mas o amor do qual Ele nos fez estava n'Ele desde o sem começo, amor no qual temos nosso começo. E tudo isso havemos nós de ver em Deus sem fim. *Deo gracias.*[1]

Explicit liber revelationum Juliane anacorite Norwiche, cuius anime propicietur Deus.[2]

1. Assim, no manuscrito. Em latim, *Deo gratias*, "graças a Deus".
2. Também em latim com alguns erros no original. "Termina o livro de Juliana, anacoreta de Norwich, para com cuja alma Deus seja propício."

Esta obra foi composta em Sabon por Raul Loureiro
e impressa em ofsete pela Geográfica sobre papel Pólen Natural
da Suzano S.A. para a Editora Schwarcz
em março de 2023

A marca FSC® é a garantia de que a madeira utilizada na fabricação do papel deste livro provém de florestas que foram gerenciadas de maneira ambientalmente correta, socialmente justa e economicamente viável, além de outras fontes de origem controlada.